Rudolf Hiestand (Hrsg.)
Das Buch in Mittelalter und Renaissance

Studia humaniora

Düsseldorfer Studien zu Mittelalter und Renaissance
Herausgegeben von
Wilhelm Busse, Hans Hecker, Rudolf Hiestand,
Gert Kaiser, Joachim Poeschke, Hans Schadewaldt, Ludwig Schrader,
Hubertus Schulte Herbrüggen, Josef Semmler
und Peter Wunderli

Band 19

Über den Herausgeber:
Professor Dr. Rudolf Hiestand ist Lehrstuhlinhaber für Mittelalterliche Geschichte an der Heinrich-Heine-Universität Düsseldorf und hat zu den Kreuzzügen und zum mittelalterlichen Papsttum publiziert.

Rudolf Hiestand (Hrsg.)

Das Buch

in Mittelalter und Renaissance

Droste Verlag

Gedruckt mit Unterstützung der Dr. Reinhard und Emmi Heynen Stiftung

Umschlagbild:

Darstellung eines Aderlasses auf der Initiale einer mittelalterlichen Handschrift

CIP-Titelaufnahme der Deutschen Bibliothek

Das **Buch in Mittelalter und Renaissance** / Rudolf Hiestand
(Hrsg.). - Düsseldorf : Droste, 1994
(Studia humaniora ; Bd. 19)
ISBN 3-7700-0824-3
NE: Hiestand, Rudolf [Hrsg.]; GT

Einbandentwurf: Helmut Schwanen
Druck und Bindung: MVR Druck Köln GmbH
ISBN 3-7700-0824-3

Inhaltsverzeichnis

Rudolf Hiestand

Einleitung

Wie sehr das Buch als zu kaufender oder auch zu verkaufender, zu lesender oder nur im Bücherregal aufbewahrter, als auszuleihender oder nicht zuletzt zu kopierender Gegenstand das Leben bestimmt, ist dem modernen Menschen oft gar nicht bewusst. Es begleitet sein Leben von der Geburt bis zum Tod, vom Eintrag in das Geburtsregister oder schon vom Eingangsjournal der Entbindungsklinik bis zum Sterberegister. Tagebuch, Sparbuch, Kassenbuch, Haushaltsbuch, Fahrtenbuch ebenso wie schon das einzelne Zeichen darin, der Buchstabe, weisen auf die umfassende Rolle hin, dic das Buch spielt. Dazu kommen so verschiedene Tätigkeiten und Berufe wie der Buchbinder und der Buchhändler, die sich in London spätestens 1403 zu einer eigenen Gilde zusammenschlossen. Mit Johannes Gutenberg kam dann vor fünfhundert Jahren der neue Beruf des Buchdruckers als Unternehmer und Handwerker hinzu, gefolgt sogleich vom "Buchführer", dem vorerst meist noch wandernden Buchverkäufer, mit der tiefgreifenden Veränderung, dass schon bis 1500 die im Vergleich zur Zeit der Handschriften unvorstellbare Zahl von rund 30000 Titel auf dem Markt waren. Und nicht zu vergessen sind der Buchhalter und der Buchmacher. Selbst bei sogenannten "Lesemuffeln" befand sich doch bis in die jüngste Vergangenheit an einem Ehrenplatz oder in einem verstaubten Winkel mindestens das eine Buch, dessen Namen in den abendländischen Sprachen ganz einfach aus der Bezeichnung des Gegenstandes selber in der griechischen Sprache herkommt, während der deutsche Begriff sich von den kleinen Tafeln aus Buchenholz ableitet, auf die unsere Vorfahren ihre Runen einritzten, die "deutsche" Buche, nicht die "deutsche" Eiche steht also am Anfang unseres Schreibens.

Welches Ansehen und welche Rolle das Buch in der christlichen Welt genoss, zeigt ein Blick auf die darstellende Kunst von der Spätantike bis in die Gegenwart. Wer erhielt es nicht alles als Attribut: Christus, die Propheten, die Briefe schreibenden Apostel, die

Evangelisten, aber such zahllose Heilige wie Martin von Tours, Benedikt von Nursia, Bonifatius, Bernhard von Clairvaux, Thomas von Aquin, Hildegard von Bingen, Klara von Assisi usw. Das Christentum ist wie Judentum und Islam eine Buchreligion, und wie im Irdischen über den einzelnen Menschen Buch geführt wird, so gibt es das "Buch des Lebens", das über sein Schicksal im Jenseits entscheidet.

Natürlich ist das persönliche Verhältnis des einzelnen zum Buch — nicht nur gegenüber der Frage, ob er viel oder wenig liest — ganz unterschiedlich. Für diesen ist es ein reiner Gebrauchsgegenstand, dessen Äusseres ihn kaum interessiert, er ist eben ein "Büchermuffel", jener liest von Morgen bis Abend alles, was ihm irgendwie in die Hände und unter die Augen kommt, er ist ein "Bücherwurm", ein dritter hat Freude an besonders schönen Büchern, ob wegen ihrer Lettern oder ihrer Ausschmückung oder wegen ihres Einbandes, und ist ein "Bücherfreund". Solche, als Bibliophile bezeichnete Menschen sammeln und hegen Bücher keineswegs stets wegen des Textes, sondern manchmal sogar in erster Linie wegen der äusseren handwerklichen Form. Jene Bücherwände voll wunderbarer Einbände, die sich beim Herausnehmen als leer erweisen, sind daher ein beliebtes Objekt des Spottes.

Dass es eine Zeit gab, in welcher Bücher selten waren, jedes Buch ein Schatz, über den nur wenige verfügten, den man als ebenso kostbar ansah, wie heute ein bibliophiles Buch, ja jeder Besitzer eines Buches als ein Bibliophile bezeichnet werden muß, machen wir uns selten bewusst. Dabei haben die meisten von uns weit mehr Bücher zu Hause als ein mittelalterliches Kloster oder ein Domkapitel, von einem König oder Kaiser bis ins späte 14. Jahrhundert ganz zu schweigen.

Doch Bücher haben auch ein Leben. Sie werden geschrieben, gelesen, aufbewahrt, manche überdauern lange Zeit, aber irgendwann zerbrechen sie, verlieren Seiten, zerfleddern, bis sie eines Tages weggeworfen werden. Bei modernen Büchern, vor allem Taschenbüchern, ist uns dies geläufig; viele sind auf kaum mehr als eine Lektüre hin angelegt. Doch seit einiger Zeit wird dieser Vorgang des Zerfalls in steigendem Masse auch bei gut gebundenen Büchern aus dem letzten Jahrhundert und aus Krisenzeiten unserer Zeit sichtbar: chemische Prozesse, zum Teil im Buch und den bei seiner Herstellung verwendeten Materialien angelegt, zum Teil durch Lufteinwirkungen von aussen ausgelöst, lassen Seiten braun werden und zerkrümeln.

Dass dieses Schicksal die meisten Bücher der Antike traf, weil sie unter unseren klimatischen Bedingungen aus leicht verderblichem Material, dem Papyrus, gefertigt waren, ist uns geläufig. Daher kennen wir von vielen Werken griechischer und römischer Autoren nur den Titel, von anderen sind nur Teile erhalten geblieben, wenn nicht Zufallsfunde vor allem im ägyptischen Wüstensand sie uns wieder zurückgeben. Viel gelesene literarische Fiktionen wie etwa Gustav Freytags "Die verlorene Handschrift" haben sich des Themas angenommen. Aber dieses Schicksal des Verfalls und Verlustes alter, einmaliger Texte ist zunehmend selbst jenen so viel haltbarer, ja unverwüstlich erscheinenden Büchern aus früheren Jahrhunderten beschieden, die zu den vielbestaunten Gegenständen bei Ausstellungen gehören, wo sie, sei es wegen ihrer Miniaturen, wegen der kunstvollen Schriften, sei es wegen des in ihnen enthaltenen historisch, literarisch, theologisch-philosophisch oder naturwissenschaftlich interessanten Textes die Augen auf sich ziehen.

Als vor ein paar Jahren der Leitende Direktor der Universitätsbibliothek Düsseldorf, Herr Prof. Dr. Günter Gattermann, zuerst in kleinem Kreise auf die gravierenden Schäden vieler Bände in deren Inkunabel- und Handschriftenabteilung und auf die dringlichen, mit den modernen Konservierungstechniken zwar möglichen, aber sehr kostspieligen Rettungsversuche sozusagen durch den neuen Beruf des "Buchretters" hinwies, beschlossen die im Forschungsinstitut für Mittelalter und Renaissance zusammengeschlossenen Fachvertreter spontan, von ihrer unterschiedlichen Warte her die Rolle und Stellung des Buches von der Antike bis ins 16. Jahrhundert bewusst zu machen, um die Suche nach Mäzenen und Patronen solcher notleidender Zeugnisse unseres geschriebenen Erbes zu unterstützen. Die daraus entstandenen Beiträge wurden, unterstützt durch auswärtige Kollegen, im Winter 1988/89 in einer Ringvorlesung vorgetragen und sollen hier einem weiteren Kreise vorgelegt werden. Die meisten haben bewusst die Form des Vortrages beibehalten.

Ebenso bewusst wurden nicht systematisch in einer umfassenden und abstrakten Darstellung möglichst viele denkbare Aspekte bei der Betrachtung des Buches und seiner Geschichte untersucht. Dazu sind in den letzten Jahren eine Reihe anderer Publikationen erschienen, wie der schöne Sammelband von "The Role of the Book in Medieval Culture"[1]. Auch nicht um ein einziges Buch wie etwa die Bibel als Mittelpunkt[2] sollten ihre Überlegungen kreisen, sondern die meisten beschlossen, an einem ihnen besonders vertrauten einzelnen Buch ihres Fachgebietes gleichsam als Exempel die Probleme, Fragen und Antworten aufzuzeigen, die sich beim Umgang mit einem

1 P. Ganz (Hrsg.), The Role of the Book in Medieval Culture, Turnhout 1986.

2 Vgl. dazu etwa Beryll Smalley, The Study of the Bible in the Middle Ages, ^{3}Oxford 1964, und La Bibbia nell'alto medioevo, Spoleto 1963; The Cambridge History of the Bible 2, Cambridge 1969.

solchen Band ergeben können. Ungefähr die Hälfte der folgenden Beiträge nimmt als Ausgangspunkt einen Band der Universitätsbibliothek Düsseldorf, zum Teil geht es um Handschriften, zum Teil um Inkunabeln oder Frühdrucke bis zur Schwelle zum 17. Jahrhundert. So kamen schliesslich doch viele Blickrichtungen zusammen, die zum Griff nach einem Buch führen oder sich bei der Betrachtung und beim Lesen eines Buches ergeben können. Nicht nur der Text mit der von ihm vermittelten Botschaft aus fernen Zeiten, seine Anordnung, die Gestaltung seiner Überschriften, auch schlichte Schreib- und Druckfehler bzw. ihre Korrekturen oder die von zünftigen Bibliothekaren verpönten und wenn möglich geahndeten Unterstreichungen oder Randbemerkungen durch einen Leser beginnen manchmal unversehens zu sprechen, über den Besitzer und die Geschichte der Handschrift oder des Buches seit ihrer Entstehung bis heute Auskunft zu geben, und auch der Einband oder der Raum, in welchem Bücher von ihrem Besitzer aufbewahrt wurden, erhalten ihre Bedeutung.

Auch chronologisch als Einleitung untersucht Ilona Opelt (†) das Verhältnis von Verfasser, Buch und Empfänger in der antiken Literatur anhand von Einleitungen und oft erstaunlich "modernen" Widmungsschreiben: die Bezeichnungen, mit denen Autoren sowohl eigene Bücher als auch solche von Freunden und Konkurrenten bezeichnen, bald ehrfurchtsvoll bewundernd, bald aber auch mit beißenden Hohn und Spott; die Nachrichten über die Ausstattung eigentlicher Widmungsexemplare (*libelli*); und schließlich die in sog. Geleitgedichten enthaltene, überaus facettenreiche Zwiesprache des Autors mit seinen personifizierten Werken an den über dreissig Beispielen aus den fünfzehn Büchern des bedeutendsten römischen Epigrammdichters M. Valerius Martialis (ca. 40–103/104).

Einer der ältesten und interessantesten Handschriften der Universitätsbibliothek Düsseldorf, einem Sakramentar des 9. Jahrhunderts, das einst in der karolingischen Abtei Essen lag, gilt das Interesse von Josef Semmler. Er zeigt die Funktion solcher liturgischer Bücher für die mittelalterliche Kirche, aber auch wieviel scheinbar "gewöhnliche", dh. während längerer Zeit Tag um Tag für Gebet und Messe verwendete Bücher vor allem durch ihre Zusätze, Auslassungen und Nachträge, die Namen in den Fürbittegebeten oder die Gestaltung der Neumen, der mittelalterlichen Notenschrift, bei genauerer Betrachtung über ihre Zeit und ihre Besitzer dem Kirchenhistoriker, dem Musikwissenschaftler, dem Philologen verraten können, wie sie weit über die Klostermauern hinaus in die grosse Politik führen und dann wieder zurück in den klösterlichen Alltag des Gebetes.

Einem anderen Aspekt des Verhältnisses zwischen Diesseits und Jenseits im Denken des mittelalterlichen Menschen ist eine Schrift gewidmet, die seit ihrer Entdeckung vor rund sechzig Jahren immer wieder die Frage aufgeworfen hat, ob sie nicht die Vorstufe für Dantes berühmte "Divina Commedia" darstelle und damit gleichzeitig eine islamische Quelle für den christlichen Dichter aufzeige. Peter Wunderli legt anhand der in der Biblioteca Vaticana liegenden Handschrift des lateinischen Textes des "Liber Scale Machometi", der vor wenigen Jahren in einer Düsseldorfer Arbeit neu ediert und auf ihre sprachliche Aussage untersucht worden ist[3], noch einmal die Forschungsgeschichte dar. Bei einem am Ende unentschiedenen Ergebnis in bezug auf die zeitlich zwar nicht unmögliche, aber mit den bisherigen Handschriften nicht zu beweisende Kenntnis durch den Dichter zeigt er exemplarisch die Möglichkeiten auf, die heute bei Papierhandschriften durch Wasserzeichenvergleich bestehen, um voreilige oder auch voreingenommene paläographische Zuordnungen zu überprüfen, was einst ein verhängnisvoller Wettlauf zwischen zwei Gelehrten um das Erstgeburtsrecht der Edition des Textes nicht ohne Auswirkung auf die Sorgfalt und damit Zuverlässigkeit ihrer Arbeiten verhinderte. In jedem Fall sind jedoch "Divina Commedia" und "Scala Machometi" Zeugnisse des unaufhörlichen Austausches in dem im Mittelalter keineswegs von unüberwindbaren Grenzen zerschnittenen mediterranen Kulturraums.

Bereits deutlich in eine Zeit, in der Bücher wieder häufiger werden, mehr Leute mehr Bücher und vor allem mehr Texte besitzen wollen, gehört jene Handschrift der Herzog-August-Bibliothek in Wolfenbüttel, die Wolfgang Milde mit allgemeinen Überlegungen über die Rolle des Buches und des Lesers und Hinweisen auf die möglichen Fragestellungen beschreibt, die sich einem Bibliotheksforscher bei der Begegnung mit einer Handschrift mit zum Teil unbekannten Texten und vorerst unbekannten Besitzern stellen können. Hier geht es nicht um einen prunkvollen Band mit einem einzelnen Text, sondern um den häufigen Fall, dass in einem äusserlich gleichmässigen Band Texte ganz verschiedener Autoren zusammengefasst sind, mit anderen Worten um eine typisch spätmittelalterliche Studienhandschrift mit Texten von Wyclif, Hus und Jacobellus von Mies. Mit Hilfe von Besitzer- bzw. Bibliothekseintragungen gelingt es, ihren Weg nachzuzeichnen seit der Zeit des Basler Konzils, als sie von einem der Konzilsväter zwecks genauerer Information über die Ideen

3 Edeltraud Werner, Liber Scale Machometi. Die lateinische Fassung des Kitāab al mi^{c}rādj, Studia humaniora 4, Düsseldorf 1986.

der Gegner erworben, aber mit Rücksicht auf die bereits erfolgten Verurteilungen sogleich mit einer Warnung für künftige Leser versehen wurde, über Matthias Flacius, der sie für den "Catalogus testium veritatis" gegen die römische Kirche verwendete, bis zu ihrem ersten Eingang in die Wolfenbütteler Bibliothek nach dem Verkauf der Bibliothek des Flacius im Jahre 1597.

Damit ist die Schwelle des Übergangs von der Handschrift zum Buch erreicht und mehrere der folgenden Beiträge behandeln in der einen oder anderen Weise das Verhältnis der mehr oder weniger einmaligen, einzigartigen Handschrift zu dem nun in grosser Zahl herzustellenden Buch. Weniger mit dem äusseren Zustande des ihm als Ausgangspunkt dienenden Bandes als mit der Stellung des darin enthaltenen Textes in der Wissenschaftsgeschichte beschäftigt sich Hans Schadewaldt. Eine Inkunable der Universitätsbibliothek Düsseldorf von 1486, welche die Übersetzung von zwei Kapiteln aus dem berühmten "Kanon" des Avicenna durch den italienischen Arzt Gentile da Foligno (†1348) aus der Zeit der abendländischen Pest in der Mitte des 14. Jahrhunderts enthält, die dann 150 Jahre später in Pavia mit dem neuen technischen Mittel des Druckes einem grösseren Kreise zugänglich gemacht wurde, gibt die Gelegenheit die medizinhistorische Bedeutung des ursprünglichen Verfassers, des Werkes und des Übersetzers aufzuzeigen, der weit mehr als eine wörtliche Wiedergabe eine Überarbeitung mit den ersten Beispielen einer medizinischen Kasuistik erstellte.

Das Ringen um den philologisch reinen Text der Bibel mit Hilfe von Handschriftenkollationen und Rückgriffen auf den griechischen Text, um die richtige Auslegung und um die Übersetzung in die Volkssprache, aber auch um die Gegnerschaft konservativer Kreise sind das gemeinsame Thema der beiden folgenden Beiträge. Ludwig Schrader stellt den Kommentar zu den Paulusbriefen durch den grossen französischen Humanisten Jacques Lefèvre d'Etaples (1460–1536), von dessen Erstausgabe von 1512 ein Exemplar in Düsseldorf liegt, in die Strömungen der Zeit hinein, und zeigt die Auseinandersetzung mit der Methode des vierfachen Schriftsinnes und die Spannung zwischen humanistisch–rationalem und noch von der devotio moderna geprägtem spirituellem Denken auf. Wenn Lefèvre d'Etaples so als ein christlicher Humanist wie Erasmus, sein Werk als Zeuge der noch innerkirchlichen Reformhaltung definiert werden kann, lassen heutigen Bibliothekaren so verpönte Unterstreichungen und Anstreichungen wichtige Rückschlüsse auf die Rezeption des Textes durch einen unbekannt bleibenden Zeitgenossen gewinnen.

Um das Buch der Bücher, die Bibel, geht es auch Hubertus Schulte Herbrüggen anhand der in den gleichen Jahren und aus dem gleichen christlichen Humanismus heraus entstandenen, jedoch von ungleich grösserer Folgewirkung für den bevorstehenden religiösen Umbruch gewordenen, ein Jahr vor Martin Luthers sog. Thesenanschlag in Basel veröffentlichten und äusserlich fast ebenso unscheinbaren kritischen Textausgabe des Neuen Testaments im Paralleldruck durch Erasmus von Rotterdam. Im Mittelpunkt der Betrachtung steht dabei der Philologe Erasmus in seinem Ringen um den reinen Text, aber auch im Wettlauf um die Zeit gegen ein Parallelunternehmen. Briefe und die im Druck selber enthaltenen Angaben erlauben die Geschichte der Drucklegung samt der Abfolge der folgenden Auflagen und der jeweils beigegebenen "Anotationes" zu klären. Gleichzeitig führt dieser Band zur Reichsabtei Werden zurück, denn ein Exemplar der Erstausgabe erwarb der Vikar der Abtei Johannes Cincinnius (Kruyshaer) (†1555) nur wenige Tage nach dem Erscheinen in Köln, und aus seinem Besitz ging es später in die Bibliothek der Abtei über und kam von dort in die heutige Universitätsbibliothek.

Zu Dante und zur "Divina Commedia" zurück führt Marcella Roddewig, die eine erste deutsche Übersetzung von Versen aus dem Paradiso in der deutschen Übersetzung des bereits erwähnten "Catalogus testium veritatis" des Matthias Flacius Illyricus vorstellt, die jedoch genau besehen eine recht freie Übertragung nicht ohne aktuelle Zuspitzungen darstellen. Daraus stellt sich die Frage nach der Bedeutung des Dichters für die protestantische Polemik im 16. Jahrhundert. Andererseits zeigt die nur durch einen Zufallsfund bekanntgewordene Teilübersetzung des "Paradiso" die Probleme beim Umgang mit Büchern dieser Frühzeit, als oft noch wie in spätmittelalterlichen Handschriften mehrere Werke nicht nur nachrträglich unter einem Buchdeckel aufbewahrt, sondern manchmal auch verkauft wurden. So wurde auch diese in einem Band der Düsseldorfer Bibliothek zum Vorschein gekommene Übersetzung nicht nur deswegen bisher übersehen, weil sie in der deutschen Übersetzung eines anderen lateinischen Werkes "versteckt" ist, sondern weil diese Übersetzung ihrerseits wiederum mit einem zweiten Werk zusammengebunden in Umlauf kam und zwar an zweiter Stelle und daher bibliothekarisch meist nicht erfasst wurde.

Wenn man heute die Bedeutung des Buchdruckes für die Ausbreitung der Reformation kennt, so ergaben sich doch aus dem Möglichkeiten, Texte in kurzer Zeit und bald zu mässigen Preisen in grosser Zahl herzustellen und unter die Leute zu bringen, auch gravierende Weiterungen. Die unkontrollierbare Vermehrung von Büchern musste von neuem zur Frage führen nach ihrem Nutzen oder Schaden. An den Verhältnissen in Spanien zeigt Christoph Strosetzki, wie einerseits auf den ersten Blick so grundverschiedene Gestalten wie der Humanist und der Zensor in Parallele zu sehen sind, da sie von ähnlichen Bemühungen geleitet wurden, beide Textinterpretation und die Suche nach dem reinen Text betrieben. Aus dogmatischen und aus erzieherischen Gründen führte die Sorge um das gute Buch zur Erstellung von Listen von schlechten Büchern, zum berüchtigten *Index librorum prohibitorum*, während gleichzeitig die allgemeine Verbreitung des Buches auch die alte Metapher von der Welt als Buch neu belebte, auch die sinnlich zu erfahrende Welt als Buch für den des Lesens nicht Kundigen pries, jetzt freilich in der augustinischen Dichotomie als gutes Buch und als schlechtes Buch, als Bücher Gottes und Bücher des Teufels.

Nicht nur im Blick auf die in Handschriften oder Büchern enthaltenen Ausschmückungen, etwa die mit Miniaturen versehenen Stundenbücher bis hin zu jenem aussergewöhnlich reichen Exemplar des Duc de Berry, kann sich das Problem des Buches für den Kunsthistoriker stellen. Seit Handschriften im Spätmittelalter in eigentlichen "Fabriken" hergestellt wurden, war es mit entsprechendem finanziellem Aufwand möglich, über den unmittelbaren Bedarf hinaus Sammlungen von Büchern, mit anderen Worten Bibliotheken anlegen. Doch gleichzeitig begannen südlich der Alpen die Humanisten es als Anliegen zu betrachten, ihre Bücher einer grösseren Öffentlichkeit, den *viri docti*, zugänglich zu machen. Dies verlangte nach einem dieser neuen Funktion entsprechenden Aufbewahrungsort: der Bibliothek als Raum. Erst recht als es mit dem Buchdruck möglich wurde, nicht nur ein paar hundert, sondern bald auch ein paar tausend Bände zu besitzen. So gehörte nun in die Bauten der Renaissancefürsten in Italien von den Medici in Florenz über die Herzöge von Urbino zu den Päpsten von Nikolaus V. zu Sixtus IV. die Bibliothek als ein neuer Raum, der entsprechend seiner Aufgabe zuerst architektonisch gestaltet und dann künstlerisch ausgeschmückt werden musste. Dieser Entwicklung geht Joachim Poeschke aus architekturgeschichtlicher und kunsthistorischer Sicht nach und zeigt, wie die zuerst nur als Ausschmückung konzipierten Bildprogramme zu einer allgemeinen Verherrlichung des Stifters oder Gründers führten, "der Bibliotheksraum den Charakter einer profanen Kapelle erhält". Er führt damit zurück zur Antike und ihren öffentlichen Bibliotheken, deren berühmteste in Alexandrien stand, die es aber auch an vielen anderen Orten gab, wie heute zu jeder Gemeinde und jeder Universität als unverzichtbarer Teil und als das eigentliche Arbeitsinstrument der Geisteswissenschaften die Bibliothek gehört, eben auch die Universitätsbibliothek Düsseldorf, in der als Leihgabe der Stadt Düsseldorf nicht wenige der im folgenden vorgestellten Handschriften und Bücher aufbewahrt werden.

Zum Schluss bleibt zu danken den Bibliotheken, die die Erstellung der Druckvorlagen für die beigegebenen Abbildungen gestattet haben, in erster Linie der Universitätsbibliothek Düsseldorf, der Biblioteca Apostolica Vaticana und der Herzog-August-Bibliothek in Wolfenbüttel. Die Gesellschaft von Freunden und Förderern der Heinrich-Heine-Universität Düsseldorf hat wiederum durch die grosszügige Bereitstellung von Mitteln aus der Dr. Reinhard und Emmi Heynen-Stiftung die Drucklegung möglich gemacht, Herr Dr. Manfred Lotsch und die Mitarbeiter des Droste Verlages haben die Drucklegung in gewohnter Zuvorkommenheit betreut. Ein letztes Wort des Dankes gilt Herrn Frank Dietze M.A., der mit grosser Geduld das Manuskript für den Druck vorbereitet hat.

So möge dieser *libellus* beitragen, nicht nur das Interesse an den Beständen der Universitätsbibliothek Düsseldorf zu wecken und zu erhalten, wie es sich in einem überraschend grossen Echo von "Paten" zugunsten der Restauration gefährdeter einzelner Handschriften, Inkunabeln und Frühdrucken erwiesen hat, sondern neben dem allgemeinen Interesse an alten Büchern und ihrer Geschichte vielleicht auch an anderen Orten ähnliche Initiativen fördern.

Ilona Opelt

Der antike Autor und sein Buch

In Jahre 77 nach Christus widmete und überreichte Plinius der Ältere seine *Naturalis Historia* dem Caesar Vespasian, dem künftigen Kaiser Titus. Scherzhaft sagt er mit einer biologischen Metapher, sein Buch sei bei ihm im jüngsten Wurf, *fetura*, für die Musen der Quiriten geboren. Er stellt diesem gelehrten, ja ernsthaften Werk einen freizügigeren Brief voran, der erstaunlich viele der bei einer Widmung möglichen Gesichtspunkte umfaßt. Diese *epistula licentior* unterscheidet sich durchaus von dem älteren Typus des Kaiserproömiums und kann zugleich als Einführung und Vorbereitung unseres Themas dienen[1].

Buchtitel und Widmung, ihre Begründung im Vertrauen auf die Ermunterung durch Titus stehen in guter Tradition an der Spitze. Das Besondere der *Epistula* ist jedoch der vertraulichere Ton, der sich auch in der Wortwahl zu erkennen gibt, wie bewußter Provinzialismen *'conterraneus'* für 'Landsmann'[2]. Dies soll jedoch Verehrung des Caesar in vertrauterer Form sein: *familiarius colere.* Wir können also gleichsam von drei Polen sprechen, zwischen denen sich die Widmung begrenzen läßt: dem Verfasser, seinem Buch und dem Empfänger.

Die Person des Empfängers macht die Widmung zu einer besonderen Kühnheit auch angesichts der Natur des Buches. Dieses wird als in stilistischer Hinsicht weniger aufwendig charakterisiert, da sich die Materie der Anwendung rhetorischer Künste verweigert. Solches gebietet der Inhalt: die Natur, von Plinius dem Leben gleichgesetzt,

1 Zu unserem Thema grundlegend: W. Schubart, *Das Buch bei den Griechen und Römern*, Heidelberg ³1962. Datierung der Widmung nach J. Beaujeu, *Pline l'ancien, Histoire naturelle, livre I*, texte établi, traduit et commenté, Paris 1950, 12. Dies ist zugleich unsere Textgrundlage. Neueste Analyse der Einleitung: Ph. Howe, "In Defense of the Encyclopedic Mode: on Pliny's Preface to the Natural History", in *Latomus* 44, 1985, 561–576.

2 *Thes. linguae Latinae* IV, 686 hat außer unserem Beleg, dem ältesten, nur noch Itala, Lev. 17,15 als Äquivalent.

in ihrer geringsten Hinsicht, *sordidissima sui parte*, und mit roher, fremdländischer, ja sogar barbarischer Terminologie beschrieben. Er, Plinius, beschreite ferner einen noch unbegangenen Weg: kein römischer Autor vor ihm habe überhaupt, kein griechischer je zur Gänze diese Materie behandelt. Die Bemeisterung habe teils mit Dunkelheiten, teils mit dem Überdruß am allzu Bekannten zu kämpfen.

Der bloße Versuch allein sei lobenswert. Plinius vergleicht seine Bemühung mit der des Livius; wolle er doch, wie dieser nicht dem eigenen Ruhm, sondern dem *populus Romanus* dienen. Ferner habe er sich, auch wenn die Materie Lücken aufweisen sollte, die Zeit für sein Werk neben seinen eigentlichen Aufgaben abgerungen. Er kennzeichnet im folgenden seine Methode der Angabe der jeweiligen Quellen; diese Aussage hat die Philologen vor das Problem gestellt, in wieweit die Namensnennung anzeigt, daß die Ausschöpfung gerade an dieser Stelle beginnt; wir unterlassen hier die weitere Detaillierung[3].

Hundert seien in insgesamt 36 Bänden die von ihm ausgeschöpften Fachschriftsteller: dies eine buchtechnische Einteilung, die auch der Handlichkeit des Benützers und Verwahrers der Rollen dienen soll.

Nun kommt eine Aufzählung überhaupt möglicher Buchtitel[4]. Bei den Griechen, auf die Plinius in bester Tradition immer wieder zurückkommen wird, kennen wir "Bienenwabe", "Füllhorn", "Veilchen", "Musen", "Pandekten", "Allumfassende", "Handbüchlein", "Wiese", "Inschriften"; bei den Römern gibt es ernsthaftere Buchtitel wie "Antiquitates", "Altertümer", "Exempla Artesque", "Beispiele und Künste", "Lucubrationes", "Nächtliche Studien". Die Scherze beendete bei den Griechen der Historiker Diodor und wählte den Titel "Bibliothek". Auch er, Plinius selbst, wollte keinen scherzhafteren Titel erdenken, vielmehr den griechischen Künstlern nacheifern, die sich mit dem schlichten Werksignum begnügten: "Apelles oder Polyklet hat dies zu schaffen versucht", nur dreimal "hat dies geschaffen" (eine Unterscheidung durch den Tempusgebrauch zwischen nicht abgeschlossener und vollendeter Arbeit am Kunstwerk).

---

3 Es handelt sich um das sogenannte H. Brunnsche Gesetz: *De auctorum indicibus Plinianis disputatio isagogica*, Bonn 1856; obwohl diese meiner Meinung nach bereits von A. Rabenhorst im Philologus N.F. 19, 1906, 569ff. widerlegt ist (anders M. Schanz–C. Hosius, *Geschichte der römischen Literatur*, II, München [4]1935, 773).

4 Über den griechischen Buchtitel gibt es Spezialuntersuchungen: K.E. Henriksson, *Griechische Büchertitel in der römischen Literatur*, (Annales Acad. Scientiarum Fennicae. 102,1) Abo 1956; E. Nachmannson, *Der griechische Buchtitel*, Göteborg 1951. Untersuchungen zum lateinischen Buchtitel scheinen seltsamerweise zu fehlen.

Mögliche Kritik antizipierend, gesteht Plinius diesem und auch seinen vergangenen Werken, wie der "Grammatik", Ergänzungsfähigkeit, also Unvollständigkeit, zu. Abschließend kündigt er aus Rücksicht auf die beschränkte und doch so kostbare Zeit des Caesar ein ausführliches Inhaltsverzeichnis an.

Im Rahmen der oben genannten drei *Gedankenpole*: Plinius–Titus–*Naturalis Historia*, fällt die *Professionalität* der Einleitung auf: Stil des Buches, Schwierigkeit der Materie, Zielsetzung, Buchzahl, Quellen, Titel, Inhaltsverzeichnis: d.h. es ist zwar von einem literarischen Werk die Rede, aber zugleich von einem Exemplar, das gewissen buchtechnischen Voraussetzungen entspricht.

Zur Verdeutlichung hebe ich dies ab von den üblichen Topoi oder wichtigsten, sich wiederholenden Gedanken eines Kaiserproömiums[5] *in der Dichtung*. Als solche sind in einer älteren lateinisch verfaßten Marburger Dissertation insgesamt 7 Punkte aufgezählt: Angabe des Themas, Disposition, Anlaß, Widmung, Empfehlung, Selbstaussagen des Dichters, Kaiseranrufung zur Inspiration neben oder als Ersatz der älteren Götteranrufung[6]. In diesen Kaiserproömien fehlt gerade der buchtechnische Aspekt: das heißt das Werk wird zwar dem Kaiser gewidmet, aber kein Exemplar überreicht.

Ein solches konkretes Widmungsexemplar wird mit dem Titel *liber* oder *libellus* genannt, setzt bestimmte Formen der Buchproduktion, aber auch des Vertriebes voraus und ist in Rom erst ab dem 1. Jh. vor Christus nachzuweisen. Vornehmliche Stütze dieser Aussage ist der Thesaurus linguae Latinae mit den Artikeln "Liber", Buch, beziehungsweise sein Deminutiv "Libellus", Büchlein, das verächtlichen Beiklang, aber auch eine kosende Bedeutungsvariante haben kann[7]. Eine ältere Dissertation ist *libellus*, *liber* und seinen Synonymen bereits nachgegangen; ihre Ergebnisse sind gut gesichert, ja endgültig[8].

Liber, eigentlich Bast, bezeichnete den Inhalt nach seinem Schriftträger, weil, so führt etwa Servius in seinem Kommentar zu Vergils Aeneis (11, 554) aus: Baumbast als Schriftträger vor dem Gebrauch des Papyrus oder Leders üblich war. Mit einer Synekdoche, der Behälter bezeichnet den Inhalt, wie häufig, entstand die Bedeu-

5 Kurze Zusammenfassung bei I. Opelt, "Zum Kaiserkult in der griechischen Dichtung", in *Römischer Kaiserkult* (Wege der Forschung 372), hrsg. A. Wlosok, Darmstadt 1977, 425.

6 G. Engel, *De antiquorum epicorum historicorum... prooemiis*, Diss. Marburg 1910, 7.

7 Vgl. H. v. Kamptz, *Thes. linguae Latinae* VII 1271–: Liber; 1262–1270: Libellus.

8 E. Sprockhoff, *De libri, voluminis... vocabulis usurpatione*, Diss. Marburg 1908.

tung Lehre, Darlegung der verschiedenen Wissenschaften: Juristerei, Grammatik. Das Deminutivum läßt die ähnliche Bedeutungsentwicklung erkennen: Es bezeichnet zunächst jegliche Art handschriftlicher Stücke: also Briefe, Aide-Mémoires, Pamphlete, Berechnungen; sodann, fast technisch, Gesuche; schließlich: kleine Bücher und einzelne Gedichte. Beim *liber*, mehr aber noch beim *libellus*, ist der Gehalt nicht vom Exemplar zu trennen, und dies soll im folgenden weiter dargelegt werden.

Als erster, von dem wir es wissen, überreicht und widmet in Rom einen *libellus* der Dichter Valerius Catullus[9] einem Historiker mit dem Gentilnamen Cornelius. Das aus nur 10 Elfsilblern geformte Gedicht formuliert die Widmung, ihre Begründung in dem Vertrauen des Empfängers in den Dichter, ihren Vollzug und die Anrufung der Muse, mit der Bitte um Dauer des Werkes. Mit der ihm eigenen Lebendigkeit aber auch der Kunst des daher unsymmetrischen Aufbaus stellt Catull zunächst in zwei Versen die rhetorische Frage, wem er sein Exemplar widmen soll. Das Exemplar wird gekennzeichnet als neu und an den Rändern, die für die Rolle ebenmäßig sind, mit trockenem Bimsstein geglättet. In einem Halbvers folgt die Antwort: Cornelius soll das Büchlein haben; die Begründung in viereinhalb Versen in der Wertschätzung des Cornelius, dessen literarische Tätigkeit in 3 Versen gepriesen wird; als einziger Römer sei er Verfasser einer Weltchronik in drei Büchern *Chronica*, die zugleich gelehrt ist und unter großer Anstrengung entstand, was durch die Anrufung Juppiters noch bekräftigt wird. In drei Versen der letzte Gedichtblock: Übereignung und Gebet um Dauer. Wir haben also eine Gliederung: 2,5:4,5:3 Versen. Den Empfänger hat man längst als Cornelius Nepos[10] identifiziert, dessen Geschichtswerk *Chronica* verloren, dessen *Atticus* und Partien aus *De viris illustribus* die Schullektüre erhalten haben. Die Veranstaltung der Gesamtausgabe und die Widmung in dem *lepidus novus libellus* wird um das Jahr 54 vor Christus angesetzt, das Jahr der zweiten Britannienexpedition Caesars, — Cicero hatte vor einem Jahre die Schrift *De oratore* fertiggestellt, und Catull, aber auch dem großen Verfasser eines Lehrgedichts Lucretius Carus sollten nicht mehr viel Lebenszeit verbleiben. Der spätere Imperator Caesar Augustus war gerade etwas über acht Jahre alt... Das Widmungsexemplar war durch dieses einleitende Gedicht Catulls zum Gegenstand der Li-

9 Man vgl. die bekannten Kommentare von A. Riese, Leipzig 1884, R. Ellis, Oxford[2] 1889, G. Friedrich, Leipzig-Berlin 1908, M. Lenchantin de Gubernatis, Torino[3] 1947, K. Quinn, London 1970 zur Stelle.

10 Man vgl. auch nochmals die Kommentare, sowie Schanz-Hosius I, München 1928, 294, 352-254.

teratur geworden, ein Motiv, mit dem reizvolle Spielereien möglich waren, die den Archegeten Catull, falls er wirklich der Archeget war, weit übertreffen sollten.

Im Jahre 10 nach Christus gelangte ein *libellus* nach Rom, abgesendet von Publius Ovidius Naso, dem wegen einer noch immer nicht enträtselten *culpa*, Schuld, gegen das kaiserliche Haus nach Tomi am Schwarzen Meer Verbannten[11]. Das Gedicht in 82 elegischen Distichen leitet den dritten Band der *Tristien*, "Klagegesänge", betitelten Elegien ein mit einer Selbstvorstellung des *libellus* in 20 Versen: Der *libellus* charakterisiert sich als Buch eines Verbannten, das ängstlich in Rom angekommen ist und den Leser um seine Hilfe bittet. Diesen beruhigt er sofort über den Inhalt, der keinerlei Scham verletze, keine Liebeslehren erteile. Das gegenwärtige Schicksal verbiete seinem Herrn, mit *dominus* ist Ovid gemeint, es durch irgendwelche Scherze zu verschleiern, ja dieser selbst verurteile, verabscheue die einstige Liebesdichtung. Der ausgegrenzten alten steht die gegenwärtige Thematik gegenüber: Klage im elegischen Distichon, einem hinkenden Metrum; dies — so sagt der *libellus* — könnte metrische aber auch reisetechnische Gründe haben, weil das Buch von so weit komme. Auch das bescheidene Aussehen sei Ausdruck der Trauer: weder sind seine Ränder mit Bimsstein geglättet, noch auch mit Zedernöl gelb gefärbt zum Zeichen der Unsterblichkeit; das Buch wollte sich nicht reicher schmücken als sein Herr. Die Schrift selbst sei bisweilen von Tränen verwischt, Tränen des Dichters; (der *liber* könnte vielleicht sogar ein Autograph sein). Die Diktion — eine weitere Koketterie — könnte vielleicht schon Auswirkungen der nicht lateinischen, barbarischen Umwelt aufweisen. Auf die 18 Verse der Vorstellung folgt die Bitte des Buches, ihm in Rom den Weg zu weisen. Es kommt nun nicht sogleich die Antwort, sondern die Ich-Erzählung des Buches wird fortgesetzt, man erkennt erst jetzt das Selbstzitat in direkter Rede. Mit Mühe findet der *Liber* darauf einen unter den Lesern, der ihm in Rom als Führer dient.

Dieser zeigt dem *liber* die *fora Caesaris*, also Caesar- und Augustus-Forum, die Via sacra, den heiligen Bezirk der Vesta und die Regia. Die Führung ist lebendig, nicht als Vortrag, sondern sie wird in natürlicher Weise durch den betrachtenden Spaziergang und die kurzen Erklärungen mitvollzogen. Nachdem der Führer die Pforte zum Palatin und den Tempel des Iuppiter Stator gezeigt hat, erblickt der *liber* einen Palast, den er für das Haus Juppiters hält; seine beson-

11 H. Froesch, *Ovid als Dichter des Exils*, Bonn 1976, 78–153, H. Hoffmann, "Ovidliteratur, Metamorphosen", in *ANRW* 31, 4, 2161–2273.

deren Attribute werden staunend, bewundernd beschrieben: Lorbeer vor dem Eingang, die *corona civica*, alles deutet auf Augustus, wird aber nicht ausformuliert. Die Buchrolle schreitet dann zum Apollotempel auf dem Palatin hinauf, von dort wird sie schließlich hinausgewiesen, auch ein anderer Tempel in der Nähe des Theaters bleibt ihr verschlossen, wie auch die Aedes der Libertas. Alles mündet schließlich in die Bitte um Gnade an Caesar; da der Kaiser ihn abweist, wendet sich das Buch an die Hände der Menge, der Plebs[12].

Zwei Jahre später, im Jahre 12 nach Christus, sendet der Dichter einen weiteren *libellus* hinterher, es ist das 5. Buch der *Tristia*. Der Dichter betont die Identität zwischen sich und seinem Buche, dieses gleiche seiner gegenwärtigen Situation. Nachdem er sein Dichten gerechtfertigt hat, sagt der Schlußsatz, warum er das Buch sende — es handelt sich also wiederum um ein Widmungsexemplar: er wolle im Buche gegenwärtig sein[13].

Zeitlich läßt sich das nächste Widmungsgedicht, in dem auch viele buchtechnische Details begegnen, nach Ovid einordnen, obwohl der Zeitansatz und die Identität des Dichters Lygdamus heftig umstritten sind[14].

Das Gedicht beginnt mit einer Anfrage des Dichters an die Musen, die als solche nicht sogleich erkennbar ist, da die Anrede erst hinter dem Anlaß steht, den Kalenden des März, den Matronalien, an denen Austausch von Geschenken üblich war: Was er Neaira, der Geliebten, schenken solle, ob sie nun ihm gehöre oder nicht? Die Musen geben zwei Ratschläge, der Schönen schenke man Gedichte, der Habgierigen Geld. Neaira aber würde sich über Gedichte freuen. Diese Gedichte müßten allerdings in einem Prachtexemplar übergeben werden. Dessen Beschreibung ist von den modernen Bearbeitern des Buchwesens, von Birt bis zum Sammelband der Überlieferungsgeschichte gerne ausgewertet worden[15]: die Rolle sei schneeweiß, möge in einer leuchtend gelben Lederhülle stecken. Wie bei Catull seien die Ränder mit

12 Zur Baupolitik des Augustus in Rom umfassend: D. Kienast, *Augustus, Prinzeps und Monarch*, Darmstadt 1982, 339–343; zu Monographien über die Topographie Roms bei Ovid: man vgl. auch G. Carettoni, *Das Haus des Augustus auf dem Palatin*, Marburg 1983.

13 Vgl. nochmals Froesch a.a. O., 96–99 zu negativen Äusserungen über Augustus.

14 W. Erath, *Die Dichtung des Lygdamus*, Diss. Erlangen 1971.

15 Buchtechnisches bei Th. Birt, *Das antike Buchwesen in seinem Verhältnis zur Literatur*, Berlin 1882. Knapp, aber mit Meisterschaft: H. Hunger, in *Geschichte der Textüberlieferung der antiken und mittelalterlichen Literatur* I: Antikes und mittelalterliches Schriftwesen, hrsg. von H. Hunger, O. Stegmüller, H. Erbse, M. Imhof, K. Büchner, H.-G. Beck, H. Rüdiger, Zürich 1961, 43f. zur Buchrolle und ihrer Ausstattung.

Bimsstein geglättet und oben stecke ein kleines Stück Papyrus, das den Titel, den Namen des Dichters tragen soll. Es ist dies meines Wissens die ausführlichste Beschreibung eines Prachtexemplars, das wir in der lateinischen Dichtung besitzen. Die Rolle wird noch durch die beiden *Cornua* komplettiert, die beiden Knäufe des Stabes, um den die Rolle gedreht wurde; sie sollen bemalt sein. Der Dichter folgt den Musen, läßt das Buch in der vorgeschlagenen Form Neaira überreichen und ihr seine Liebe sagen[16].

Bisher empfingen im Verlauf dieser Betrachtung das Widmungsexemplar: der Kaiser, ein hochgestellter Freund, die Geliebte. Das nächste Gedicht, das eine solche Widmung behandelt, ist scherzhaft und spielt unter Freunden. Es ist zwischen 89 und 95 nach Christus entstanden und neben dem Geburtstagsgedicht an Polla, Lucans Witwe, als einziges der Sammlung im Hendecasyllabus, dem Elfsilbler, gedichtet, dem Versmaß, das Catullus so liebte. Es ist das 9. des 4. Buches der *Silvae*, "Wälder", des Statius, einer Sammlung kleiner Gelegenheitsgedichte[17]. Der Empfänger ist Plotius Grypus, Sohn des Konsuls von 88 n. Chr. Grypus hatte Statius zum Dank für sein Buch ein anderes Buch geschickt, eine schöne Aufmerksamkeit an sich, aber dann beginnt der Dichter die Abrechnung. Er selbst hatte Grypus eigene Verse gesendet, ein neues Buch in roter Schutzhülle und mit sogar zwei *Umbilici*, jenen Stäben, um die die Rolle gedreht wurde. Es hatte Statius 10 Asse gekostet, also einen ganzen Silberdenar. Die Gegengabe ist eine Rolle, die von Motten zerfressen ist und vor Altersschwäche zerfällt, sie gleicht Einwickelpapier für afrikanische Oliven, ägyptischen Weihrauch oder makrelenähnliche Seefische aus Byzantion. Diese Buchrolle aber enthielt nicht einmal eigene Werke des Grypus sondern die langweiligen Ausführungen des greisen Brutus, bei einem armseligen Buchhändler um höchstens 1 As erstanden. Klagend zählt der Dichter mit schier unerschöpflicher Phantasie andere Armseligkeiten auf, die sich ebenfalls, ja besser als Geschenk geeignet hätten: Filzmützen, aus zerrissenen Mänteln angefertigt, vom Sturmwind heruntergeschüttelte Pflaumen und Feigen, Lampen ohne Öl, Zwiebelhäute, Eier, Speltmus, Spelt, Schneckenhäuser, Speck, schlechter Schinken, Würste, Faliskerwein, Salz, Abführmittel, Käse... Eine letzte Pointe beschließt das Gedicht: Grypus möge

16 Man vgl. die exakten Interpretationen Eraths.

17 Schanz–Hosius II, München 1935[4], 539–543. Man vgl. auch L. Håkansson, *Statius' Silvae.* Critical and exegetical remarks with some notes on the Thebaid, Lund 1969, erläutert unser Gedicht nicht; A. Hardie, "Statius and the Silvae. Poets, patrons and epideixis in the Graeco–Roman World", in *Arca classica et mediaevalia* 9, Liverpool 1983, 57_{49}, 145, betont die Verwandtschaft mit Martial.

ihm, um Himmels Willen, nicht mit einem Hendecasyllabus antworten. Das ganze ist eine höchst witzige Klage über den Austausch ungleichwertiger Gaben; in unserem Zusammenhang wichtig, weil es sich dabei um Bücherrollen handelt: ein Widmungsexemplar und ein antiquarisches.

Mit einer tödlichen Pointe ist von einer möglichen Widmung eines Buches die Rede in einem Vierzeiler, der im Jahre 85/86 entstanden ist und von dem Satiriker Martial stammt (1,29). Martial nimmt auf ein Gerücht Bezug, wonach Fidentinus seine, Martials, Gedichte als eigene vortrage. Falls Fidentinus Martials Autorschaft zugeben wolle, werde er sie ihm gerne umsonst zuschicken; falls Fidentinus aber sie weiterhin als eigene ausgebe, möge er sie kaufen, damit sie ihm wirklich gehörten.

Bei demselben römischen Dichter, den wir aus diesem Grunde als den letzten behandeln, sind auch *"Geleitgedichte"* an das Buch selbst häufig, um einen Ausdruck Holzbergs[18] aufzugreifen. Sie stehen meist am Bucheingang; der Dichter erteilt dem *Liber*, *Libellus*, auch den *Libri* oder *Libelli*, den Auftrag, sich an einen bestimmten Ort, zu einem bestimmten Freund zu begeben. Das meist stumme Buch dirigiert er weiterhin, indem er eventuelle Fragen antizipiert. Bisweilen steht das Geleitgedicht auch am Buchschluß, um den Gedichtband zu rahmen, einmal, um ihm energisch ein Ende zu setzen. Die ovidische Inspiration dieser Geleitgedichte ist offenkundig; wir müssen uns nur an das erste Gedicht des dritten Buches der Tristien, in der das abgesandte Buch selbst sprach, oder an das erste Gedicht des fünften Buches der Tristien erinnern. Die phantasiereichen Abwandlungen des Typus machen den besonderen Reiz aus[19].

1 Das Einleitungsgespräch mit dem Buch am Beginn eines Gedichtbandes begegnet erst seit den Jahren 85/86, noch nicht im ersten Epigrammbande. Zu Beginn des 2. Buches spricht der Dichter die Buchrolle an, deren Kapazität zwar 300 Epigramme wären — eine Zahl, die im Lateinischen auch als Me-

18 N. Holzberg, *Martial* (Heidelberger Studienhefte zur Altertumswissenschaft, Heidelberg 1988), mit meiner Rezension im *Gymnasium* 95, 1988. — Unentbehrlich immer noch L. Friedländer, *Martialis Epigrammaton libri*, Leipzig 1886, nachgedruckt Amsterdam 1967.

19 Wir haben für die nun folgende Charakteristik der insgesamt 32 Gedichte Martials jeweils den Kommentar von Friedländer herangezogen, dessen Datierung wir folgen, ohne dies in einer Fußnote zu jedem einzelnen Gedicht anzumerken. Holzbergs kluge Ausführungen beachten meist die Stellung des einzelnen Gedichts innerhalb des Buches.

tapher für sehr viel erscheint —[20], aber er fragt sie, wer dies lesen wolle. Darauf faßt er die dreifachen Vorteile der Kürze, *brevitas*, zusammen: erstens verbrauche er weniger Papyrus, ferner werde der Abschreiber schneller fertig, schließlich falle das Werk, selbst wenn es mißraten sei, niemandem lästig. Beim Gelage könne man es lesen, aber bevor der Wein warm zu werden beginne. Die Schlußpointe: trotz der Kürze werde das Buch auch so manchen zu lang sein.

2–5 Das dritte Buch leiten vier verschiedene Variationen des Typus ein: ein Widmungsgedicht. Der Geleittypus, in dem das Buch zu Faustinus dirigiert wird. Das vierte Gedicht, ebenfalls ein Geleitgedicht, diesmal einfach nach Rom. Das fünfte: ein Geleitgedicht. Sie haben für das ganze Buch Gliederungsfunktionen, aber daran soll hier nur erinnert werden[21].

Das Widmungsgedicht richtet sich an das Publikum allgemein, an keinen einzelnen. Martial übergibt den Gedichtband, der in den Jahren 87/88 entstanden ist, als Werk der Gallia togata. Er erinnert an seinen früheren Gedichtband; im Vergleich mit diesem müsse der in Rom entstandene besser gefallen.

3,2 ist ein echtes Geleitgedicht. Martial fragt die Buchrolle, wem sie gehören wolle, um dem Schicksal zu entgehen, als Einwickelpapier dienen zu müssen — wir erinnern uns an die verwitterte Gegengabe des Grypus für Statius —. Er beobachtet, wie die Rolle zu Faustinus flüchtet, und kommentiert dies beifällig mit *sapisti* — du bist vernünftig. Sodann kleidet er die Buchrolle prunkvoll ein: sie wird mit Zedernöl gefärbt, ihre Stäbe, *umbilici*, an den Knäufen verziert, sie wird in eine rote Hülle gesteckt und mit einem scharlachroten Titel versehen. So ausgestattet, brauche sie auch Probus von Berytos, den berühmten Grammatiker, nicht zu fürchten[22].

3,4 ist ein Geleitgedicht anderer Art: das Buch wird nach Rom abgefertigt. Die Rolle bleibt stumm, und so erteilt Martial ihr weitere Aufträge, wie sie auf etwaige Fragen antworten solle: sie

---

20 Vgl. K.E. Georges, *Ausführliches Lateinisch-Deutsches Handwörterbuch*, II, [11]Basel 1962, 3203 mit Bezug auf Plaut. *Trin.* 791.

21 Holzberg hat dieses noch wenig behandelte Problem der Martialinterpretation am Beispiel des 1. Buches gut erläutert, 37; vgl. das ganze Kapitel 34–42; dort auch Hinweise über die Bedeutung von Widmungsgedichten und resümierenden Gedichten für die Buchstruktur: 38.

22 Vgl. außer dem Kommentar Friedländers auch die in Anm. 1 und 15 genannten Standardwerke zum antiken Buchwesen.

käme von der Via Aemilia, die als Fortsetzung der Via Flaminia Ariminum mit Comum verband, und solle verkünden, der Dichter befinde sich in Forum Corneli — heute Imola —, weil er des Lebens in Rom überdrüssig sei; er käme wieder als Kitharoede.

3,5 verbindet den Typus des Geleit- mit dem des Widmungsgedichtes. Wiederum spricht Martial die stumm bleibende Buchrolle vor ihrem Lauf nach Rom an. Von der Antithese, zu vielen oder zu einem zu gehen, gibt der Dichter einem Iulius den Vorzug. Er wohne in der Via Tecta[23], also einer gedeckten Straße im einstigen Hause des Daphnis. Die Frau des Hauses werde die Buchrolle empfangen, selbst wenn sie wie ein staubiger Wanderer ankomme. Dem Ehepaar wird ein Gruß des Dichters bestellt und erläutert, dies Haus wäre zwischen der Via Flaminia und dem Fluße, in der Nähe des Mausoleums des Augustus, also in der Nähe der nördlichen Ausfallstraße; wir müßten die heutige Via del Corso, so heißt die Flaminia jetzt, in westlicher Richtung verlassen.

6 Das letzte, das hundertste Gedicht des dritten Buches, beschließt mit einer Widmung an Rufus: In der sechsten Stunde übersandte Martial bei strömendem Regen seine Epigramme, die hier *carmina* genannt werden: sie sind wohl feucht geworden; aber mehr verdiente das Buch auch nicht: also eine gegen sich selbst gerichtete Pointe: daß der Text gelöscht, vom Regen weggewaschen werde.

7 Das 10. Gedicht des 4. Buches ist ein Widmungsgedicht an Faustinus, das im Dezember 88 ediert worden ist. Der Sklave wird angewiesen, das noch nicht trockene Exemplar, dessen Ränder noch nicht geglättet sind, zu überbringen. Der Sklave möge sich beeilen, doch einen Schwamm mitnehmen, mit einem Strich alles auslöschen, wenn nötig.

8 Gewiß aus Gründen des Buchaufbaus, erscheint im 4. Buch erst am Ende wiederum die Anrede an den *libellus*. 4,86 belehrt Martial die Buchrolle, wer die richtige Instanz wäre, um seine Qualität zu prüfen: Apollinaris; er vereinige Kompetenz in Fragen der Stilistik, Gelehrsamkeit mit Reinheit und Güte; sein positives Urteil würde die Buchrolle davor bewahren, als Einwickelpapier dienen zu müssen. Sein Verdikt mache sie zur Makulatur, deren Rückseite den Schulkindern zum Kritzeln dienen

23 Via Tecta erläutert nach Friedländer; in E. Nash's, *Pictorial Dictionary of Rome* fehlt das Stichwort Via. Eine moderne Monographie über die Topographie Roms bei Martial scheint zu fehlen.

kann. In 7,16 dirigiert Martial nochmals das Gedicht zu ihm, diesmal wird der Befehl dem Vers, dem *Skazon*, im Refrain zu Beginn und Schluß des Zehnzeilers erteilt.

9 4,89, das Schlußgedicht ist eine raffinierte Variante des Geleitgedichtes. Mit wiederholtem Zuruf *ohe*, es genügt schon, *ohe*, wird die Buchrolle gestoppt: sie ist schon ganz abgerollt, Martial ist bis zu den Rollstäben, den schon öfters genannten *umbilici*, gelangt. Der Dichter gebietet dem Elan Einhalt. Mit einer Pointe: wenn der Schluß nicht genügt, so war doch zu Beginn bereits alles gesagt. Und er läßt den Schreiber den Anfang des Gedichtes als Refrain wiederholen: *ohe*, es genügt schon, *ohe*.

10 Im 5. Gedichtband, der im Herbst 89 ediert ist, begegnet ein Widmungsgedicht an Kaiser Domitian in der Buchmitte: 5,16. Martial überreicht den fünften Band und charakterisiert seine Werke: sie verletzen niemanden, vielmehr verewigen sie. Ihr Nutzen, man muß verdeutlichend sagen, ihr materieller Nutzen, für den Dichter sei gering, aber er vergnüge sich. Diesen Profitgedanken formuliert das folgende, sich nicht an Domitian wendende Gedicht deutlicher.

11 5,18 richtet sich an Quintilian, also den großen Lehrer der Beredsamkeit, und erläutert, warum er zu den Saturnalien nur ein Gedicht empfangen habe: Geschenke glichen doch Ködern; wenn der Arme dem Reichen nichts schenke, sei er freigiebig.

12 Beissend ist die Verweigerung einer Gedichtwidmung an Theodorus in 5,73.

13, 14 Martial fragt, warum er sich den Bitten verschließe? Damit er
nicht die Gegengabe erhalte; dieser Typus wird 7,3 gegen Pon-
tilianus eingesetzt. In 77 wird das Geschenk verweigert, weil der
Beschenkte die Gedichte nicht lesen, sondern verkaufen wolle.
4,86 wurde das Buch einer Autorität zur Begutachtung vorge-
15 legt; 5,80 wandelt diesen Typus ab: Severus wird ersucht, der
Lektüre der Gedichte nicht einmal eine ganze Stunde zu wid-
men. Martial bittet jedoch, sie mit einem Secundus, also Plinius,
zu teilen, weil dieser eine Autorität in literarischen Fragen sei,
Martial das Schicksal des Sisyphus, also vergebliche Arbeit zu
leisten, erspare.

16 Den sechsten Gedichtband, der im Jahre 90 veröffentlicht ist und sich in ganz besonderem Maße an Domitian[24] wendet, leitet ein Widmungsgedicht ein. Der Dichter sendet den Gedichtband an Iulius Martialis, zu dem schon einmal eine Buchrolle hineilen mußte; sein Beifall werde ihn ermutigen, in die Hände des Kaisers zu gehen.

17 6,86 schafft einen neuen Typus: es verbindet die Widmung mit der Trauer um den Tod des Freundes Camonius Rufus. Dieser war in Cappadocia gestorben und das heimatliche Bononia betrauert ihn. In der Topik des Epikedions wird die Jugend und *pietas* des Verstorbenen gepriesen, das Gedicht als Grabspende dargebracht.

18 Nochmals erhält Iulius Martialis, diesmal sieben Gedichtbände, in 7,17, das im Dezember des Jahres 92 ediert wurde. Die Variante dabei ist, daß sie ihm nicht nach Rom gesendet werden, sondern für die Bibliothek seines Landhauses am Ianiculus bestimmt sind, von wo aus der Leser Rom sehen könne.

19 Ein Geleitgedicht begegnet erst am Ende des 7. Buches. Im 97. Gedicht wird der *Libellus* in bewährter Technik abgesendet zu Caesius Sabinus, einer Zierde Umbriens, dem er ein Exemplar überreichen soll. Der *Libellus* solle aber auf der Lektüre bestehen, die für allgemeinen Ruhm sorgen würde. Man darf diese Variante als weniger gelungen bezeichnen: in den früheren Geleitgedichten erhielt die stumme Buchrolle den Auftrag, sich selbst zu jemandem zu begeben, der sie dann aufnehmen oder ablehnen würde, d.h. sie schenkte sich selbst; die neue Variante, daß die Buchrolle Gedichte überreichen solle, schafft ein verzerrtes Bild.

20 Das im Jahre 93 edierte 8. Buch, ganz auf Domitian bezogen, wird konsequent durch Anfangs- und Schlußgedicht an den Kaiser eingerahmt, wobei die Prosawidmung schon vorgängig zum Ausdruck bringt, daß jegliche Schlüpfrigkeit fehlen werde, weil das Buch mit der Majestät des heiligen Kaisernamens verknüpft sei. Das erste Gedicht ist das Geleitgedicht[25] und weist den

24 Zu dem Verhältnis Domitian–Martial: Holzberg, 74–85; Holzberg versucht durch differenzierende Interpretation, Doppelsinn und dergleichen, eine gewisse Distanz des Dichters, ja sogar geheime Kritik am Kaiser nachzuweisen. Die Ausführungen sind nicht ganz überzeugend.

25 Nochmals Holzberg, 39 zu diesem Epigramm.

Liber zum Betreten des Kaiserpalastes und zu keuscher Sprache an; es stehe unter dem Zeichen der Minerva, nicht der Liebesgöttin.

21 Das abschließende 82. Gedicht läßt *Libelli*, im Sinne der Gesuche der Beschwerdeführenden, kontrastieren mit den Epigrammen, die dem musenfreundlichen Kaiser zugeeignet werden.

22 Am Ende des Buches begegnet nochmals ein Geleitgedicht an das Buch: 8,72. Diesmal soll das Buch in noch ungeschmücktem Zustand ohne roten Bucheinband und mit nicht geglätteten Rändern sich nach Narbo Martius zu Arcanus begeben, der dort seinen Pflichten als Duumvir nachkommen müsse. Martial hofft, daß das Buch aufgenommen und Arcanus sein Freund werde.

23 Im 9. Buch, das noch im Jahre 94 ediert ist, variiert er nochmals den Typus des Geleitgedichtes an das Buch: (9,99) zunächst wird die Sympathie des Marcus Antonius Primus[26] aus Tolosa für Martial festgestellt, der sich dort aufhält, dann die Rolle auf den weiten Weg gesandt und der Unterschied zwischen einem gekauften Buch und einem Widmungsexemplar unterstrichen: er sei wie der zwischen dem Trunk aus der Quelle oder einem Teich.

24 Das im Jahre 98 edierte 10. Buch der *Epigrammata* ist wie die Bücher 3 und 8 durch Geleitgedichte eingerahmt: Das 1. läßt das Buch selbst sprechen: wenn es dem Leser zu lang sei, solle er weniges lesen, so würde es zum Büchlein.

25 Das Schlußgedicht 104 sendet den Libellus als Begleiter mit Flavus auf die weite Seereise nach Tarraco, nach Bilbilis, nach Salona. Sein Auftrag: seine einstigen alten Gefährten zu begrüßen, ferner Flavus aufzufordern, einen stillen, nicht zu teuren Ruheplatz, *secessus*, zu beschaffen, wo der Dichter faulenzen wolle. Dann drängt er den *Libellus*, die Abreise des Schiffes nicht zu verzögern.

26 Gedicht 19 variiert den Typus des Widmungsgedichtes: Diesmal wird Thalia, die Muse, beauftragt, den *libellus* Plinius zu übergeben: er wohne in der Nähe, nur der Pfad der Subura müsse überquert werden; nach genauer Beschreibung des Weges, der

26 Zu Marcus Antonius Primus, Sieger in der sog. 2. Schlacht bei Bedriacum im Oktober des Jahres 69 n. Chr. = Nr. 89 RE I, 2, 2635f, vgl. man den älteren schönen Aufsatz von M. Treu, "Marcus Antonius Primus in der taciteischen Darstellung", in *Würzburger Jahrbücher* 1948, Heft 2, 241–262.

wieder einmal die Topographie[27] der Stadt Rom reizvoll einsetzt, solle die Muse das einstmalige Haus des Pedo betreten, wo Plinius seinen gelehrten Arbeiten nachgehe; erst beim Mahl werde er für die Gedichte Zeit finden.

27 Das im Dezember 96 edierte 11. Buch der Epigramme wird nochmals durch das Geleitgedicht an das Buch eingeleitet. Die wie immer stumme Buchrolle wird gefragt, wohin sie eile. Die Vermutung, zu Parthenius, ist richtig. Dieser aber wolle nur kurze Bücher lesen; dann solle sie in die Porticus des Quirinus gehen, deren Besucher die müssigsten von Rom sind. Dort werden sich einige Leser für die Werke finden, die diesmal 'von Motten zerfressen' genannt werden.

28 Das 107. Gedicht bringt Martial seine eigenen Gedichte zurück, die Septicianus angeblich bis zu den Knäufen der Drehstäbe ausgelesen habe. Martialis quittiert, dasselbe habe er mit den fünf Bänden des Septicianus getan.

29 Das 12. Buch der Epigramme, in der Zurückgezogenheit Spaniens verfaßt, nimmt am Beginn, aber nicht im 1., sondern im 2. und 3. Gedicht nochmals den Typus des Geleitgedichtes auf. In nur einem Distichon weist Martial seine Gedichte an, von Pyrgi auf der nicht mehr staubigen *via sacra* einherzugehen.

30 Gedicht 3 schickt die Bücher in umgekehrter Richtung auf den Weg als früher: statt von Rom aus, geht es jetzt von Spanien nach Rom, in unsicherer Rechtsstellung, nicht Gast, nicht Fremder: die Rolle solle den Neuen Tempel, also den Augustustempel, aufsuchen, oder die Subura, wo Stella wohne, in dessen Hause die Quelle Ianthea fließe, die geradezu ein Musenquell ist. Stella werde für die Verbreitung sorgen; einen *Titulus* brauche die Buchrolle nicht; nach der Rezitation nur weniger Verse werden alle erkennen, daß die Buchrolle sein, Martials Werk sei.

31 Im 5. Gedicht wird der 12. Epigrammband in nur vier Versen
Kaiser Nerva gewidmet; er wird als komprimiert gekennzeich-
32 net. Die neue Popularitätsoffensive des Dichters wird im 11. Gedicht fortgesetzt. Diesmal wird die Muse (wie in 10,19 Thalia) aufgefordert, Parthenius zu grüßen, und gebeten, dieser solle dem Kaiser seine Gedichte überreichen und empfehlen. Dies ist das späteste Geleitgedicht im Werke Martials.

---

27 Vgl. die Monographie der Anmerkung 23.

Wenn wir alle Widmungs- und Geleitgedichte, auch Gedichte mit abgelehnter Widmung vollständig vorgelegt haben, es waren insgesamt 32 Gedichte, so war dies, wie ich hoffe, dank dem Witz und der Variationsgabe des Epigrammatikers nicht ohne ein gewisses Vergnügen. Martial hat geradezu ein Repertoire entwickelt; darin aber wird das Verhältnis des Dichters zu seinem Buch und zu dem, der es empfangen soll, besonders deutlich.

Josef Semmler

Ein karolingisches Meßbuch der Universitätsbibliothek Düsseldorf als Geschichtsquelle

Die Handschrift, die in den folgenden Zeilen vorgestellt werden soll, ist keine Unbekannte. Der Codex, der nunmehr ein gutes Jahrzehnt unter seiner ererbten Signatur MS. D 1 in der Universitätsbibliothek Düsseldorf aufbewahrt wird[1], erregt seit mehr denn ein Jahrhundert das Interesse wissenschaftlicher Forschung, kaum wegen seiner bescheidenen künstlerischen Ausgestaltung — nur zwei Initialen sind ausgeschmückt[2]; Buchillustrationen und Miniaturen fehlen ganz —, sondern allein wegen seines vielfältigen Inhalts. An seiner Erschließung beteiligten und beteiligen sich nicht wenige geisteswissenschaftliche Disziplinen, hält er doch Antworten bereit für den Liturgie- und Kirchenhistoriker; die manchen liturgischen Texten beigegebenen Neumen fesseln den Musikhistoriker; althochdeutsche Glossen einzelner lateinischer Worte fordern den germanistischen Philologen heraus. Die Einträge zahlreicher Personennamen im Umkreis der dem fürbittenden Gedenken für Lebende und Verstorbene gewidmeten gottesdienstlichen Gebetsformeln werfen die Frage nach den Menschen auf, für die dieses Liturgiebuch ursprünglich bestimmt war und die es kürzere oder längere Zeit bei ihrer Gottesdienstfeier benutzten, eine Frage, die nicht nur den Lokalhistoriker interessiert, sondern auch den Forscher, der sozialgeschichtlichen, geistes- und kulturhistorischen Fragestellungen nachgeht.

1 Die Handschrift ist Dauerleihgabe der Stadt Düsseldorf an die Universitätsbibliothek Düsseldorf; vgl. G. Karpp, "*Mittelalterliche Handschriften und Inkunabeln in der Universitätsbibliothek*, in Düsseldorfer Uni-Mosaik.2, Düsseldorf 1980, S.71-83.

2 Abbildung einer der beiden Schmuckinitialen bei G. Karpp, in G. Gattermann (hrsg.), *Kostbarkeiten der Universitätsbibliothek Düsseldorf*, Wiesbaden 1989, S. 27.

Obwohl — oder gerade weil? — sich unsere Düsseldorfer Handschrift als Quelle für ein breites Spektrum geisteswissenschaftlicher Forschung präsentiert, wurde sie bislang noch nie einer Gesamtschau gewürdigt[3]. Auch das Folgende vermag eine solche disziplinübergreifende Behandlung unseres Codex nur ansatzweise, selektiv, also unvollkommen zu leisten. Ein flüchtiger Blick in die Handschrift läßt bereits erkennen, daß Ms. D 1 der Düsseldorfer Universitätsbibliothek aus einem als Block zusammengehörigen Hauptteil besteht, dem Einzelblätter und ganze Lagen unterschiedlichen Umfangs vorgeschaltet, eingeschoben, beigebunden sind. Nachträge füllten leere Seiten, aber nicht selten auch die Ränder unseres Manuskripts[4].

Der Hauptteil unseres Codex, den, wie minitiöse Untersuchungen schon vor siebzig Jahren ergaben[5], im wesentlichen drei verschiedene Skriptoren niederschrieben, reiht liturgische Texte aneinander, und zwar nur die Gebete, die bei der Feier des Messe[6] an den Sonn- und Feiertagen des Kirchenjahres, an den Festtagen und den Gedenktagen der Heiligen zu sprechen waren, das Eingangsgebet der Messe, die Oratio, das Gebet zur Gabendarbringung, die sog. Secreta, die Präfation, d.h. den feierlichen Vorspruch zum eucharistischen Hochgebet, zum Canon missae, dessen Text unverändert blieb und der deswegen auch nur einmal niedergeschrieben werden mußte, und schließlich das Schlußgebet der Messe, die Postcommunio. Diese Gebete zu sprechen bzw. nach der Art eines Rezitativs vorzutragen, kam und kommt noch heute in der abendländischen Liturgie stadtrömischer Proveni-

---

3 Diese Würdigung bleibt dem von Oberbibliotheksrat G. Karpp nach den Richtlinien der Deutschen Forschungsgemeinschaft erstellten Katalog der Handschriften der Universitätsbibliothek Düsseldorf vorbehalten.

4 Die (vorläufige) kodikologische Beschreibung der Handschrift durch H. Dausend, *Das älteste Sakramentar der Münsterkirche zu Essen* (Liturgische Texte und Studien. 1) Paderborn 1920, S. 37–41, H. Tiefenbach, *Xanten — Essen — Köln.* Untersuchungen zur Nordgrenze des Althochdeutschen an niederrheinischen Personennamen des neunten bis elften Jahrhunderts (Studien zum Althochdeutschen. 3), Göttingen 1984, S. 119ff. und V. Huth, "Die Düsseldorfer Sakramentarhandschrift D 1 als Memorialzeugnis", in *Frühmittelalterliche Studien 20* (1986) S. 214—219 genügt in unserem Zusammenhang vollauf und bedarf nicht der Wiederholung.

5 Vgl. A. Chroust, *Monumenta palaeographica.* Denkmäler der Schreibkunst des Mittelalters 1. Abt. II,24 (München 1917) Tafel 5; H. Dausend, *Das älteste Sakramentar* (wie Anm. 4) S. 40 f.; H. Tiefenbach, *Xanten* (wie Anm. 4) S. 120ff.; V. Huth (wie Anm. 4) S. 215f.; jetzt auch D. Hüpper, "Apud Thiudiscos. Zu frühen Selbstzeugnissen einer Sprachgemeinschaft", in R. Bergmann — H. Tiefenbach — L. Voetz (hrsg.), *Althochdeutsch II* (Heidelberg 1987) S. 1061f.

6 Zum terminus technicus "missa" für die Eucharistiefeier der lateinischen Liturgie C. Mohrmann, "Missa", in *Vigiliae christianae* 12 (1958) S. 67-92.

enz allein dem die Messe zelebrierenden Priester zu[7]. Ihre Zusammenstellung, gleichsam die Solistenpartitur des Zelebranten[8], nannte man vom 5. Jahrhundert an[9], durchgängig im 8. – 10. Jahrhundert Sakramentar[10].

Ein Sakramentar genügte dem Zelebranten nur[11], wenn bei einer feierlichen Messe, einer *missa publica*, der assistierende Diakon die Lesung des Evangeliums aus dem Evangeliar[12], der Subdiakon die Epistellesung aus dem Lektionar[13] übernahm, wenn den Sängern zum Vortrag der gesungenen Meßtexte, Introitus, Kyrie, Gloria, Graduale, Credo, Offertorium, Sanctus und Benedictus, Agnus Dei und Communio, je ein Antiphonar[14] bzw. Graduale[15] zur Verfügung stand, wenn die Riten und Zeremonien der Messe einem sog. Ordo entnommen werden konnten[16]. Nicht immer und überall kann und konnte eine *missa publica* in aller Feierlichkeit mit großer Assistenz gefeiert werden, und die seit dem 8. Jahrhundert sich immer größerer Beliebtheit erfreuende und darum häufigere *missa privata* vornehmlich in Klöstern und Stiften nötigte den zelebrierenden Priester erst recht[17], sämtliche Texte der Messe selbst zu sprechen. Zu diesem

---

7 Vgl. J. A. Jungmann, *Missarum sollemnia.* Eine genetische Erklärung der römischen Messe I ^{3}(Wien 1952), S. 462 ff. und 478–492 sowie II ^{3}(Wien 1952), S. 112–120, 138–161, 171–340 und 520–527.

8 Vgl. die Definition von N. K. Rasmussen, "Célébration episcopale et célébration presbytérale: un essai de typologie", in *Segni e riti nella chiesa altomedievale occidentale* (Settimane di studio del Centro Italiano di Studi sull'Alto Medioevo. 33), Spoleto 1987, S. 585 f.: "livre fonctionel du président d'une assemblée liturgique".

9 Gennadius, *Liber de viris illustribus*, Migne PL. 58, 1103f.; *Liber Pontificalis* I,2, ed. L. Duchesne, Paris 1886, S. 255.

10 Die wichtigsten karolingerzeitlichen Belege stellt zusammen C. Vogel, *Introduction aux sources de l'histoire du culte chrétien au moyen âge* (Biblioteca degli Studi medievali. 1), Spoleto 1966, S. 48 mit Anm. 150ff.

11 Vogel, *Introduction* (wie vorige Anm.) S. 47; Rasmussen, "*Célébration*" (wie Anm. 8) S. 584–597

12 Vgl. J. M. Plotzek, "Evangeliar", in *Lexikon des Mittelalters* IV (1989), Sp. 127f.

13 Vgl. H. Leclercq, "Epitres", in *Dictionnaire d'archéologie et de liturgie chrétienne* V (1922), Sp. 256–261.

14 Vgl. M. Huglo, *Les livres de chant liturgique* (Typologie des sources du moyen âge. 52), Turnhout 1988, S. 79ff.

15 H. Schmid — K. Bierbrauer, "Graduale", in *Lexikon des Mittelalters* IV (1989), Sp. 1633.

16 Vgl. A.G. Martimort, Les ordines, les ordinaires et les cérémoniaux (Typologie des sources du moyen âge. 56), Turnhout 1991.

17 O. Nußbaum, *Kloster, Priestermönch und Privatmesse.* Ihr Verhältnis im Westen von den Anfängen bis zum hohen Mittelalter (Theophaneia. 14), Bonn 1961, S. 132–184; A. A. Häußling, *Mönchskonvent und Eucharistiefeier* (Liturgiewissenschaftliche Quellen und Forschungen. 58) Münster/W.

Zwecke fügte man seit der Mitte des 10. Jahrhunderts alle Meßtexte, Gebete, Schriftlesungen, Sangestexte, mit der Beschreibung der Riten zu einem Meßformular zusammen und trug die Formulare aller im Laufe des Jahres zu feiernden Messen in ein einziges Buch ein, das sog. Plenarmissale, das Meßbuch im Vollsinn des Wortes[18].

In der Tat bietet unsere Handschrift Einschübe ganzer Meßformulare. Es handelt sich um Messen für gewöhnliche Werktage, insbesondere für Montag und Freitag, aber auch für die Festtage der heiligen Martin, Alban, Liborius und der 11000 Jungfrauen zu Köln. Wohl erst nach der Mitte des 10. Jahrhunderts unserem Codex eingefügt und darin nachgetragen, stellen sie die jüngsten Nachträge dar, an denen unser Manuskript so reich ist[19]. Der Grundtext, das Sakramentar muß älter sein[20]. Ein liturgisch bedeutsamer Einzeltext erlaubt es, diesen Hauptteil unserer Handschrift fast aufs Jahr genau festzulegen: Die in den Liturgien der Ostkirchen üblichen, im Zuge der Liturgiereform der sechziger Jahre unseres Jahrhunderts in die Liturgie auch der römisch-katholischen Kirche wiederaufgenommenen großen Fürbitten hatten sich in der alten lateinischen Liturgie ausschließlich in der gottesdienstlichen Feier des Karfreitags erhalten[21]. In hochfeierlicher Weise beteten Priester und Gemeinde in der Karfreitagsliturgie für Lebende und Verstorbene, für Nächste und Fernste, selbst für die perfidi Iudaei, für die Kirche und ihre Diener, aber auch für die zivilen Autoritäten[22]. Der Gebetstext selbst stellt eines der ältesten Stücke stadtrömischer Liturgie dar. Wenn man aber im Rom des 4. Jahrhunderts für den eigenen Bischof und für die Spitze

---

1973, S. 226–288; zuletzt A. Angenendt, "Missa specialis. Zugleich ein Beitrag zur Entstehung der Privatmessen", in *Frühmittelalterliche Studien* 17 (1983) S. 153–221.

18 Das Plenarmissale wurde durchgängig erst im 12. Jahrhundert erreicht; vgl. A. Ebner, *Quellen und Forschungen zur Geschichte und Kunstgeschichte des Missale Romanum im Mittelalter*, Freiburg/Br. 1897, S. 359–363; Jungmann, *Missarum solemnia* (wie Anm. 7) I,138–141; Rasmussen, "Célébration" (wie Anm. 8) S. 120–126.

19 fol.36a–37h sowie fol. 225^{r}–236^{v}.

20 fol.22^{r}–40^{r}, 40^{v}–157^{v} und 160^{r}–216^{r}; vgl. H. Dausend, *Das älteste Sakramentar* (wie Anm. 4) S. 40ff.; Tiefenbach, *Xanten* (wie Anm. 4) S. 120f.; Huth (wie Anm. 4) S. 215ff., 219–235 und 280f.

21 T. Klauser, "Gebet II (Fürbitte)", in *Reallexikon für Antike und Christentum* IX (1976) Sp. 24–29; ders., *Kleine abendländische Liturgiegeschichte* ^{5}(Bonn 1965) S. 53–57.

22 Missale Romanum: Feria VI in Parasceve, Orationes.

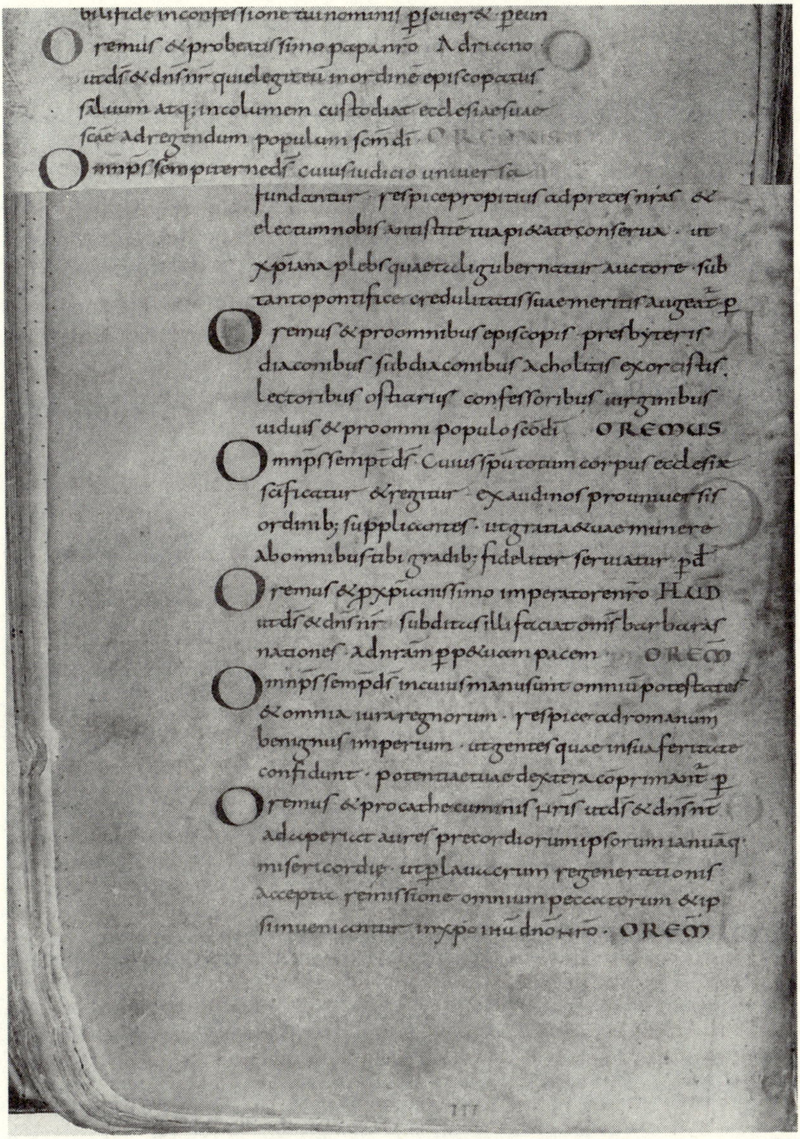

Abb. 1: Universitätsbibliothek Düsseldorf, Ms. D 1, fol. 90r–v

des Staates die Fürbitten sprach[23], dann nannte man den Papst und den Kaiser mit Namen[24]. Gemäß dieser Praxis nahm der Schreiber unseres Sakramentars den Namen des Papstes Hadrian und den des Kaisers Ludwig in den Text des Karfreitagsgebetes auf[25]. Papst- und Kaisernamen identifizieren gegenseitig ihre Träger: Beim Papste namens Hadrian kann es sich nur um Hadrian II. (Dezember 867–Dezember 872) handeln; als Kaiser kommt einzig der italische Karolinger Ludwig II. (850–875) in Frage[26]. Das in der Düsseldorfer Handschrift D 1 vorliegende Sakramentar wurde somit im engsten Umkreis des Jahres 870 niedergeschrieben, mithin zwischen Anfang 868 und Ende 872.

Ein Sakramentar, das einem fränkischen Herrscher des 9. Jahrhunderts neben einem römischen Bischof nennt, muß ein Liturgiebuch sein, das liturgische Texte enthält, die als römisch galten. Denn schon Kaiser Ludwigs II. Urgroßvater Pippin III. leitete gegen die Mitte des 8. Jahrhunderts hin eine Reform der im Frankenreich üblichen liturgischen Praxis ein: An die Stelle der überkommenen liturgischen Texte, Sangesweisen und Riten sollte die

23 Vgl. L. Biehl, *Das liturgische Gebet für Kaiser und Reich* (Görres-Gesellschaft. Veröffentlichungen der Sektion für Rechts- und Staatswissenschaft. 75), Paderborn 1937, S. 83ff.; G. Tellenbach, "Römischer und christlicher Reichsgedanke in der Liturgie des frühen Mittelalters" in ders., *Ausgewählte Abhandlungen und Aufsätze* II (Stuttgart 1988), S. 367f.

24 *Liber sacramentorum Romanae ecclesiae ordinis anni circuli (6. Jahrhundert)*, edd. C. Mohlberg — L. Eizenhöfer — P. Siffrin, *Rerum ecclesiasticarum documenta* (Series maior. Fontes. IV), Rom 1960, S. 64, und H. Lietzmann, *Das Sacramentarium Gregorianum (8. Jahrhundert)* = Liturgiegeschichtliche Quellen und Forschungen. 3), Münster/W. 1921, S. 47f.: *Oremus et pro famulo Dei (beatissimo) papa nostro (sedis apostolicae) illo* (= NN) ... *Oremus et pro christianissimo imperatore nostro... illo* (= NN)...

25 fol.90^{r-v}: *Oremus et pro beatissimo papa nostro Adriano... Oremus et pro christianissimo imperatore nostro HLUD(ouuico)* ..., vgl. Abb. 1.

26 Diese Identifizierung nahm bereits 1867 W. Harleß, "Die ältesten Necrologien und Namensverzeichnisse des Stifts Essen", in *Archiv für die Geschichte des Niederrheins* 6 (1987) S. 65, vor. Ihm folgten Dausend, *Das älteste Sakramentar* (wie Anm. 4) S. 93, und Karpp, *Kostbarkeiten* (wie Anm. 2) S. 26. Lediglich H. Tiefenbach bezieht den Kaisernamen auf Ludwig den Deutschen (817/40–876), der in der Tat inoffiziell, freilich niemals in von der Kanzlei oder Synoden gefertigten Texten, *imperator* genannt wird.; vgl. E. E. Stengel, "Kaisertitel und Souveränitätsidee", in *Deutsches Archiv für Erforschung des Mittelalters* 3 (1939) S. 50–56, und H. Zatschek, "Die Erwähnungen Ludwigs des Deutschen als *imperator*", *ebd.* 6 (1943) S. 374–378. Mit diesem Identifizierungsvorschlag ist freilich keine engere zeitliche Eingrenzung des Sakramentarteils unserer Handschrift gewonnen. Berücksichtigt man den konservativen Formalismus der lateinischen, speziell der römisch geprägten Liturgie, wird man eine Nennung Ludwigs des Deutschen im Gebet nicht in Betracht ziehen.

stadtrömische Liturgie treten[27], die allein aufgrund ihrer Herkunft dem Herrscher geeignet erschien, die divergierende gottesdienstliche Praxis, die Texte und Sangesweisen heimischer Provenienz, die regional und selbst lokal differierenden Ortsliturgien durch eine einheitliche, allgemein verbindliche Liturgiefeier abzulösen[28]. In noch stärkerem Maße drang Karl der Große darauf, die Formen und Inhalte der im Gottesdienst, bei der Spendung der Sakramente gesprochenen oder gesungenen Texte und üblichen Zeremonien mit der in der Stadt der Apostelfürsten unter Leitung des Nachfolgers Petri gefeierten Liturgie konform auszugestalten[29]. Dank wiederholten Insistierens der fränkischen Herrscher, aber auch dank der Findigkeit und des Verhandlungsgeschickes fränkischer Rombesucher gelangte vornehmlich in der zweiten Hälfte des 8. Jahrhunderts eine Vielzahl liturgischer Bücher ins Frankenreich[30], auch Sakramentare, die als Vorlagen für die fränkische Liturgiegestaltung eifrigst kopiert und exzerpiert wurden[31].

Dabei sahen sich die fränkischen Rezipienten alsbald mit einem letztlich unlösbaren Problem konfrontiert: Die römische Kirche der Spätantike und des frühen Mittelalters besaß ein überaus kompliziertes Liturgiesystem, das als Ganzes nirgends schriftlich fixiert war. Die gottesdienstlichen Feiern in der Tiberstadt liefen gleichsam auf zwei Ebenen ab: Die hochfeierliche Liturgie, in der der römische Bischof persönlich als Liturge fungierte, vollzog sich je nach Fest- und Gedächnistag in wechselnden Kultgebäuden, in den sog.

---

27 Vgl. T. Klauser, "Die liturgischen Austauschbeziehungen zwischen der römischen und der fränkisch-deutschen Kirche vom achten bis zum elften Jahrhundert" in *Gesammelte Arbeiten zur Liturgiegeschichte, Kirchengeschichte und christlichen Archäologie = Jahrbuch für Antike und Christentum. Ergänzungsband 3* (Münster/W. 1974) S. 140ff.

28 C. Vogel, "Les motifs de la romanisation du culte sous Pépin le Bref (751–768) et Charlemagne (774–814)", in *Culto cristiano – politica imperiale carolingia* (Convegni del Centro di Studi sulla Spiritualità medievale. 18), Todi 1979, S. 20–27.

29 Vgl. C. Vogel, "Les échanges liturgiques entre Rome et les pays francs à l'époque carolingienne", in *Le chiese e i loro rapporti con Roma sino all'800* (Settimane di studio del Centro Italiano di Studi sull'Alto Medioevo. 7), Spoleto 1960, S. 265–273; ders., "La réforme liturgique sous Charlemagne", in *Karl der Große. Lebenswerk und Nachleben* II, ^{3}Düsseldorf 1967, S. 218–224.

30 C. Vogel, "Les échanges" (wie vorige Anmerkung) S. 208–221 und 246–265; A. Angenendt, "Bonifatius und das Sacramentum initiationis", in *Römische Quartalschrift für christliche Altertumskunde und Kirchengeschichte* 72 (1977) S. 134ff. und 170–180.

31 Vgl. K. Hallinger, "Römische Voraussetzungen der bonifatianischen Wirksamkeit im Frankenreich", in *St. Bonifatius.* Gedenkgabe zum 1200. Todestag, ^{3}Fulda 1954, S. 356–360.

Stationskirchen[32]. Da die zahlenstarke römische Gemeinde in ihrer Großstadt selten vollzählig an der aufwendigen und zeitraubenden päpstlichen Liturgie teilnehmen konnte, entwickelte sich in den sog. Titelkirchen Roms, den Stadtteil- und Seelsorgekirchen der Ewigen Stadt, eine einfachere, aber ortsgebundene Liturgie, die zwar wesentliche Elemente der Papstliturgie übernahm, aber nicht nur im Zeremoniell, sondern auch in der Auswahl der liturgischen Texte gelegentlich von ihr abwich[33]. Beide Liturgieformen Roms besaßen ihre Sakramentare, die man jeweils auf Päpste zurückführte, die als große Autoritäten in liturgischen Fragen galten, auf Leo den Großen (440–461), auf Gelasius I. (492–496), auf Gregor den Großen (590–604)[34]. Beide Sakramentartypen gelangten ins Frankenreich, das sog. Sacramentarium Gelasianum als Repräsentant stadtrömischer "Pfarrliturgie"[35]

---

32 C. Mohrmann, "Statio", in *Vigiliae christianae* 7 (1953) S. 233–242; Häußling, *Mönchskonvent* (wie Anm. 17) S. 186–201; C. Pietri, *Roma christiana.* Recherches sur l'église de Rome, son organisation, sa politique, son idéologie de Miltiades à Sixte III (311–340) (Bibliotheque des Ecoles françaises d'Athènes et de Rome. 224), Rom 1976, S. 587–598. — Der bischöfliche Stationsgottesdienst bildete in Spätantike und Frühmittelalter keine römische Besonderheit (vgl. T. Klauser, "Eine Stationsliste der Metzer Kirche aus dem 8. Jahrhundert, wahrscheinlich ein Werk Chrodegangs", in *Gesammelte Arbeiten* (wie Anm. 27) S. 22f.), war nördlich der Alpen jedoch nach den von H. Leclercq, "Stations liturgiques", in *Dictionnaire d'archéologie chrétienne et de liturgie* XV,2 (1953) Sp. 1653–1657, und Häußling, *Mönchskonvent* (wie Anm. 17) S. 198ff., zusammengestellten Zeugnissen römischer Import; vgl. auch R. Hierzegger, "Collecta und Statio", in *Zeitschrift für katholische Theologie* 60 (1936) S. 312 Anm. 7.

33 Vgl. Pietri, *Roma christiana* (wie vorige Anm.) S. 649–659; J. Deshusses, *Le Sacramentaire grégorien.* Ses principales formes d'après les plus anciens manuscrits I: Le Sacramentaire. Le supplément d'Aniane (Spicilegium Friburgense. 16), Freiburg/Schw. 1971, S. 56–60.

34 Vgl. Johannes Diaconus, *S. Gregorii Magni vita*, Migne PL. 75, 94; K. Gamber, *Sakramentartypen* (Texte und Arbeiten, hrsg. durch die Erzabtei Beuron, 1. Abt. Heft 49/50), Beuron 1958, S. 47ff., 53f. und 81ff; zuletzt J. Deshusses, "Grégoire et le Sacramentaire grégorien", in J. Fontaine — R. Gillet — S. Pellistrandi (hrsg.), *Grégoire le Grand* (Colloques internationaux du CNRS. 612), Paris 1986, S. 637–644.

35 Diese auf A. Chavasse, *Le Sacramentaire gélasien (Vaticanus Reginensis 316), sacramentaire presbytéral en usage dans les titres romains au VIIe siècle* (Bibliothèque de théologie. Série IV: Histoire de la théologie. 1), Paris 1958, zurückgehende Charakterisierung (vgl. Vogel, *Introduction* (wie Anm. 10) S. 50–55) wird von der neueren liturgiehistorischen Forschung in Frage gestellt; vgl. C. Coebergh, "Le sacramentaire gélasien ancien, une compilation de clercs romanisants du VIIe siècle?", in *Archiv für Liturgiewissenschaft* 7,1 (1961) S. 45–88; zuletzt Rasmussen, "Célébration" (wie Anm. 8) S. 584f; vgl. auch A. Angenendt, *Kaiserherrschaft und Königstaufe.* Kaiser, Könige und Päpste als geistliche Patrone in der abendländischen Missions-

und das Sacramentarium Gregorianum als Zeugnis der pontifikalen Liturgiefeier der Päpste[36].

Ein Sacramentarium Gelasianum gibt sich dadurch zu erkennen, daß es in drei Bücher aufgeteilt ist, von denen das erste die priesterlichen Meßgebete im Jahreskreis, die Gebete bei Segnungen und bei der Sakramentenspendung, das zweite die Gebetstexte, die an Heiligenfesten gebraucht werden, enthält, während im dritten sich ein Anhang mit Gebeten für Messen in bestimmten Anliegen, sog. Votivmessen, sowie Segens- und Weiheformeln finden. Auf eben diese Einteilung verzichtet das Sacramentarium Gregorianum, das die Meßgebete für die Sonntage, die Hochfeste des Kirchenjahres und die Heiligenfeste in einen einzigen kalendarischen Ablauf hineinstellt[37]. So verfährt auch das Sakramentar D 1 der Düsseldorfer Universitätsbibliothek: Seinen Grundstock bildet das sog. Gregorianische Sakramentar[38].

Etwa 780 beauftragte Karl der Große den langobardischen Gelehrten Paulus Diaconus, der seit 782 zur Hofgesellschaft des Frankenherrschers gehörte[39], bei seiner nächsten Reise in die beneventanische Heimat bei Papst Hadrian I. (772–795) vorzusprechen und ihn um ein *sacramentarium immixtum* zu bitten, das im Frankenreich als autoritatives Muster dienen könne[40]. Auf den ersten Blick erscheint der königliche Auftrag merkwürdig genug: Karl der Große mußte zu der Ansicht gelangt sein, im ganzen fränkischen Reiche existiere kein einziges "unvermischtes Sakramentar". Was die heute noch erhaltenen Sakramentare aus dem 7. und 8. Jahrhundert angeht, so hatte er zweifelsohne recht. Kurz nach 700 dürfte das Sacramentarium Gelasianum im Frankenreich bekannt geworden sein; ein Sacramentarium Gregorianum, das über die Papstliturgie Auskunft gab, folgte ihm wohl kurze Zeit später über die Alpen[41]. Da sie beide nur Ausschnitte aus dem stadtrömischen Liturgiesystem boten, konnten die fränkischen Kirchenvorsteher sie eben auch nur für einzelne liturgische Feiern heranziehen, falls sie diese nach römischem Ritus begehen

---

geschichte (Arbeiten zur Frühmittelalterforschung. 15), Berlin — New York 1984, S. 32ff.

36 Vgl. Vogel, "Les échanges" (wie Anm. 29) S. 213ff.

37 Vogel, *Introduction* (wie Anm. 10) S. 49f. und 67f.

38 Dausend, *Das älteste Sakramentar* (wie Anm. 4) S. 56ff.; Deshusses, *Le Sacramentaire grégorien* (wie Anm. 33) S. 36.

39 J. Fleckenstein, "Karl der Große und sein Hof", in ders., *Ordnung und formende Kräfte im Mittelalter. Ausgewählte Beiträge*, Göttingen 1989, S. 45f.

40 JE. 2473 = MG. Epist. III,626 n° 89; vgl. R. Schieffer, "Redeamus ad fontem. Rom als Hort authentischer Überlieferung im frühen Mittelalter" in *Roma — caput et fons.* Zwei Vorträge über das päpstliche Rom zwischen Altertum und Mittelalter. Gerda Henkel Vorlesung, Düsseldorf 1989, S. 48f.

41 Vogel, *Les échanges* (wie Anm. 29) S. 208ff. und 213ff.

wollten. Selbst miteinander verbunden, kontaminiert, reichten sie für die Bedürfnisse fränkischer Kirchen nicht aus. Da in eben diesen Jahrzehnten des 8. Jahrhunderts die karolingische Kirchenreform entschieden auf der Konformität der fränkischen Kirche mit Rom nicht nur im Glauben, sondern auch in der kirchlichen Praxis bestand, vorab in der Eucharistiefeier und der Sakramentenspendung[42], man aber, um dieser Forderung einigermaßen Genüge zu tun, eines vollständigen Sakramentars als Liturgiebuch bedurfte, reicherte man die römischen Vorlagen um die Mitte des 8. Jahrhunderts mit einheimischen Texten an. Es entstand das sog. Sacramentarium Gelasianum saeculi VIII oder Sacramentarium Pippini regis, dessen Gebetstexte hinsichtlich ihrer Herkunft wirklich eine bunte Mischung boten[43].

Papst Hadrian I. konnte die Bitte Karls des Großen um ein *sacramentarium immixtum* nicht sofort erfüllen. Rom, das an der karolingischen Renaissance keinen Anteil hatte, verfügte über kein fränkischem Erwartungsdruck auch nur von ferne adäquates Skriptorium. Die römischen Bibliotheken waren durch großzügige Geschenksendungen von Büchern ins Frankenreich und nach England kaum mehr bestückt. Die Bücherschränke der römischen Kirche standen leer; an Ort und Stelle konnte man sie nicht mehr auffüllen[44]. Als Papst Hadrian I. wohl 785/86 Karls des Großen Ersuchen endlich stattgeben konnte, überbrachte ein Ravennater Abt ein Sacramentarium Gregorianum, das einen um fast ein halbes Jahrhundert überholten Entwicklungsstand der römischen Liturgie wiedergab und obendrein auf den päpstlichen Gottesdienst, die *missae publicae* der päpstlichen Stationsliturgie, zugeschnitten war[45]. Karl der Große nahm das Geschenk dennoch entgegen. Er deponierte es als Authenticum in der Bibliothek des Könighofes, d.h. er gab es als autorisierte Vorlage zur Abschrift frei[46].

---

42 R. Kottje, "Einheit und Vielfalt des kirchlichen Lebens in der Karolingerzeit", in *Zeitschrift für Kirchengeschichte* 76 (1965) S. 323–331.

43 Vogel, "Les motifs" (wie Anm. 28) S. 28ff.; B. Merton, *The eighth-century Gelasian Sacramentary* (Oxford 1976); G. van Innis, "Un nouveau témoin du Sacramentaire gélasien du VIIIe siècle. Quatre nouveaux fragments de Bruxelles", in *Revue Bénédictine* 98 (1989) S. 268ff.

44 Schieffer, *Redeamus ad fontem* (wie Anm. 40) S. 48–60.

45 Klauser, "Die liturgischen Austauschbeziehungen" (wie Anm. 27) S. 146ff.; Vogel, "Les échanges" (wie Anm. 29) S. 275–281; vgl. auch H. Fuhrmann, "Das Papsttum und das kirchliche Leben im Frankenreich" in *Nascita dell'Europa ed Europa carolingia: un'equazione da verificare* (Settimane di Studio del Centro Italiano di Studi sull'Alto Medioevo. 27), Spoleto 1981, S. 447.

46 Vgl. H. Mordek, "Kirchenrechtliche Autoritäten im Frühmittelalter", in *Vorträge und Forschungen* 23, Sigmaringen 1977, S. 238–247; B. Bischoff,

Als man noch zu Lebzeiten Karls des Großen Kopien dieses nun mit Papst Hadrians I. Namen verbundenen Sakramentars nahm, da spätestens entdeckte man, daß das Buch aus Rom zwar "unvermischt" war, daß es jedoch vieles nicht enthielt, was man im Frankenreich fortan nach römischer Liturgiepraxis gestalten wollte[47]. Vergeblich suchte man darin die Gebete für die in Rom stationsfreien Sonntagsmessen zwischen Epiphanie und der Fastenzeit, für die Messen der 26 Sonntage nach Pfingsten, die Meßgebete für die Oster- und die Pfingsoktav und eine Reihe integrierender Bestandteile öffentlicher Liturgiefeiern wie etwa den Ritus der Rekonziliation der Büßer. Die Aufzeichnung über die päpstliche Liturgie enthielt auch kein Gebet für die *missa privata*, die im Auftrag einzelner Gemeinden oder Gläubiger in bestimmten Anliegen gefeiert wurde, oder die Votivmessen für Lebende und Verstorbene. Die einheimische fränkische Praxis kannte eine Fülle von Segnungen, zahlreiche Gebete für die Erteilung der Krankenölung und bei Beerdigungen; im Authenticum der karolingischen Hofbibliothek vermißte man schmerzlich deren römische Version[48].

Kurz nach 800 machte man sich daran, das römische Sakramentar Papst Hadrians I., das Sacramentarium Gregorio–Hadrianum, so zu ergänzen, daß es für die *missae publicae* und für die Sakramentenspendung im Frankenreich benutzbar wurde. Zugleich fügte man zahlreiche Texte an, die eine große Auswahl an Gebetsintentionen für die *missae privatae* zuließen. Bis vor drei Jahrzehnten zweifelte kein Historiker daran, daß der Angelsachse Alkuin, der Vertraute Karls des Großen und herausragendes Mitglied seiner Hofgesellschaft[49], sich der langwierigen Aufgabe der Ergänzung des gregorio-hadrianischen Sakramentars unterzogen habe[50]. Demgegenüber plädiert der Forscher, dem wir die Edition des hadrianischen Sakramentars und seiner Erweiterung verdanken, für einen auf einige sonntägliche Meßformulare beschränkten Anteils Alkuins. Die Hauptarbeit habe vielmehr der

"Die Hofbibliothek Karls des Großen" in ders. *Mittelalterliche Studien* III, Stuttgart 1981, S. 151ff.; R. Mc Kitterick, *The Carolingians and the written word* (Cambridge 1989) S. 244–266.

47 *Prolog "Hucusque" (des erweiterten Sacramentarium Hadrianum)*, ed. Deshusses, *Le sacramentaire grégorien* (wie Anm. 33) S. 352f.

48 Vogel, "Les échanges" (wie Anm. 29) S. 281–285.

49 Vgl. D. Bullough, "Albuinus deliciosus Karoli regis. Alcuin of York and the shaping of the early Carolingian court" in *Institutionen, Kultur und Gesellschaft im Mittelalter*. Festschrift für Josef Fleckenstein zum 65. Geburtstag, Sigmaringen 1984, S. 73–92.

50 Zusammenfassend Vogel, *Introduction* (wie Anm. 10) S. 78–83.

karolingische Mönchsreformer Benedikt von Aniane[51] als Kompilator der Ergänzungen des Gregorio-Hadrianum, des sog. Supplementum, geleistet. Das Supplementum, für dessen Redaktion durch den Abt von Aniane eine Kette einleuchtender Indizien spricht, wenngleich sie sich auch nicht zu einem stringenten Beweis verdichten lassen[52], trägt in der Tat die fehlenden sonntäglichen Meßgebete nach, die Riten der Krankenölung, Gebete bei der Beisetzung, Weihen, Segnungen, Votivmessen verschiedenster Intentionen in vielfältigen leiblichen und seelischen Nöten und schließlich mehr als 220 Präfationen. Der Kompilator entnahm die ergänzenden Texte den älteren im Frankenreich kursierenden Sakramentaren teils des altgelasianischen Typs, teils des romano-fränkischen Gelasianum saeculi VIII. Diese Vorlagen aber galten nach 800 längst als römische Authentica, und wirklich bietet auch das Supplementum zum Gregorio-Hadrianum fast ausschließlich, wenngleich älteres römisches Material, neben dem die Anleihen aus originär gallischen Quellen völlig in den Hintergrund treten. Das Supplementum erst machte aus der römischen Vorlage ein Sakramentar, das sowohl in den *missae publicae* fränkischer Bischöfe und Seelsorgepriester Verwendung finden konnte als auch den Intentionen der *missae privatae* von Mönchen und Chorherren, Seelsorgsgeistlichen und auch Bischöfen entgegenkam[53].

Schon in der ersten Hälfte des 9. Jahrhunderts fertigte man in Lyon Abschriften des erweiterten Gregorio-Hadrianum. Kopien entstanden um die Mitte des 9. Jahrhunderts in Mittelfrankreich, aber auch schon im Inselkloster Reichenau. Könnte man die Zahl der erhaltenen Handschriften als Kriterium für den Erfolg dieses hybriden Liturgiebuches werten, dann hätte es im letzten Drittel des 9. Jahrhunderts den stärksten Anklang gefunden sowohl in Oberitalien als auch in Nordfrankreich, im heutigen Ostbelgien, in Köln, Mainz und im Bodenseegebiet[54]. Das Sakramentar der Düsseldorfer Handschrift Ms. D 1 fügt sich räumlich, zeitlich und inhaltlich aufs beste hier

51 Über Benedikt von Aniane J. Semmler/H. Bacht, in *Lexikon des Mittelalters* I (München/Zürich 1980) Sp. 1864–1867.

52 J. Deshusses, "Le supplément au Sacramentaire grégorien: Alcuin ou saint Benoit d'Aniane?" in *Archiv für Liturgiewissenschaft* 9 (1965) S. 48–71.

53 J. Deshusses, "Le sacramentaire grégorien préhadrianique", in *Revue Bénédictine* 80 (1970) S. 229–236; Angenendt, "Missa specialis" (wie Anm. 17) S. 208–212.

54 Deshusses, *La Sacramentaire grégorien* (wie Anm. 33) S. 35–46; V. Saxer, "Observations codicologiques et liturgiques sur trois sacramentaires grégoriens de la première moitié du IXe siècle: Paris lat. 2812, Vatican, Ottobon, lat. 313 et Vatican, Reg.lat. 337", in *Mélanges de l'Ecole française de Rome* 97 (1985) S. 23–43.

ein: Um 870 geschrieben, erhält auch es den um das Supplementum erweiterten Grundstock des Sacramentarium Gregorio–Hadrianum[55].

Indes, sklavisch haben die Kopisten unserer Handschrift ihre Vorlage nicht abgeschrieben. Sie übernahmen nicht alle Heiligenfeste und ließen auch einige der 220 Präfationen weg. Dafür verweisen die hinzugefügten Eigenfeste des hl. Vedastus von Arras und des hl. Vitus von Saint–Denis — Corvey (Weser) zum 10. November bzw. 15. Juni[56] auf den Entstehungszusammenhang unserer Handschrift: Deutet die Aufnahme des mit einer Vorfeier, einer Vigil, ausgezeichneten Festes des hl. Benedikt zum 21. März auf klösterliches Milieu hin[57], so denkt man bei den Meßformularen bzw. Meßintentionen für Bischof und Priester zum Jahrestag ihrer Weihe, bei der Einsegnung einer Ehe, "in jeglicher Drangsal", "gegen den Neid der Menschen", "gegen Viehseuchen", "gegen ungerechte Richter", "gegen Verleumdung", "für im Schlaf erstickte Kinder", "für die Büßer und die, die ihre Sünden bekennen", "für die, die fromme Stiftungen vornehmen oder Almosen geben", "für den Gründer der Kirche" ebenso wie bei den Gebeten, die Reliquienerhebungen, Kirch– und Altarweihen begleiteten, am Jahrestag der Kirchweihe zu sprechen waren[58], bei kanonistischen Vorschriften[59] und Fragen bei der Spendung des Bußsakramentes sowie den dem hl. Bonifatius zugeschriebenen Bußtarifen und Sühneleistungen[60] eher an die Notwendigkeiten der Pfarrseelsorge.

In einem Diptychon, das wohl erst am Ende des ersten Drittels des 10. Jahrhunderts unserem Codex eingefügt wurde, ließ die Kirche, die ihn inzwischen in Gebrauch genommen hatte, ihre Wohltäter eintragen, um ihrer bei der Meßfeier, während derer unser Sakramentar auf dem Altar lag, besonders zu gedenken. Das Diptychon enthält nur Bischöfe, die somit leicht zu identifizieren sind: Zwei Erzbischöfe von Hamburg–Bremen figurieren in dieser Liste, ein Erzbischof von Mainz, je ein Bischof von Paderborn, Münster, Osnabrück und Hal-

---

55 Vgl. V. Huth (wie Anm. 4) S. 219ff.

56 fol. 35^{v} und 49^{v}; vgl. Huth (wie Anm. 4) S. 221–224.

57 fol. 50^{r}; dazu Huth (wie Anm. 4) S. 230f.

58 fol. 129^{r}–131^{v}, 141^{v}–142^{v}, 145^{r}–147^{v}, 152^{r-v}, 161^{r}–164^{r} u.ö.

59 fol. 64^{v}–66^{r}; dazu Dausend, *Das älteste Sakramentar* (wie Anm. 4) S. 58f.

60 fol. 64^{r} = Regino von Prüm, *De synodalibus causis et rebus ecclesiasticis* II cap. 454, ed. F. G. Wasserschleben (Leipzig 1842) S. 392; dazu R. von Nostiz–Rieneck, "Essener Sakramentare", in *Zeitschrift für katholische Theologie* 12 (1988) S. 730.

berstadt und wiederum zwei Bischöfe von Hildesheim, also sächsische Bischöfe und für Sachsen zuständige Metropoliten[61].

Dem Totengedächnis gelten auch die Namenseinträge, die man nach 875 in ein ursprünglich als Martyrologium angelegtes Kalendarium einschrieb, das man später als Nekrologium fortsetzte. Bischof Gunthar von Hildesheim (†834?) ist darin verzeichnet[62], aber auch seine Nachfolger Reginbert (†844?)[63] und Altfrid (†874)[64]. Dieselben Prälaten erscheinen an einer anderen Stelle der Handschrift in einem kurzen Gedächniseintrag auf dem Blattrand und mit ihnen Ebo, 816–835 und 840/41 Erzbischof von Reims, 845–851 Bischof von Hildesheim[65].

Trotz der Hinweise auf die Bischöfe von Hildesheim, vor allem auf den z. Zt. der Niederschrift unseres Sakramentars noch amtierenden Bischof Altfrid[66], kann der Domklerus von Hildesheim wohl kaum als Benutzer oder gar Auftraggeber des Düsseldorfer Codex Ms. D 1 in Frage kommen, fehlt doch jeder Bezug auf eine Chorherrengemeinschaft. Die auffällige Tatsache, daß in einer Reihe von Gebetsformeln unseres Sakramentars, die den Eintritt in eine geistliche Gemeinschaft begleiteten, die maskulinen Wortformen nachträglich in feminine abgeändert wurden, wenn auch nicht konsequent[67], läßt vielmehr an einen Frauenkonvent denken, der in der Diözese Hildesheim angesiedelt war oder der Eigenklosterherrschaft des Bischofs von Hildesheim unterstand[68]. Den entscheidenden Fingerzeig gibt ein weiterer Eintrag in das knappe Martyrologium/Nekrologium: Zum 30. Dezember vermerkte die Anlagehand *“Gersuit ancilla Christi obiit”*[69]. Da der gleiche Schreiber den letzten zeitlich fixierten Eintrag un-

---

61 fol. 10ʳ = Huth Tafel XV, B1–C1; dazu Tiefenbach, *Xanten* (wie Anm. 4) S. 121ff.; Huth S. 250–257.

62 fol. 220ʳ zum 5. Juli = Huth Tafel XXVII; vgl. F. Jostes, “Altsächsische Kalendare aus Werden und Hildesheim–Essen”, in *Beiträge zur Geschichte des Stiftes Werden* 4 (1885) S. 150ff.

63 fol. 217ᵛ zum 12. Februar = Huth Tafel XXII.

64 fol. 220ᵛ zum 15. August = Huth Tafel XXVIII.

65 fol. 191ᵛ = Huth Tafel XIX. — Zu Ebo von Reims–Hildesheim zuletzt S. Airlie und M. Brooke, in P. Godman — R. Collins (hrsg.), *Charlemagne's heir. New perspectives on the reign of Louis the Pious (814–840)*, Oxford 1990, S. 200–204 und 558–563.

66 Über Bischof Altfrid von Hildesheim H. Goetting, *Die Hildesheimer Bischöfe von 815–1221* (Germania Sacra NF. 20), Berlin/New York 1984, S. 84–115.

67 Vgl. etwa Düsseldorf, Universitätsbibliothek, Ms. D 1, fol. 19ᵛ–21ᵛ; dazu Huth, S. 231–234.

68 *Chronicon Hildesheimense*, MG. SS. VII, 851; K. Janicke, *Urkundenbuch des Hochstifts Hildesheim und seiner Bischöfe* (Publikationen aus den Preußischen Staatsarchiven. 65), Berlin 1896, S. 52f. nº 60.

69 fol. 222ᵛ = Huth Tafel XXXII.

ter dem 15. August vornahm, um des 874 erfolgten Hinscheidens des Bischofs Altfrid von Hildesheim zu gedenken, muß das Martyrologium/Nekrologium nach diesem Zeitpunkt abgeschlossen worden sein. Die "Magd Christi" Gersuit aber war niemand anders als die erste nachweisbare Äbtissin von Essen[70], wahrscheinlich die noch vor ihrem Bruder an einem 30. Dezember verstorbene Schwester des in Essen bestatteten Bischofs Altfrid von Hildesheim[71].

Denn es war Altfrid von Hildesheim, der auf seinem Eigenbesitz zu Essen die Niederlassung eines Frauenkonventes betrieben[72] und anläßlich einer Romreise von Papst Sergius II. (844–847) ein Wahlprivileg für die junge Gemeinschaft erwirkt[73] und ihr Reliquien der römischen Heiligen Cosmas und Damian erworben hatte. Die weitgespannten Beziehungen Bischof Altfrids zeigen, daß Essen in einem benediktinischen Kontext hineingegründet wurde[74]. Doch reichen die Quellen nicht aus, die ursprüngliche Lebensordnung des Essener Konvents näher zu bestimmen[75]. Auch das Sakramentar in der Düsseldorfer Universitätsbibliothek Ms. D 1 hilft nicht weiter: Die Gebetstexte, die das Gemeinschaftsleben in einem Mönchskloster begleiteten, stammen aus dem Supplement zum Sacramentarium Gregorio-Hadrianum; das Märzfest des hl. Benedikt mit seiner Vigil ist für sich genommen nicht aussagekräftig genug.

Mehr verrät uns unser karolingisches Meßbuch über die Geschicke der Essener Frauengemeinschaft in den ersten fünfzig Jahren ihres Bestehens. Während das Martyrologium/Nekrologium unseres Codex dank seiner namentlichen Einträge dem individuellen Totengedenken diente, erhielt der Essener Konvent wohl gegen 900 in der gleichen Art wie den auf denselben Seiten befindlichen Sammeleintrag der Bischöfe

---

70 *Essener Nekrologium des 13. und 14. Jahrhunderts*, ed. K. Ribbeck, *Beiträge zur Geschichte von Stadt und Stift Essen* 20 (1900) S. 135; dazu W. Harleß, in *Archiv für die Geschichte des Niederrheins* 6 (1867) S. 67, und Tiefenbach, *Xanten* (wie Anm. 4) S. 122f. Den 30. Dezember als den Todestag Gersuinths, der ersten Essener Äbtissin nennt auch ihr frühneuzeitliches Epitaph, ed. H. Müller, *Beiträge zur Geschichte von Stadt und Stift Essen* 82 (1966) S. 10.

71 Huth S. 246f.

72 Vgl. die verfälschte Gründungsurkunde Essens, ed. Janicke, *Urkundenbuch* (wie Anm. 68) S. 10–13 n°15; dazu E. Wisplinghoff, "Beiträge zur Geschichte des Damenstifts Essen", in *Archiv für Diplomatik* 13 (1967) S. 110–125.

73 T. Schieffer, *Germania Pontificia VII. Provincia Coloniensis I*, Göttingen 1986, S. 227 n°1.

74 Vgl. J. Semmler, "Corvey und Herford in der benediktinischen Reformbewegung des 9. Jahrhunderts", in *Frühmittelalterliche Studien* 4 (1970) S. 310–319.

75 So mit Recht Huth S. 281ff.

des ausgehenden 9. und beginnenden 10. Jahrhunderts zwei Gemeinschaftseinträge[76]. Obschon beide Namensreihen, von derselben Hand niedergeschrieben, gleichlautend mit *Gersuinth abbatissa* beginnen, zeigt der jeweilige Namensbestand, daß es sich nicht um die gleiche Klostergemeinschaft handelt. Die Überschriften stellen im ersten Eintrag einen lebenden Konvent vor und listen im zweiten verstorbene Konventualen auf[77]. Aufgrund der Zeitstellung ist der Schluß unabweisbar, daß gegen 900 bereits zwei Äbtissinnen namens Gersuinth die Essener Klostergemeinschaft geleitet haben müssen[78]. Während der Äbtissin Gersuinth, die die Liste der Verstorbenen anführt und die der Essener Klostertradition zufolge die vom Gründer eingesetzte erste Essener Klostervorsteherin überhaupt war, 24 Frauennamen beigegeben sind[79], denen vorwiegend Männernamen, also Konventfremde, bis ins 10. Jahrhundert hinein folgen, stand Gersuinth II. einem durch 71 Namen ausgewiesenen Konvent vor[80]. Daß Auswärtige die geistliche Gemeinschaft mit einer solch zahlenstarken Kommunität suchten, nimmt nicht wunder: Um des Gebetsgedächnisses willen erscheint die Essener Gemeinschaft — allerdings nicht vollständig — im Nekrologium des in den sechziger Jahren des 10. Jahrhunders gegründeten Stiftes Borghorst in Westfalen[81] — ein Zeichen bestehender Gebetsgemeinschaft weit über den Tod hinaus, aber auch Indiz für den Gründungszusammenhang, in dem die jüngere Kommunität stand. Gleichermaßen unvollständig ist der Konvent Essens aufgeführt in dem heute in Mailand aufbewahrten Kalendar[82], das wahrscheinlich Abt Hartbert von Lobbes an der Sambre gehörte, der zwischen 864 und 879 in Sachsen weilte und auch Essen besucht haben dürfte[83].

Um die Reihe der ersten Äbtissinnen Essens auch in ihrer chronologischen Abfolge zu rekonstruieren, helfen uns die Einträge von

---

76 fol. 10^{r-v} = Huth Tafeln XV und XVI.

77 Huth S. 249; vgl. G. Althoff, *Das Necrolog von Borghorst* (Veröffentlichungen der Historischen Kommission für Westfalen 40. Westfälische Gedenkbücher und Nekrologien 1), Münster/W. 1978, S. 234f.

78 Bestätigt wird dieser Schluß durch das Essener Nekrologium des 13./14. Jahrhunderts, das zum 30. Dezember der Äbtissin Gerswinth I. gedenkt (wie oben Anm. 70), am 21. Oktober (Ribbeck S. 121) einer zweiten Äbtissin Gerswinth.

79 fol. 10^{r} = Huth Tafel XV, A1–C4: Nomina vivorum.

80 fol. 10^{v} = Huth Tafel XVI: Nomina defunctorum.

81 Althoff, *Das Necrolog von Borghorst* (wie Anm. 77) S. 230 und 232f.; H. Tiefenbach, "Zu altsächsischen Namen aus Borghorst und Essen", in *Beiträge zur Namensforschung* NF. 16 (1981), S. 245f.

82 J. Prinz, "Der karolingische Kalender der Handschrift Ambros. M 12 sup.[8]" in *Festschrift für Hermann Heimpel* III (Veröffentlichungen des Max-Planck-Instituts für Geschichte. 36,3), Göttingen 1972, S. 315–319.

83 ebd. S. 321–327.

Essener Klosterfrauen in Borghorst und im Kalendar des Abtes von Lobbes wenig; die Einträge in unserem Sakramentar D 1 liefern allenfalls Angaben zur relativen Chronologie, wenn sie uns den Konvent zu Essen zweimal im Abstand von etwa zwanzig Jahren vorstellen. Für das feste chronologische Gerüst der Frühgeschichte der Frauengemeinschaft zu Essen sorgt indes eine Konventsliste aus Essen, die im fernen St. Gallen Eingang in das Verbrüderungsbuch fand: Die Äbtissin Wigburg hielt es für erforderlich, durch Übersendung der Namensliste der Mitglieder der ihr anvertrauten Kommunität sich selbst und ihre Untergebenen dem fürbittenden Gebet der Mönche St. Gallens zu empfehlen. Noch lassen sich die Essener Namenslisten in St. Gallen nicht befriedigend gegenüber den übrigen wuchernden Einträgen abgrenzen, so daß wir die Konventsstärke gegen Ende des 9. Jahrhunderts nicht angeben können[84]. Die Äbtissin Wigburg jedoch stellt eine am 4. Juni 898 zu Essen selbst ausgestellte, im Hauptstaatsarchiv Düsseldorf als Original verwahrte Königsurkunde als regierende Essener Oberin vor[85]. Erst in der Zusammenschau mit diesen Quellen legt demnach unser Düsseldorfer Manuskript D 1 die Reihenfolge der Äbtissinnen von Essen fest: Gersuinth I. (†vor 875) — Gersuinth II. (†um 890/95) — Wigburg (urkundlich bezeugt 898)[86].

Schlägt man unseren Codex D 1 auf, so springen schon auf der ersten Textseite Nachträge ins Auge, denen zudem die Sangesweise übergeschrieben ist in der sog. Neumenschrift. Ungleichmäßig über die ganze Handschrift verteilt, finden sich solche neumierten, gesungenen Texte der Messe, denen wohl ausgangs des 9. und auch noch im beginnenden 10. Jahrhundert die Melodien beigegeben wurden, z.B. für Introitus, Graduale, Offertorium und Communio der freitäglichen Votivmesse zum Hl. Kreuz, für die Sonntage nach Epiphanie und den 1. Advent, aber auch besonders schwierig zu singende Texte, die der zelebrierende Priester oder der Diakon vorzutragen hatten[87]. Die in unserem Codex seit etwa 885 bis um 950 benutzte Notenschrift stellt die Frucht einer Symbiose dar, die die römische Liturgie und damit auch die liturgische Sangesweise Roms, die *cantilena Romana* oder der *cantus Romanus*, mit der fränkischen Liturgiepraxis und zugleich mit

84 Verbrüderungsbuch St. Gallen, MG. Libri confraternitatum S. 97f. col. 322–326.

85 D Zwentibold 22.

86 Prinz, "Der karolingische Kalender" (wie Anm. 82) S. 313ff. mit Anm. 118 und 122; Huth, Frühmittelalterliche Studien 20 (1986) S. 247ff.

87 Ohne Anspruch auf Vollständigkeit: fol. 1^r, $36g^v$ff., 53^v–54^r, 126^v–127^r, 130^v–131^r, 185^v–186^v.

der einheimischen Tradition liturgischer Musik einging[88]: Die letztlich wohl römische Notenschrift sollte dem Sänger die gottesdienstliche Melodie offenbar nur ins Gedächnis rufen und begnügte sich daher mit der Angabe der Richtung, die die Sangesweise jeweils nahm[89]. Die gallische Notierung hingegen, vornehmlich im Lande südlich der Loire verbreitet, fixierte den Einzelton in seiner Höhe und seiner Dauer. In unserer Handschrift fand ein kombiniertes Notationssystem Anwendung, das zwar die Richtung der jeweiligen Melodie anzeigt, aber auch die Dauer des Tons, wenngleich nicht seine Höhe[90]. Die musikhistorische Fachwelt bezeichnet diese Notation als "paläofränkische Neumenschrift". Denn die vergleichbaren neumierten Liturgietexte des 9. und 10. Jahrhunderts stammen sämtlich aus Nordfrankreich, aus einer Zone, die von Saint-Omer/Saint-Bertin über Corbie an der Somme bis Saint-Amand an der Schelde und offenbar nach Reims, Hildesheim und Corvey an der Weser sich dehnte[91].

Die paläofränkische Notierung der in der Düsseldorfer Handschrift Ms. D 1 reichlich auftretenden Neumen führt uns erneut an das geistige Umfeld heran, auf das schon die Vorlagen unseres Sakramentars verwiesen, in dem Bischof Altfrid von Hildesheim, Essens Gründer, aber auch der mit Essen verbundene Abt von Lobbes wurzelten: Nordfrankreich, das stärkste kulturelle Bande mit dem karolingerzeitlichen Nordwestdeutschland verknüpften. Wie das Sakramentar erkennen läßt, rechnet sich Essen in seiner Frühzeit dieser geistig-religiösen Welt zu, ja die Handschrift Ms. D 1 der Düsseldorfer Universitätsbibliothek erschloß dem jungen Frauenkonvent den prägenden Zugang zu diesem Kreis über die Rezeption der Liturgie und die Einbeziehung der Essener Kommunität in die zwischenklösterliche

---

88 Vgl. H. Hucke, "Die Einführung des gregorianischen Gesanges im Frankenreich", in *Römische Quartalschrift für römische Altertumskunde und Kirchengeschichte* 49 (1954) S. 172–187; J. Viret, "La réforme liturgique carolingienne et les deux traditions du chant romain", in P. Riché — C. Heitz — F. Héber-Souffrin (hrsg.), *Actes du Colloque 'Autour d'Hildegarde'* (Cahiers du Centre de Recherches sur l'Antiquité tardive et le haut moyen âge et du Centre de Recherches d'histoire et de civilisation de l'Université de Metz 5), Paris 1987, S. 117–127.

89 E. Jammers, "Die gallofränkische Neumenschrift", in *Schrift — Ordnung — Gestalt.* Gesammelte Aufsätze zur älteren Musikgeschichte (Neue Heidelberger Studien zur Musikwissenschaft. 1), Bern/München 1969, S. 43–54.

90 Vgl. dens., "Die Bedeutung der Handschriften Düsseldorf D 1 - 3 für die Musik- und Geisteswissenschaft", *Beiträge zur Geschichte von Stadt und Stift Essen* 67 (1952), S. 15–21.

91 ders., "Die Essener Neumenhandschriften der Landes- und Stadtbibliothek Düsseldorf", in *Veröffentlichungen der Landes- und Stadtbibliothek Düsseldorf* 1 (Ratingen 1952) S. 33ff.; J. Hourlier — M. Huglo, "Notation paléofranque", in *Etudes grégoriennes* 2 (1957) S. 216ff.

Gebetsgemeinschaft. Damit ist angedeutet, daß unser Sakramentar zwar von etwa 870/75 an in Essen lag, benutzt und um manchen Einschub sowie die Neumennotierungen bereichert, der Hauptblock des Sakramentars jedoch wohl kaum in Essen geschrieben wurde. Wir konstatierten schon, daß die im klösterlichen Tageslauf zu verrichtenden Gebete nur unsystematisch in die femininen Formen transportiert wurden, so daß sie sich für Klosterfrauen eigneten. Das nachgeschobene Meßformular für das Fest des hl. Liudger verweist unmißverständlich auf das benachbarte, heute in die Stadt Essen eingemeindete einstige Kloster Werden an der Ruhr[92]. Die Untersuchung der Werdener Schreibschule im frühen Mittelalter ist noch nicht abgeschlossen. Daher mag man besser an "Nordwestdeutschland", dem Wirkungskreis des Bischofs Altfrid von Hildesheim, als Schriftheimat unseres Codex festhalten[93]

Zeugten die Neumen des ausgehenden 9. und des 10. Jahrhunderts in der Düsseldorfer Handschrift Ms. D 1 von zumindest rudimentärer Schulausbildung in Essen[94], so ist auch die im Rahmen der *artes liberales* vermittelte Zeitrechnungslehre durch einen Lehrtext vertreten: Dem Standardwerk der Zeitberechnung, dem *Liber de ratione temporum* des Beda Venerabilis (†735), entnahm man gegen 900 das 19. Kapitel *"Si quis computare non didicit* (Wenn jemand die Zeitberechnung nicht gelernt hat)" samt der dort gebotenen *"pagina regularum"*, einer Anleitung zur Errechnung der einzelnen Mondphasen[95], der Beda eine *pagina*, d.h. eine Tabelle, beigab, in der die Tierkreiszeichen den einzelnen Monaten zugeordnet sind[96].

Kaum später, also um 885, schrieb man in griechischen Majuskelbuchstaben, was recht ungewöhnlich ist, das Vaterunser in griechischer Sprache nieder; sicherheitshalber setzte eine spätere Hand die lateinische Übersetzung des heiligen Textes interlinear darüber[97]. Gänzlich überraschend erscheint unter dem griechischen Vaterunser

92 fol. 40^{r-v}.

93 Vgl. G. Karpp, "Bemerkungen zum Bücherbesitz des Essener Damenstifts um 900", in J. Hönscheid — G. Karpp (hrsg.), *Octogenario.* Dankgabe an Heinrich Karpp (Düsseldorf 1988), S. 65 und 100–107, sowie ders., "Bemerkungen zu den Handschriften des adligen Damenstiftes zu Essen", demnächst in *Scriptorium* 45 (1991).

94 B. Bischoff, "Die liturgische Musik und das Bildungswesen im frühmittelalterlichen Stift Essen", in *Annalen des Historischen Vereins für den Niederrhein* 157 (1955) S. 191–194.

95 fol. 223^v–224^v.

96 Beda Venerabilis, *Liber de temporum ratione*, ed. C. W. Jones (Corpus Christianorum. Series latina 123 B), Turnhout 1978, S. 343–346.

97 fol. 216^{r-v}, vgl. Abb. 2.

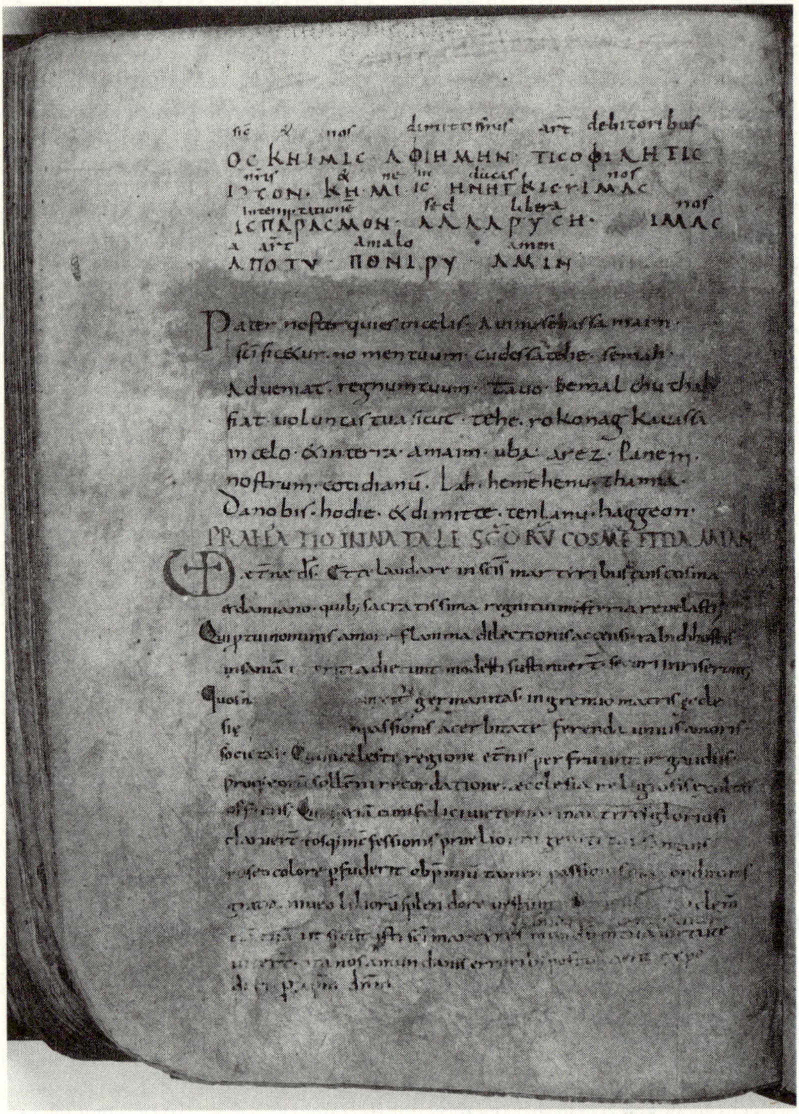

Abb. 2: Universitätsbibliothek Düsseldorf, Ms. D 1, fol. 216v

— allerdings mitten in der Bitte um Vergebung der Schuld abbrechend — der hebräische Text des Paternoster. Diesmal benutzte der Schreiber die lateinische Umschrift, was freilich nach Meinung der Sachkenner nicht ohne Hör- und Schreibfehler abging. Den Text gestaltete er jetzt als Übersetzung des lateinischen Wortlautes, indem er die in beiden Sprachen konvergierenden Zeilen nebeneinanderordnete[98].

Es dürfte derselbe Schreiber gewesen sein, der am Rand des schon behandelten Martyrologium/Nekrologium zu den Monaten September und November vermerkte, wie diese Monate bei den Hebräern, den Griechen, den Ägyptern, den Lateinern und "apud Thiudiscos" hießen[99]. Diese seine lexikalischen Kenntnisse entnahm er wiederum dem genannten Buche des ehrwürdigen Beda, nicht ohne die "hebräischen", "griechischen" und "ägyptischen" Monatsbezeichnungen da und dort zu verballhornen[100]. Wenn er allerdings von den Beda entlehnten angelsächsischen Monatsnamen "Halegmonath" = September und "Blodmonath" = November behauptet, diese Monatsnamen hießen so "apud Thiudiscos"[101], liefert er uns den zweitältesten Beleg[102] für die Substantivierung des seit dem ausgehenden 8. Jahr-

---

98 Vgl. J. Schulte, "Ein hebräisches Paternoster in einem Missale des 9. Jahrhunderts" in *Biblische Zeitschrift* 6 (1908) S. 48.

99 fol. 221^r und 222^r = Huth Tafeln XXIX und XXXI = Hüpper, "Apud Thiudiscos" (wie Anm. 5) Abb. 1 und 2. — Zur Frage, warum nur diese beiden Monate unter ihren nicht-lateinischen Namen erscheinen, Hüpper, S. 1074ff.

100 Beda Venerabilis, *Liber de temporum ratione* (wie Anm. 96) S. 312ff., 318, 320f. und 327f.

101 Hüpper, "Apud Thiudiscos" S. 1069–1072, vgl. Abb. 3.

102 Der älteste Beleg für den substantivischen Gebrauch findet sich bei Walafrid Strabo, *De exordiis et incrementis in observationibus ecclesiasticis rerum*, MG. Capitularia II,481, und gehört in die Jahre um 840. (Nur wenig älter ist das von L. Weisgerber, "Vergil, Aen. VII,741, und die Frühgeschichte des Namens "deutsch"", in *Rheinisches Museum für Philologie* NF. 86 (1937) S. 113, veröffentlichte Scholion zur Aeneis Vergils VII,741 aus Tours; doch erscheint hier das Substantiv "*Teutones*"). Als nächster Beleg wird eine Urkunde vom Februar 845 aus dem Trentino zitiert, ed. C. Manaresi, *I placiti del regnum Italiae* I (Fonti per la storia d'Italia. 92), Rom 1955, S. 160–166 n°49, die das Wort adjektivisch verwendet. Nachdem eine weitere Urkunde von angeblich 909 als Fälschung des 12. Jahrhunderts entlarvt ist (vgl. C. Brühl, "Eine angebliche Urkunde der Königin Irmingard von der Provence für den Venezianer Dominicus Carimannus aus dem Jahr 909 und die Frühgeschichte des Wortes "Teutonicus = Deutscher"", in ders., *Aus Mittelalter und Diplomatik* II, Hildesheim/München/Zürich 1989, S. 829–837, wäre als nächstes Zeugnis der vom Kontinent nach England exportierte (so W. Krogmann, *Deutsch. Eine wortgeschichtliche Untersuchung* (Deutsche Wortforschung Heft 1), Berlin/Leipzig 1936, S. 10) *mos Theotiscorum* bei Asser, *De rebus gestis Aelfridi*, ed. W. H. Stephanson, *Asser's life of King Alfred*, [2]Oxford 1959, S. 12, kurz

hundert vorzugsweise adjektivisch oder adverbial gebrauchten Wortes *Theodiscus* — *diutiskus*[103], des althochdeutschen Grundwortes für "deutsch"[104]. Wenngleich die altgermanistische Philologie die in unserer Handschrift ausgeschriebene Wortform "Thiudiscos" im altsächsischen, niederdeutschen Sprachraum ansiedelt[105], vermag der Historiker die Frage nicht zu unterdrücken, welche Sprachgemeinschaft der Schreiber im Sinne hatte, als er die bei Beda zu lesenden Monatsnamen den "Thiudisci" zuschrieb: die altsächsischen Bewohner des späteren Ruhrgebietes (D. Hüpper), die fränkisch–sächsische Umgebung Bischof Altfrids von Hildesheim (H. Thomas), die Einwohner des fränkisch–sächsischen Teilreichs des ostfränkischen Reiches (bei

---

vor 900 anzuführen, der nur ein Jahrzehnt später im friesischen Raum seine Entsprechung fand, vgl. *Libellus de miraculis s. Martini auctore Radbodo episcopo Traiectensi*, MG. SS. XV,2,1242, ehe von der zweiten Hälfte des 10. Jahrhunderts an sich die Belege häufen, vgl. F. Vigener, *Bezeichnungen für Volk und Land der Deutschen vom 10. bis zum 13. Jahrhundert*, ²Darmstadt 1976, S. 26–29.

103 W. Harleß, *Archiv für die Geschichte des Niederrheins* 6 (1867) S. 76 Anm. 1 und 2, machte erstmals auf diesen Beleg aufmerksam, der in kleingedruckten Fußnoten von der Forschung nahezu völlig übersehen wurde. Erst Hüpper, "Apud Thiudiscos" (wie Anm. 5) S. 1059–1081, rückte ihn ins rechte Licht. Herr Kollege D. Geuenich, Duisburg, wies mich auf ihre für den Historiker etwas abgelegene Publikation hin; aufgrund seiner Vermittlung übersandte mir Frau Dr. Hüpper liebenswürdigerweise ein Separatum. Frau Hüpper und Herrn Geuenich möchte ich auch an dieser Stelle dafür aufs herzlichste danken.

104 Um Ursprung und wechselnde Bedeutung des Wortes "deutsch" bemühen sich seit dem Erscheinen der die ältere Forschung zusammenfassenden Aufsatzsammlung H. Eggers (hrsg.), *Der Volksname "deutsch"* (Wege der Forschung.156), Darmstadt 1970, Germanistik und Geschichtswissenschaft gleichermaßen intensiv. In unserem Zusammenhang dürfte die Beschränkung auf die jeweils letzte Äußerung der an der Diskussion hauptsächlich Beteiligten gerechtfertigt sein: I. Strasser, "diutisk — deutsch. Neue Überlegungen zur zur Entstehung der Sprachbezeichnung" in *Sitz.ber. der Öster. Akademie der Wiss., phil.-histor. Klasse* 144 (1984); I. Reiffenstein, "Theodiscus/Diutisc — die lingua gentilis" in J. O. Askedal (hrsg.), *Gedenkschrift für Ingerid Dal*, Tübingen 1988, S. 6–16; J. Ehlers, "Schriftkultur, Ethnogenese und Nationsbildung in ottonischer Zeit", in *Frühmittelalterliche Studien* 23 (1989), S. 302–317; H. Thomas, "Theodiscus — diutiskus — regnum Teutonicum. Zu einer neuen Studie über die Anfänge des deutschen Sprach- und Volksnamens", in *Rheinische Vierteljahresblätter* 51 (1987), S. 287–302; Ders., "Der Ursprung des Wortes theodiscus", in *Historische Zeitschrift* 247 (1988), S. 295–331; Ders., "Die Deutschen und die Rezeption ihres Volksnamens", in W. Paravicini (hrsg.), *Nord und Süd in der deutschen Geschichte des Mittelalters* (Kieler Historische Studien. 34), Sigmaringen 1990, S. 19–50; ders., "Julius Caesar und die Deutschen", in S. Weinfurter — H. Seibert (hrsg.), Die Salier und das Reich III, Sigmaringen 1991, S. 260–267.

105 Vgl. Hüpper, "Apud Thiudiscos" (wie Anm. 5) S. 1077–1081.

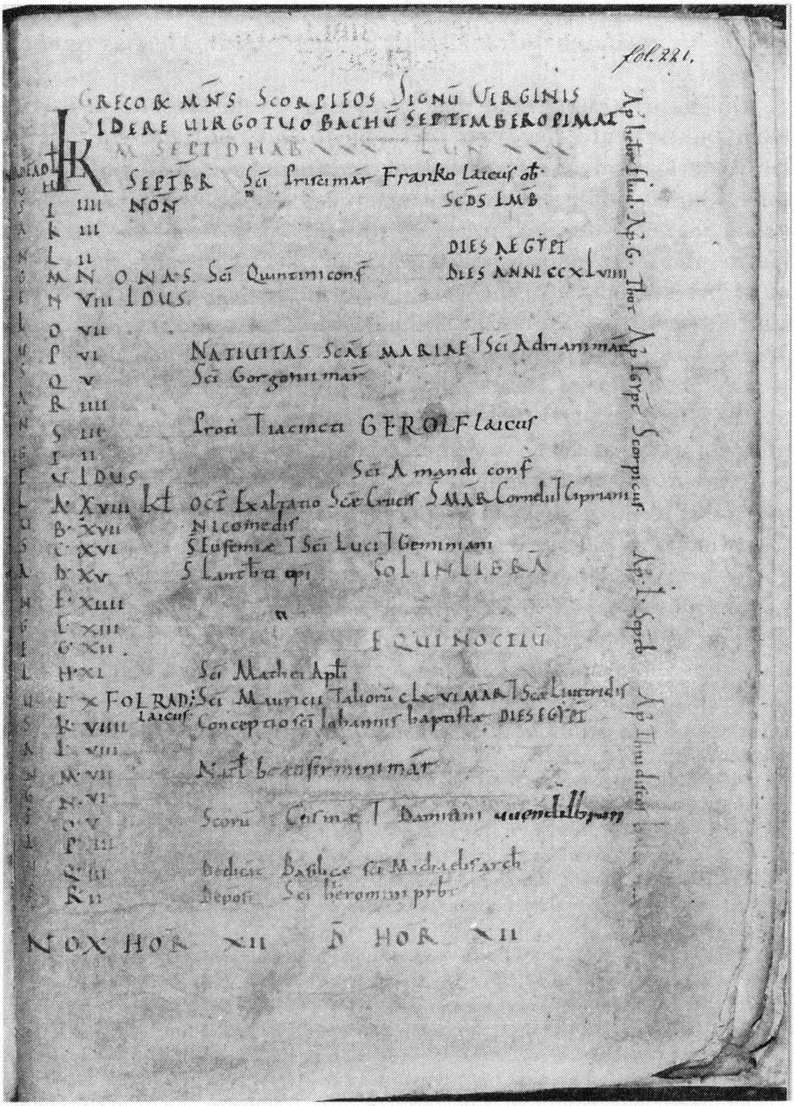

Abb. 3: Universitätsbibliothek Düsseldorf, Ms. D 1, fol. 221r

D. Hüpper anklingend, von H. Thomas nicht weiter verfolgt)[106] oder gar die des gesamten ostfränkischen Reiches (von H. Thomas zu Recht verneint)[107].

Daß man zu Essen auch das Altniederdeutsche bzw. Altsächsische kannte und pflegte, beweisen Texte, die in anderen Handschriften der Düsseldorfer Universitätsbibliothek auf uns gekommen sind[108]. Unser Codex D 1 steuert dazu nur eine Glosse bei, die wohl schon von einem Schreiber des Sakramentars stammt: Er überschreibt das Wort "latro" mit einer altsächsischen Form für "Dieb", die sich anderwärts nicht belegen läßt[109]. Eine zweite Glosse, die das lateinische "vivit" als "fifit" wiedergibt[110], läßt erahnen, wie das Latein im "Nordwestdeutschland" des ausgehenden 9. Jahrhunderts geklungen haben mag.

Die Düsseldorfer Handschrift D 1 überstand den Großbrand des Stiftes Essen im Jahre 946[111]. Danach diente sie noch einmal als Sakramentar. Mehrere Schreiber nahmen Korrekturen und Ergänzungen vor[112], von denen eine recht charakteristische Hand in das Exultet, das hochfeierliche Preislied zur Weihe der den auferstandenen Christus symbolisierenden Osterkerze während des nächtlichen Ostergottesdienstes, den Namen des an dieser Stelle zu kommemorierenden Diözesanbischofs über der Zeile einschrieb, des Kölner Erzbischofs Folcmar (966–969)[113]. Mitten in der Handschrift fügte man wohl damals einen ganzen Faszikel ein, der die vollständigen Meßformulare für werktägliche Votivmessen enthält[114]. Vollständige Meßformulare hing man auch am Schluß des Codex an, darunter eines für das Fest

106 Vgl. jetzt J. Semmler, "Francia Saxoniaque oder Die ostfränkische Reichsteilung von 865/76 und die Folgen", in Deutsches Archiv für Erforschung des Mittelalters 46 (1990), S. 337–343.

107 H. Thomas, "frenkisk. Zur Geschichte von theodiscus und teutonicus im Frankenreich des 9. Jahrhunderts", in R. Schieffer (hrsg.), *Beiträge zur Geschichte des regnum Francorum* (Beihefte der Francia. 22), Sigmaringen 1990, S. 84–94.

108 Vgl. Tiefenbach, *Xanten* (wie Anm. 4) S. 118f. und 185f. mit allen notwendigen Hinweisen.

109 fol. 88^r; vgl. Tiefenbach, *Xanten* (wie Anm. 4) S. 118–120.

110 fol. 107^v; vgl. Dausend, *Das älteste Sakramentar* (wie Anm. 4) S. 92.

111 *Annales Coloniensis* ad a. 947, edd. P. Jaffé — W. Wattenbach, *Ecclesiae metropolitanae Coloniensis codices manuscripti* (Berlin 1874) S. 129; T. Schieffer, *Germania pontificia* VII, 228 n°4 = H. Zimmermann, *Papsturkunden 896–1046*, I (Denkschriften der Österreichischen Akademie der Wissenschaften, phil.-hist. Klasse. 174), ²Wien 1988, S. 219f. n°124; MG. D. Otto I 85; zur genauen Datierung E. Wisplinghoff, *Archiv für Diplomatik* 13 (1967) S. 110 Anm. 1.

112 Ohne Anspruch auf Vollständigkeit: fol. 1^r–7^v, 26^v, 52^r–83^r (größtenteils Nachträge auf dem Blattrand).

113 fol. 180^r; vgl. Dausend, *Das älteste Sakramentar* (wie Anm. 4) S. 88.

114 fol. $36g^v$–$37h^v$.

der 11000 Jungfrauen zu Köln[115], und schließlich eine Präfation zu Ehren der Essener Patrone Cosmas und Damian[116], die im älteren Teil unserer Handschrift nur im Kalendar auftauchen[117].

Offenbar noch vor dem letzten Drittel des 10. Jahrhunderts gab man die zwischen 870 und 970 dem Gottesdienst dienende Gebrauchshandschrift zugunsten modernerer, d.h. leichter benutzbarer Codices auf[118], so daß sie uns in dem um 970 erreichten Bestand erhalten blieb.

---

115 fol. 225r–226v.

116 fol. 216v.

117 fol. 221r zum 27. September = Huth Tafel XXIX = Hüpper, "Apud Thiudiscos" (wie Anm. 5) Abb. 2.

118 Vgl. Tiefenbach, *Xanten* (wie Anm. 4) S. 124f.

Peter Wunderli

Dante und die Himmelsleiter

Zu einer Handschrift der Vaticana

0. Im Jahre 1919 erschien ein Buch, das viel Staub aufwirbeln und die wissenschaftliche Diskussion während Jahrzehnten beschäftigen sollte. Es stammte von dem spanischen Arabisten Miguel Asín Palacios und trug den Titel *La escatología musulmana en la Divina Comedia*. In diesem ausserordentlich gelehrten und von einer immensen Textkenntnis zeugenden Werk versuchte Asín Palacios nachzuweisen, dass Dantes Jenseitskonzeption letztlich islamischen Ursprungs sein müsse. Ihm waren zahlreiche Parallelen zwischen dem Werk des grossen Florentiners und der religiösen islamischen Literatur aufgefallen, ja er glaubte sogar nachweisen zu können, dass selbst hinsichtlich der Bildlichkeit und der verwendeten Ausdrücke Ähnlichkeiten bestünden.

Allerdings gab es da ein grosses Problem, dessen Lösung scheinbar zum Prüfstein für diese These werden sollte: Woher hatte Dante seine Informationen? Dass er des Arabischen nicht mächtig war, steht fest. Ein kohärenter arabischer Text, der alle wesentlichen Informationen enthielt und zudem in eine der Dante bekannten Sprachen übersetzt war, liess sich nirgends finden. Dass Dante seine Kenntnisse auf mündlichem Wege von seinem Lehrer Brunetto Latini oder dem angeblich zu seinen Bekannten zählenden Juden Emanuel von Rom bekommen hätte, war eine Hypothese, die sich nicht beweisen liess und die angesichts der Fülle von Details und Einzelheiten, die Asín Palacios im Rahmen seiner Argumentation geltend machte, auch nicht eine Spur von Wahrscheinlichkeit hatte.

Doch wie war denn Asín Palacios überhaupt zu seiner These gekommen? Er hatte mehr oder weniger systematisch eine grosse Menge von arabischen Texten gesammelt, die Parallelen zur *Divina Commedia* aufwiesen und die sich über den Zeitraum vom 7. bis zum 12.

Jahrhundert erstreckten. Um auf dieser Basis zu seiner Jenseitskonzeption zu kommen, hätte Dante über eine riesige arabische Bibliothek verfügen müssen, die es nicht nur im Okzident, sondern auch in der arabischen Welt Ende des 13./Anfang des 14. Jahrhunderts wohl nirgends gab.

Die einerseits brillante, andererseits aber auch auf einer sehr fragwürdigen Basis stehende These von Asín Palacios löste nun einen Sturm der Begeisterung, aber auch eine Welle der Entrüstung und der Ablehnung aus. Begeistert waren v.a. die Arabisten (insbesondere die spanischen, weniger die italienischen); entrüstet waren vorwiegend die Dantisten (und in erster Linie die italienischen). Obwohl Asíns Werk durchaus Ansatzpunkte für eine sachliche Kritik bot, wurde doch meist mit unwissenschaftlichen Argumenten operiert. Für die Italiener war die Möglichkeit eines islamischen Einflusses auf den italienischen Nationaldichter von vorneherein unannehmbar, schlicht ein Sakrileg. Diese Haltung, diese Sturheit und Unbeweglichkeit hatte ihre Ursachen im Nationalismus und Chauvinismus der Zeit, im aufkommenden Faschismus — oder besser: sie wurzelte in den gleichen Faktoren und Phänomenen, die zum Faschismus führten. Der Fall Asín Palacios ist somit eines der frühen Dokumente für den unglückseligen Parallelismus zwischen Politik und Wissenschaft, der vorerst in Italien, später dann auch in Spanien (von Deutschland ganz zu schweigen) noch seine Blüten des Bösen hervorbringen sollte.

Asín Palacios verfolgte die Diskussion mit Interesse und einer gewissen souveränen Distanz. 1923/24 publizierte er seine *Historia y crítica de una polémica* mehr oder weniger gleichzeitig an vier verschiedenen Orten. In der 2. Auflage seiner *Escatología* fügte er dann diesen Text, ergänzt bis zum Jahre 1943, bei. Aber auch dies brachte die Diskussion vorerst nicht weiter, die gewissermassen auf dem Stand der frühen zwanziger Jahre eingefroren blieb.

1.1 Und trozdem: Der Text, den Asín Palacios so mühsam gesucht hatte, existierte, und zwar gleich in zwei abendländischen Sprachen, in Latein und Altfranzösisch, und überdies lag auch noch eine Art altspanisches Resümee vor, das in der Kampfschrift *Sobre la seta mahometana* des spanischen Märtyrers San Pedro Pascual (Petrus Pasqualis, ca. 1230–1300) enthalten ist; da der Text im Gefängnis entstanden ist und sein Autor keine Unterlagen zur Verfügung hatte, zitiert er nur aufgrund seines Gedächtnisses, was ihn allerdings nicht hindert, über weite Strecken eine spanische Version zu geben, die fast wörtlich mit ihren lateinischen und altfranzösischen Entsprechungen übereinstimmt. — Die Existenz dieser Texte und Handschriften war schon im 19. Jh. in verschiedenen Arbeiten des berühmten Morgenlandforschers Moritz Steinschneider signalisiert worden, aber kaum jemand hat sie zur Kenntnis genommen. Dies hat seinen Grund sicher teilweise in der unübersichtlichen und krausen Darstellungsweise Steinschneiders, teilweise aber auch darin, dass der Text — wir kommen noch darauf zurück — mehr oder weniger eng mit dem Koran in Zusammenhang gebracht wurde und deshalb kein besonderes Interesse weckte, gab es doch derartige Texte zur Genüge.

Der Text, von dem hier die Rede ist, ist das *Kitāb al mi^c^rādj*, die Legende von der Jenseitsreise des Propheten Mohammed; die abendländischen Versionen tragen den Titel *Liber Scale Machometi* bzw. *Livre de l'Eschiele Mahomet*. Der erste, der diesen Text in den Zusammenhang mit der Quellenfrage der *Divina Commedia* stellte, war der italienische Orientalist Ugo Monneret de Villard, der 1944 auf die Existenz eines altfranzösischen Manuskripts in Oxford (Bodleiana, *Ms. Laud. Misc. 537*) und einer lateinischen Handschrift in Paris (BN, *Ms. lat. 6064*) hinwies und auch hervorhob, dass die altfranzösische Version das Übersetzungsdatum 1264 angebe: Der Text hätte somit aus chronologischer Sicht Dante durchaus bekannt sein können. Diese Nachricht veranlasste den Italiener Enrico Cerulli und den Spanier José Muñoz Sendino unabhängig voneinander die Edition dieser Werke in Angriff zu nehmen. Als sie dann jeweils vom Unternehmen des Andern erfuhren, taten sie sich nicht etwa zusammen, sondern liessen sich (v.a. weil sich der Spanier nicht als kooperationsbereit erwies) auf einen verhängnisvollen Wettlauf ein. Beide Ausgaben, die sowohl den französischen wie den lateinischen Text enthalten, erschienen 1949 und sind aufgrund der übereilten Publikation von fragwürdiger Qualität; v.a. diejenige von Muñoz Sendino muss wegen zahlreicher schwerwiegender Fehler als vollkommen unbrauchbar bezeichnet werden. Beide Texte sind deshalb inzwischen auch neu publiziert worden (Wunderli 1968; Werner 1986).

1.2 Leider war beiden Herausgebern vorerst entgangen, dass es auch noch eine zweite Handschrift der lateinischen Version gibt; sie wird in der *Vaticana* aufbewahrt und trägt die Signatur *Vat. Lat. 4072*. Entdeckt wurde der Kodex von M.-Th. d'Alverny, die offensichtlich die beiden Kontrahenten über ihren Fund informierte. Die Arbeit war aber zu weit fortgeschritten, der Zeitdruck aufgrund des Wettrennens zu gross, als dass sie ihn für ihre Edition noch hätten nutzbar machen können. Immerhin fügte Cerulli noch eine Liste von Abweichungen zwischen den beiden Handschriften bei und lieferte eine Datierung, die aufhorchen lässt: Die Handschrift soll in einer *scrittura cancelleresca* vom Anfang des 14. Jahrhunderts geschrieben sein (Cerulli 1949:16)!

Der altfranzösische Text in Oxford stellt einen eigenen Kodex dar. Dies gilt nicht für die beiden lateinischen Versionen: Sowohl in der Pariser wie in der Römer Handschrift erscheint die *Scala* als Anhang zu der berühmten *Collectio Toletana*, eine in polemischer Absicht auf Veranlassung des Cluniazensers Petrus Venerabilis (1094–1156) um die Mitte des 12. Jh.s in Toledo entstandene Sammlung von Texten über und v.a. gegen den Islam, in deren Zentrum die älteste lateinische Übersetzung des Korans steht (Werner 1986:12ss.). Diese Tatsache hat zur Folge gehabt, dass die entsprechenden Handschriften in den Bibliothekskatalogen oft einfach als Koranhandschriften geführt wurden. Ein Musterbeispiel ist hierfür die Römer Handschrift, die im *Inventarium Manuscriptorum Latinorum Bibliothecae Vaticanae* folgendermassen beschrieben wird:

4072

Alchoranus, hoc ordine dispositus:

a) Chronica mendosa et ridiculosa Saracenorum; deficit principium; incipit: De gomar succesore Eubocare.
Gomar autem Regni... ([17]) 1 (r)

b) Roberti translatoris prologus ad Petrum Abbatem.
Cum iubendi religio... 4 (r)

c) Chronica mendosa et ridiculosa Saracenorum.
In creationis sua... ([18]) 4 (v)

d) De nutritura Mahumet et generatione eius, Hermano interprete.Liber generat*ionis* Mahumet 7 (v)

e) De doctrina eius, eodem Hermano interprete.
Erat nuncius Dei... 12 (r)

f) Alchoranus Roberto Interprete
Misericordi pioque Deo... 25 (r)

g) Cum epistola eiusdem interpretis ad Petrum.
D*omi*no suo Petro divino... ([19]) 24 (r)

h) Saraceni Epistola invitantis Christianum ad suam sectam, Petro Cluniacen*si* interprete.
In nomine D*omi*ni pij et... 184 (v)

i) Christiani ad Maurum responsio
In nomine p*at*ris et filij... 192 (v)

k) Petri epistola ad Bernardum Abbatem, contra secta*m* Mahumet. Singulari veneratione... 240 (v)

l) Liber schala*e* Ma*ch*umeti Pseudoprophetae; imperfectus; incipit: Hic incipit liber qui... 241 (v)

Ex papyro in vol. c.s.n. 289 Ant. in fol. ord°.

Wichtig ist auch der Umstand, dass die *Collectio* unseren Text keineswegs regelmässig enthält; die *Scala* ist eine auf unsere beiden Kodices begrenzte Beifügung, was aber immerhin den Schluss zulässt, dass es einen ganzen Überlieferungsstrang mit dieser Charakteristik gegeben haben muss. Wann die beiden Traditionen zusammengeführt worden sind, ist schwer zu sagen. Wie wir noch sehen werden, ist die *Scala* wohl um 1264 ins Lateinische übertragen worden, und die ältere der beiden Handschriften stammt vom Anfang des 14. Jh.s. Damit ist der Zeitraum für die Vereinigung abgesteckt.

1.3. Wir stehen somit vor der Tatsache, dass es einen Text gibt, der praktisch alle von Asín Palacios geltend gemachten Parallelen zwischen der *Divina Commedia* und der arabischen Tradition enthält. Geht man davon aus, dass die lateinische Übersetzung wohl 1264, die französische relativ kurz nach diesem Datum entstanden ist (Wunderli 1965:125ss.), könnte man annehmen, dass Dante sowohl Zugang zu der einen als auch zur andern Version hatte.

Dass Dante Französisch konnte, steht wohl ausser Zweifel, rekurriert er doch in seinen verschiedenen Werken immer wieder auch auf französische Texte; sollte der ummstrittene *Fiore*, ein weitgehend vom *Roman de la Rose* abhängiges Werk, tatsächlich von ihm stammen (cf. Contini 1984; Wunderli 1986), hätte man hierfür einen weiteren eindrücklichen Beweis. Allerdings ist es sicher nicht das einzige erhaltene altfranzösische Manuskript, das in seinen Händen war: Einmal ist diese Handschrift erst im Laufe des 1. Drittels des 14. Jahrhunderts entstanden, und dann stammt sie wohl auch aus dem anglonormannischen Raum (Wunderli 1965:26, 33).

Natürlich — und wohl mit grösserer Wahrscheinlichkeit — könnte Dante auch von der lateinischen Version Kenntnis gehabt haben. Es stellt sich nun die Frage, ob eines der beiden erhaltenen Manuskripte hierfür in Frage kommt. Was die Pariser Handschrift angeht, so stammt sie von zwei verschiedenen Schreibern. Der zweite, ein gewisser Herveus Keynhouarn, kommt offensichtlich aus der Bretagne, was aber nicht unbedingt heissen muss, dass er auch dort gearbeitet hat. Der erste ist unbekannt, doch sprechen gewisse Abkürzungspraktiken für eine italienische Herkunft. In die gleiche Richtung weisen auch die Randnoten des Korrektors sowie der Stil der (spärlichen) Illuminationen. Trotz der möglichen italienischen Herkunft des Manuskripts kommt es aber nicht als Basis von Dantes Kenntnissen in Frage, ist es doch wie die französische Handschrift erst dem 1. Drittel des 14. Jahrhunderts zuzuweisen (Wunderli 1965:121s., N 108; Werner 1986:25ss.). — Als mögliche Quelle von Dantes Kenntnissen kommt natürlich auch die Römer Handschrift in Frage (wenigstens im Prinzip). Einmal wird sie in Italien aufbewahrt, hat wohl auch in diesem Raume zirkuliert, und überdies stammt das Papier dieses Kodex mit einiger Wahrscheinlichkeit aus Italien. Allerdings macht die Datierung von Cerulli (1. Drittel 14. Jh.) es wie im Falle der Pariser Handschrift praktisch unmöglich, dass Dante gerade dieses Manuskript gekannt haben könnte. Eine etwas eingehendere Analyse drängt sich aber gleichwohl auf, sind Handschriftendatierungen doch sehr oft reichlich unpräzise und z.T. durch ganz erhebliche Abweichungen gekennzeichnet. Unser Kodex könnte ja schliesslich 30 bis 50 Jahre älter sein — und dann käme er als Quelle Dantes durchaus in Frage.

2. Die Römer Handschrift ist eine reine Papierhandschrift, im Gegensatz zu den Kodices von Oxford und Paris, die aus Pergament bestehen. Diese Tatsache macht eine Datierung auf den Anfang des 14. Jahrhunderts relativ unwahrscheinlich, wenn es sie auch noch nicht unbedingt ausschliesst: Papierhandschriften sind zu Beginn dieses Jahrhunderts noch ausserordentlich selten und werden erst gegen dessen Ende häufiger.

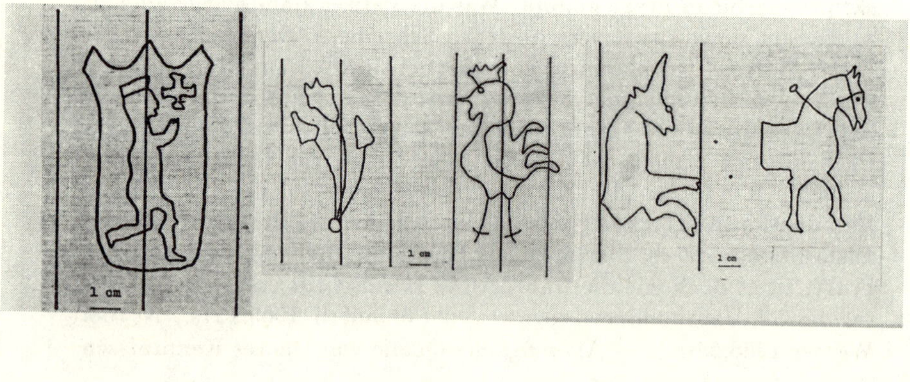

Hat der Charakter einer Papierhandschrift vorerst einmal den Nachteil, Cerullis Datierung fragwürdig zu machen, so hat er andererseits auch einen Vorteil: Während man Pergamenthandschriften nur aufgrund der Schrift und des Stils der Illuminationen und Illustrationen datieren kann, zeigen Papierhandschriften in der Regel Wasserzeichen. Aufgrund von datierten Dokumenten und den in ihnen aufgefundenen Wasserzeichen hat man nun umfassende Werke über die bekannten Papiertypen erarbeitet (so z.B. die Standardwerke von Briquet, Mošin/Traljić, Bofarull y Sans usw.). Geht man die Vatikan-Handschrift unter diesem Aspekt einmal durch, dann findet man insgesamt 5 verschiedene Wasserzeichen: eine Art Wappen mit einem vor einem Kreuz knieenden Heiligen; eine Birne mit zwei Blättern, deren Stiele in einem kleinen Kreis zusammenlaufen; einen Hahn; ein "halbes" Einhorn (das Hinterteil fehlt); und schliesslich ein "halbes" Pferd.

2.1 Das erste dieser fünf Wasserzeichen ist für uns uninteressant: Es findet sich nur auf dem Deckblatt, stammt vom Ende des 17. Jh.s. und ist wohl in dem Moment dazugekommen, wo der Kodex seinen heutigen Einband erhielt — eine Aufarbeitung, die bereits in der Vatikansbibliothek stattfand (Wunderli 1966:219s.). — Was die übrigen vier Wasserzeichen angeht, so sind sie über die ganzen 289 erhaltenen Folien der Handschrift verteilt (sie ist am Anfang und v.a. am Ende verstümmelt), immer wieder unterbrochen durch Blätter ohne Wasserzeichen. Den Anfang bildet Papier mit dem Hahn. Mit f. 48 erscheint dann zum ersten Mal das Pferd, das bis f. 126 mit dem Hahn abwechselt; ab hier findet sich der Hahn nicht mehr, und bis f. 236 ist das (halbe) Pferd das einzige eruierbare Wasserzeichen. Mit f. 238 taucht dann erstmals die Birne mit den zwei Blättern auf, die bis f. 267 mit dem Pferd alterniert. Dieses findet sich auch im Rest des Manuskripts, wobei jetzt allerdings dazwischen Folien mit dem Einhorn auftauchen.

All dies lässt wohl den Schluss zu, dass dem Schreiber vier verschiedene Papiere zur Verfügung standen, wobei die beiden Typen mit dem Hahn und dem (halben) Pferd den Grundstock bilden. Die erste Sorte scheint im Laufe der Arbeit aufgebraucht und durch diejenige mit dem Pferd ersetzt worden zu sein. Die Sorten mit der Birne und dem Einhorn haben einen marginalen Status. Es dürfte sich wohl um Restbestände gehandelt haben, die eingesetzt wurden, um den ebenfalls nicht sehr reichlichen Vorrat der Sorte mit dem Pferd zu strecken, wobei dann auch der Restbestand mit der Birne im Laufe der Arbeit aufgebraucht war.

Alle diese Papiere sind nun datierbar, wobei zur Datierung auch immer noch ein Hinweis auf die Region dazu kommt, in der sie im Umlauf waren. Ich fasse hier nur das Wichtigste zusammen:

Halbes Pferd: Briquet reproduziert unter der Nr. 3560 ein dem unseren ähnliches Exemplar, das aber noch eindeutig archaischeren Charakter hat; es findet sich in einem von 1376 aus Montpellier datierten Dokument. Bei Bofarull y Sans dagegen ist unter der Nr. 271 ein mit dem unseren vollkommen identisches Wasserzeichen wiedergegeben; es findet sich in einem Dokument aus Gerona, das zwischen 1373 und 1386 datierbar ist. Das gleiche Exemplar findet sich bei Mošin/Traljić unter der Nr. 2454. Bofarull y Sans weist darauf hin, dass dieser Papiertyp in der katalanischen Kanzlei zwischen 1380–1388 sehr häufig anzutreffen sei. Mošin/Traljić sind noch expliziter: Sie heben hervor, dass sich dieses Wasserzeichen nur auf Papieren italienischer Herkunft finde, und dass es zwischen 1375 und 1396, vielleicht bis 1400 im Gebrauch gewesen sei (Wunderli 1966:224s.).

Birne mit zwei Blättern: Bei Briquet findet sich unter der Nr. 7362 ein Exemplar, das weitestgehend mit unserem Wasserzeichen identisch ist; das gleiche Zeichen ist bei Mošin/Traljić unter der Nr. 4441 abgedruckt. Es findet sich in Dokumenten aus Aix-en-Provence, Marquefave (Basses-Pyrénées) und Paris, die auf 1392 bzw. 1380 und 1395 datierbar sind. Mošin/Traljić weisen darauf hin, dass der Typus als solcher um 1330 auftaucht und während rund 100 Jahren nachzuweisen ist. Die ihn aufweisenden Papiere scheinen weitestgehend italienischer Herkunft zu sein. Da das Wasserzeichen ausserordentlich reich an Variationen ist und hinsichtlich Grösse, Biegung und Distanz der konstitutiven Elemente die unterschiedlichsten Ausgestaltungen kennt, sind trotz der langen Nutzungsdauer relativ präzise Datierungen möglich. Die von uns ermittelte Variante kann mit Sicherheit auf das letzte Viertel des 14. Jh.s. eingegrenzt werden (Wunderli 1966:225s.).

Hahn: Bei Bofarull y Sans findet sich kein Exemplar, das mit unserem Wasserzeichen vollkommen identisch wäre. Dasjenige, das ihm am nächsten kommt, ist die Nr. 506, die in einem Dokument aus Sariñena von 1357 belegt ist (ein zweiter Beleg aus Tamarita von 1384 ist zweifelhaft); das gleiche Exemplar ist bei Mošin/Traljić unter der Nr. 6594 abgedruckt. Der Hahn ist ein Wasserzeichen, dass sich über den grössten Teil des 14. Jh.s. in Italien und Frankreich findet. Nach Bofarull y Sans gehört unser Papier wohl zur italienischen Produktion; es ist in der 2. Hälfte des 14. Jh.s. in Aragon sehr häufig anzutreffen. Dabei ist wichtig, dass Beine und Füsse des Hahns nicht mit einem doppelten, sondern nur mit einem einfachen Strich gezeichnet sind. Nach Mošin/Traljić findet sich der erste Typus zwischen 1329 und 1389, der zweite dagegen erst ab ca. 1360 bis um 1380 (Wunderli 1966:226s.).

Halbes Einhorn: In keinem der einschlägigen Werke findet sich ein Exemplar, das mit dem unseren vollkommen identisch wäre. Vermutlich muss unser Wasserzeichen zwischen den Nummern 5988 und 5989 bei Mošin/Traljić angesiedelt werden: Vom Gesamthabitus her gleicht es eher dem ersten Beleg, hinsichtlich der Zeichnung des Auges ist es dagegen zum zweiten zu stellen. Die Nr. 5988 findet sich in einem auf 1387 datierbaren Dokument aus Cetinje, die Nr. 5989 in einer nicht lokalisierbaren, zwischen 1370–90 entstandenen Kopie eines Dokuments aus Thermis. Das Einhorn ist ein Wasserzeichen, das erst um 1370 in italienischen Papieren erscheint; es verschwindet anfangs des 15. Jh.s wieder (Wunderli 1966:227).

Fasst man die Ergebnisse dieser Untersuchung zusammen, so stellt man fest, dass unsere vier Papiere nur während relativ kurzer Zeit gleichzeitig im Gebrauch waren, nämlich zwischen 1375 und 1380; die gegenseitige Begrenzung der Gebrauchsphasen ergibt sich sehr schön bei einer graphischen Umsetzung. Selbst wenn man die Möglichkeit einräumt, dass ein gewisser Vorrat des Papiers mit dem Hahn noch einige Jahre nach Einstellung der Produktion irgendwo gelagert und dann erst später verwendet wurde, muss man wohl annehmen, dass unsere Handschrift vor dem Ende des 14. Jh.s geschrieben wurde, wohl am ehesten zwischen 1375 und 1390 (Wunderli 1966:227s.). Für eine als solche nicht datierte Handschrift ist dies eine recht präzise (und auch zuverlässige) Angabe.

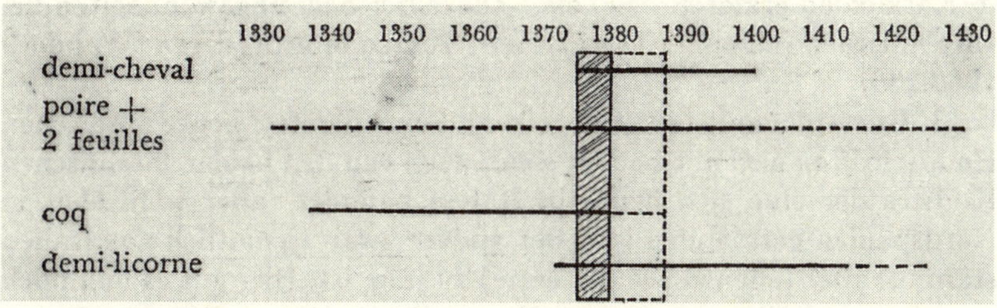

2.2 Was ist nun aus diesen Ergebnissen zu schliessen? Einmal ist die Datierung von Cerulli (anfangs 14. Jh.) widerlegt, und auch eine Vordatierung ist ausgeschlossen: unsere Handschrift ist erst im letzten Viertel des 14. Jh.s entstanden, und damit kann Dante sie unmöglich gekannt haben. Die neue Datierung bedingt aber auch eine Neubeurteilung der Schrift. Cerulli hatte von einer "scrittura di maniera cancelleresca" gesprochen — aus dem einfachen Grund, weil es Buchschriften dieser Art zu Beginn des 14. Jh.s noch nicht gibt. Bei der Neudatierung des Kodex wird man nun aber auch die Handschrift anders einstufen: Es handelt sich um eine *gotica cursiva*, mit gewissen Tendenzen zu einer *bastarda*. Cerullis Fehlurteil lässt sich nur durch eine vorgefasste Meinung erklären, die die Handschrift um jeden Preis an die Lebensdaten Dantes annähern wollte, was aber nur aufgrund der Annahme möglich war, es handele sich um eine Kanzleischrift, sind doch Kanzleischriften durchgängig weniger gepflegt als die Buchschriften und gehen diesen auch in der Entwicklung meistens deutlich voran.

Was die Herkunft des Manuskripts angeht, so fällt natürlich zuerst einmal auf, dass alle vier Papiersorten italienischer Herkunft sind. Daraus aber irgendwelche Schlüsse ziehen zu wollen, wäre nicht statthaft, war Italien doch im 14. Jh. der Papierlieferant fast ganz Europas. Wichtiger ist vielmehr, dass die Dokumente mit unseren Wasserzeichen fast alle entweder aus dem Süden Frankreichs oder (und überwiegend) aus dem Norden Spaniens kommen (v.a. Katalonien und Aragon). Unsere Handschrift könnte also sehr wohl aus diesem Raum stammen (Wunderli 1966:229s.). Eine derartige Hypothese wird auch durch gewisse graphische Eigentümlichkeiten gestützt, in denen Gewohnheiten der vulgärsprachlichen Praxis auf der iberischen Halbinsel und insbesondere in Katalonien durchzuschimmern scheinen: Der Kopist schreibt einmal *jenua* für *genua*, dreimal findet sich *pulxer(r)imus* für *pulcher(r)imus*. Auffällig ist auch die Tendenz, für *l* im Wortinnern und am Wortende *ll* zu schreiben und am Wortanfang *f* durch *ff* zu ersetzen. Derartige Praktiken lassen sich am leichtesten in Katalonien erklären bzw. als Reflexe der Schreibgewohnheiten bei katalanischen (allenfalls kastilischen) Texten interpretieren (Wunderli 1966:230).

3. Es steht somit fest: Dante kann keine der drei heute erhaltenen Handschriften gekannt haben, wenn auch von den beiden lateinischen Kodices der eine sich heute in Italien befindet (aber wohl eher in Nordspanien entstanden ist), der andere zwar vermutlich aus Italien stammt, aber (ebenso wie der erste) zu jung ist. Hier gilt es nun noch zwei Fragen zu beantworten: 1. Konnte Dante diesen Text überhaupt kennen; 2. Wenn er ihn kennen konnte, bot er für ihn denn auch ein hinreichendes Interesse? Die erste Frage ist die nach der Entstehung der okzidentalischen Übersetzungen, die zweite die nach dem Inhalt des Textes. Diesen Aspekten soll nun kurz nachgegangen werden.

3.1 Die Frage nach der Entstehung der okzidentalischen Übersetzungen scheint relativ einfach zu beantworten zu sein, liefern uns doch hierzu sowohl die lateinische als auch die altfranzösische Fassung ganz eindeutige Angaben (Wunderli 1965:84ss.):

> ...Et ceo livre translata Habraym, Juif et fisicien, de arabic en espaignol ...Et sicom ce livre estoit par le devantdit Habraym translatéz

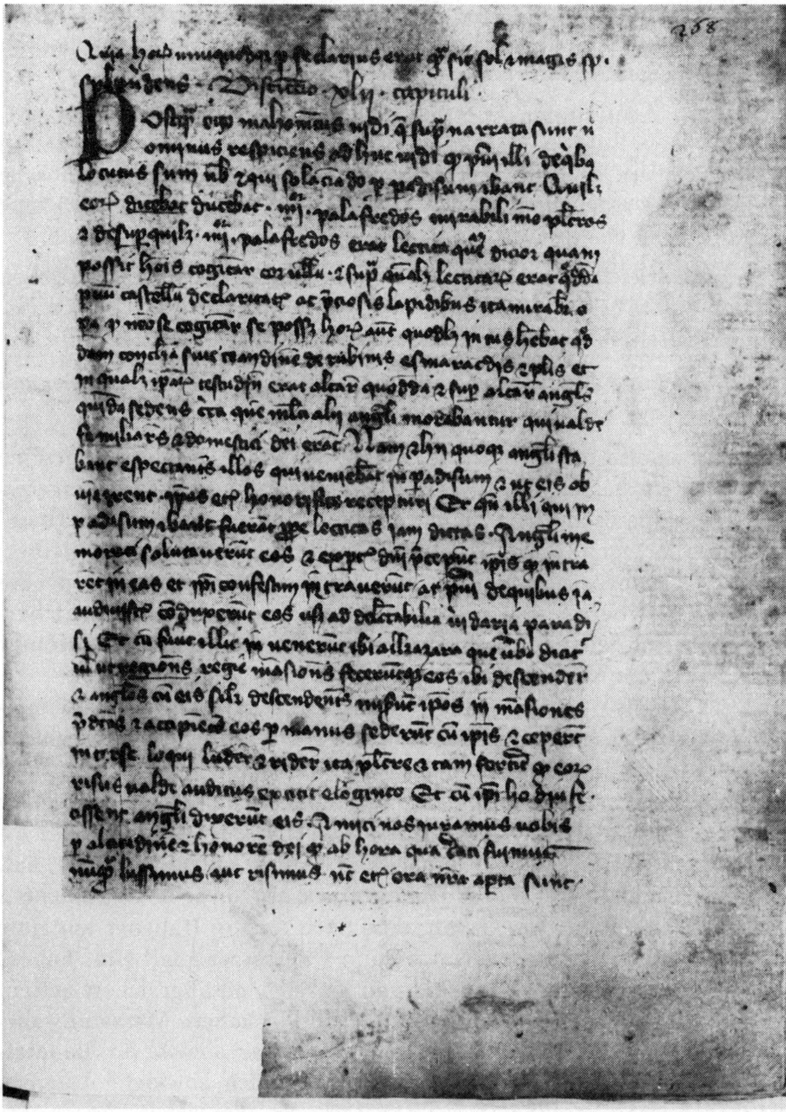

Abb. 1: Biblioteca Apostolica Vaticana, Ms. Vat. Lat. 4072, f. 268r

> (de) arabic en espaignol, tot ausinc par chasqune chose, je, Bonaventure de Sene, notaire et escriven mon Segnour le roy devant nomez, par son comandement le tornei de espaignol en françois ...

> Quem quidem librum Abraham iudeus phisicus illustris et excellentis viri Alfonsi ... de arabica loquela in hyspanam transtulit ... Sic ego Bonaventura de Senis prefati domini regis notarius atque scriba de mandato eiusdem domini librum ipsum ... de hyspano converti eloquio per singula in latinum.

Was die Datierung angeht, so findet sich nur in der altfranzösischen Version eine Angabe, und zwar im Kolophon (das in den beiden lat. Handschriften — aus unterschiedlichen Gründen — fehlt):

> Le livre fu de espaignol en françois tornéz en l'an Nostre Sire Diex mil et ducenz et sessant et quatre ou mois de maij.

Wir können also festhalten: Die Übersetzung aus dem Arabischen ins Spanische wurde von einem jüdischen Arzt namens Abraham angefertigt. Diese spanische Version wurde dann von einem gewissen Bonaventura von Siena, seines Zeichens königlicher Notar und Schreiber, sowohl ins Französische als auch ins Lateinische übertragen, wobei die französische Übersetzung auf Mai 1264 datiert wird. Alle diese Übersetzungen wurden offensichtlich im Auftrag des kastilischen Königs Alfons X. ("der Weise") angefertigt.

Dass Alfons der Weise eine Fülle von arabischen Texten übersetzen liess, ist eine bekannte Tatsache, die keines weiteren Kommentars bedarf. Sein Hauptübersetzer war dabei der Arzt Yehudá Ben Mošé ha-Kohén, doch taucht unser Arzt Abraham auch noch als Übersetzer anderer Texte, u.a. der *Kosmographie* von Ibn al Hayṯam und des *Libro de la açafeha*, eines astronomischen Traktats von al-Zarqālī, auf. Ebenso ist auch der Italiener Bonaventura als Notar in Dokumenten bezeugt, ganz abgesehen davon, dass auch andere Italiener am Hofe von Alfons dem Weisen als Notare und Übersetzer gearbeitet haben.

All dies kann als glaubwürdig und hinreichend abgesichert gelten. Andere Punkte der zitierten Aussagen sind in hohem Masse unwahrscheinlich, v.a. die Behauptung, Bonaventura sei sowohl für die lateinische wie die französische Version verantwortlich, sowie die Aussage, die französische Fassung sei auf der Basis des spanischen Textes entstanden. Um diese Vorbehalte zu verstehen, muss man sich vor Augen halten, wie in der Toletaner Übersetzerschule gearbeitet wurde. Weder ihr Begründer, Erzbischof Raimund, noch Alfons X., der sie zu ihrem Höhepunkt führte, konnte auf Übersetzer zurückgreifen, die gleichzeitig des Arabischen und des Lateinischen mächtig waren. Um dieses Problem zu umgehen, setzte man Übersetzerteams ein, in der

Regel einen Juden, der vom Arabischen ins Spanische übersetzte, und einen Christen, der vom Spanischen ins Lateinische übertrug. Ursprünglich war die spanische Zwischenstufe eine rein orale; erst der lateinische Text wurde schriftlich fixiert. Dies galt auch noch zu Beginn der Herrschaft von Alfons X., und erst im Laufe der von ihm initiierten translatorischen Aktivitäten begann man nach und nach, auch die volkssprachliche Zwischenversion schriftlich festzuhalten. Vor diesem Hintergrund könnte also Abraham sehr wohl für die (heute verlorene, nur durch San Pedro Pascual indirekt bezeugte) spanische, Bonaventura für die lateinische Version verantwortlich sein.

Und der französische Text? Dass in Italien (insbesondere in Oberitalien) das Französische im 13. und 14. Jh. eine geläufige Sprache war, ist eine hinreichend erwiesene Tatsache. Dafür spricht einmal das gewaltige Korpus von sogenannten franko-italienischen Texten, in denen Stoffe der altfranzösischen Heldenepik, z.T. vermischt mit Themen aus dem höfischen (bretonischen) Roman verarbeitet werden. Aber auch ein Werk wie der berühmte *Trésor* von Brunetto Latini, Dantes Lehrer, ist in französischer Sprache abgefasst. Alle diese Werke sind aber dadurch gekennzeichnet, dass ihr Französisch mehr oder weniger stark von Italianismen durchsetzt ist. In der *Eschiele* dagegen lässt sich nicht ein einziger gesicherter Italianismus nachweisen, während es eine ganze Reihe von recht eindeutigen Okzitanismen gibt (Wunderli 1965:91ss.,104ss.). Dies spricht schon recht deutlich gegen eine Übersetzung durch Bonaventura von Siena.

Dazu kommt noch, dass aus dem 13. Jh. keine Übersetzungen Spanisch–Französisch bekannt sind, während es Übersetzungen aus dem Lateinischen bzw. französische Adaptationen von lateinischen Werken in grösserer Zahl gibt. All dies zwingt uns zur Annahme, dass die französische Version nicht auf Bonaventura zurückgeht und nicht auf der spanischen Vorlage beruht. Vielmehr dürfte der lateinische Text irgendwo im Süden Frankreichs übertragen worden sein. Dabei ging der Übersetzer mit seiner Vorlage derart sklavisch um, dass er nur die Charakterisierung *latinum* durch *françois* ersetzte, den ganzen Rest dagegen stehen liess; u.U. wollte er damit sogar absichtlich den Eindruck erwecken, auch bei seinem Produkt handele es sich um eine alfonsinische Übersetzung. Vor diesem Hintergrund muss wohl auch die Datierung (1264) auf die lateinische Version bezogen werden, obwohl das Kolophon in den beiden überlieferten lateinischen Handschriften fehlt. Wann die französische Fassung entstanden ist, lässt sich nicht mit Sicherheit sagen. Da die erhaltene Handschrift aber vom Anfang des 14. Jh.s stammt, bleibt hierfür nur ein Spielraum von rund 50 Jahren nach der Übertragung ins Lateinische.

3.2 Kommen wir nun zum Inhalt unseres so viele Probleme aufwerfenden Textes, der eine nächtliche Jenseitsreise des Propheten zum Gegenstand hat (cf. ausführlicher Wunderli 1965:73ss.):

Mohammed ruht eines Nachts neben seiner Frau Omheni, als der Erzengel Gabriel erscheint und ihn auffordert, ihm zu folgen. Auf dem magischen Pferd Alborak reiten sie dann nach Jerusalem, wo sie von dem wieder auferstandenen Propheten empfangen und gefeiert werden.

Nach dieser Episode beginnt die eigentliche Jenseitsreise. Über eine endlose Leiter steigt Mohammed zusammen mit Gabriel in den ersten Himmel hinauf. Dabei begegnet er auch dem Todesengel, mit dem er sich lange über den Tod der Gerechten und der Sünder unterhält. Es folgt dann der Besuch der ersten 7 Himmel, in denen der Prophet den bedeutendsten Gestalten des Alten Testaments begegnet. Im 8. Himmel muss er dann allein vor Gott treten, der ihm die wichtigsten Gesetze des Islam auferlegt. — Nachdem Mohammed den Erzengel Gabriel wiedergefunden hat, steigen die beiden wieder in den 7. Himmel hinunter, wo Mohammed über die von Gott geschaffenen Kreaturen und ihre Verteilung auf Land und Wasser informiert wird. Dann wird er zu einer Art weisser Insel geführt, die von mysteriösen Wesen bewohnt ist, über die er nicht berichten darf.

Anschliessend wird Mohammed von Gabriel und Raphael, der sich diesem inzwischen zugesellt hat, zu den die weisse Insel umgebenden 7 Erden geführt, die wiederum von geheimnisvollen Wesen bevölkert sind. Schliesslich erreichen die Wanderer die Mauer, die das Paradies bzw. die 7 Sektionen des Paradieses umgibt. Auch hier werden nun die verschiedenen Teile durchwandert, wobei in die Beschreibungen der Paradiesesfreuden immer wieder Belehrungen über die Schaffung und die Organisation des Kosmos und der Welt eingeschoben werden. Unter den Paradieseswundern ist insbesondere die Ausstattung der Seligen mit Frauen auffällig: Jeder von ihnen hat 500 Frauen (darunter eine Lieblingsfrau), sowie 4000 Jungfrauen, die er jederzeit zu seinen Frauen machen kann, zur Verfügung; dazu kommen noch jeweils 8000 Dienerinnen. Überdies lässt Gott auf Kamelen immer wieder wunderbare Geschenke bringen, und diese Kamele sind es auch, die die Paradiesbewohner auf deren Wunsch zur Residenz Gottes (dem 7. Paradies) tragen, wo sich dieser angelegentlich nach ihrem Wohlbefinden erkundigt und alles tut, um dieses noch zu steigern.

Nach einer Begegnung mit dem Schatzmeister des Paradieses tritt dann Mohammed erneut vor Gott und erhält von diesem den Koran und die Auflage, sein Volk habe fünfzigmal am Tage die vorgeschriebenen Gebete zu verrichten und sechzig Tage im Jahr zu fasten. Auf Bitten Mohammeds wird dann die Zahl der Gebete auf fünf reduziert. Anschliessend veranlasst Moses den Propheten, noch dreimal zu Gott zurückzukehren und mit diesem über die Dauer der Fastenperiode zu feilschen, er handelt schliesslich eine Reduktion auf 10 Tage aus.

Anschliessend führt Gabriel den Propheten dann zu einer Stelle des Paradieses, von wo aus er einige Blicke in die Hölle werfen kann. Ein Eintritt in das Reich der Verdammten findet aber nicht statt; der flüchtige Augenschein wird vielmehr durch eine ausführliche Schilderung des Erzengels ergänzt, so dass Mohammed nun in der Lage ist, sein Volk nicht nur über die Freuden der Seligen, sondern auch über die Leiden der Sünder und Verdammten zu informieren. Auf Bitten des Propheten liefert sein Führer überdies auch noch eine ausführliche Beschreibung der Ereignisse, die sich anlässlich des jüngsten Gerichtes abspielen werden. Wichtig ist in dieser Schilderung v.a., dass es in dieser Konzeption auch so etwas wie ein Fegefeuer bzw. ein Purgatorium gibt, die Brücke Azirat, die nur die Breite eines Haares hat und über die Hölle hinweg und durch die aus dieser hochlodernden Flammen ins Paradies führt. Alle Verdammten werden von dieser Brücke ins Verderben stürzen; die, denen vergeben wird, werden das andere Ende erreichen, je nach ihren Verdiensten mehr oder weniger schnell. Die Letzten werden erst nach 25000 Jahren diese schreckliche Prüfung hinter sich gebracht haben und von den Flammen bis zur Unkenntlichkeit verkohlt sein.

Nach einem letzten Blick in die Hölle und auf die in direktem Zusammenhang mit den jeweiligen Sünden stehenden Strafen fordert Gabriel den Propheten dann auf, seinem Volk alles zu erzählen, was er gesehen hat. Darauf bringt er ihn zum Tempel von Jerusalem zurück, setzt ihn auf das Zauberpferd, das ihn nach Mekka trägt, wo Omheni immer noch im Ehebett schläft. Sein Stamm glaubt ihm seine Erzählungen vorerst aber nicht; es bedarf vielmehr der göttlichen Intervention in der Form von Wundern, um den verstockten Haufen zu überzeugen und zu bekehren.

Diese stark verkürzte und in vielerlei Hinsicht ungenaue Darstellung, die in dem hier vorgegebenen Rahmen vor allem nicht auf die Fülle der hochinteressanten Einzelheiten eingehen konnte, dürfte aber gleichwohl deutlich gemacht haben, dass dieser Text für Dante von grösstem Interesse sein musste. Auffällig ist hier v.a. (und abweichend von allen früheren Jenseitsfahrten wie z.B. der *Brendansreise*), dass Mohammed genau wie Dante einen Führer hat (Gabriel/Vergil), zu dem sich zeitweilig auch noch eine Art Hilfsführer (Raphael/Statius) gesellt. Ebenso auffällig ist auch die gemeinsame Abweichung von der Dichotomie Himmel/Hölle und die Einführung eines *tertiums*: die Brücke *Azirat* in der *Scala/Eschiele*, das *Purgatorio* bei Dante. Andererseits gibt es natürlich auch gewichtige Unterschiede. Einer der wesentlichsten ist sicher die Tatsache, dass in unserem Text (und im Gegensatz zur *Divina Commedia*) der Jenseitsfahrer die Hölle nicht betritt, sondern nur aus sicherer Distanz einen Einblick nimmt. In diesem Punkt liesse sich die *Scala/Eschiele* mit der *Brendansreise* vergleichen, wo allerdings auch das eigentliche Paradies für den Besucher verschlossen bleibt.

4. Wir können somit festhalten: Der Text der *Scala/Eschiele* bot Dante mit Sicherheit genügend interessante Informationen und Anregungen, und vom Entstehungszeitpunkt der okzidentalischen Übersetzungen her wäre es durchaus möglich, dass er ihn gekannt hätte. Nur: war der Text zu seinen Lebzeiten in Italien wirklich bekannt? Könnte er nicht vorerst einzig in Spanien und Südfrankreich verbreitet gewesen sein?

Sichere Zeugnisse darüber, dass man in Italien präzisere Vorstellungen von den islamischen Jenseitsvorstellungen hat (Wunderli 1965:122s.), beginnen erst gegen 1300 mit der *Improbatio Alchorani* von Ricoldo da Montecroce. Der berühmte Missionar geht ausführlich auf eine Reihe von Punkten ein, doch hat Cerulli (1949:346ss.) überzeugend dargelegt, dass die Abweichungen sowohl in den wesentlichen Zügen als auch im Detail zu gewichtig sind, als dass man an die *Scala* als Quelle denken könnte; vielmehr verarbeitet Ricoldo wohl Informationen, die er selbst auf seinen Reisen in den Orient gesammelt hat.

Anders verhält es sich mit dem *Dittamondo* von Fazio degli Uberti, einem in Terzinen verfassten, zwischen 1350 und 1360 entstandenen Lehrgedicht, in dem der Autor im 5. Buch (12. und 13. Gesang) zweimal in einer Strophensequenz auf Mohammeds Jenseitsreise zu sprechen kommt. Ich zitiere hier nur drei Strophen, wobei am Anfang der letzten unser Text auch noch ausdrücklich mit seinem (lat.) Namen erwähnt wird:

Donne con ricche vesti accorte e belle;
E giovinetti di gentili aspetti
Con vergognose e vezzose donzelle

E tutte queste cose a lor diletti
Dice che usar potranno cosi come
Nel mondo fanno; e saran lor soggetti.

Ancor nel libro suo che *Scala* ha nome,
Dove l'ordine pon del mangiar loro,
Divisa e scrive quivi d'ogni pome.

Sowohl die Nennung des Titels als auch zahlreiche inhaltliche Details lassen keinen Zweifel daran aufkommen, dass Fazio degli Uberti unseren Text kannte.

Ein weiteres Zeugnis für die Kenntnis der Scala in Italien könnte eine Passage in einer lateinisch redigierten pisanischen Legende aus dem 14. Jh. sein, die allerdings nur die Ankunft Mohammeds im 7. Paradies und die Reduktion der täglichen Gebete auf 5 umfasst. Allerdings gibt es gerade in diesem Punkt einige wesentliche Abweichungen, die die Quellenfrage eher zweifelhaft erscheinen lassen (zumal der Name *Scala* nirgends erwähnt wird): Mohammed tritt zusammen mit Moses, Jesus und Gabriel vor Gott; auf Anraten von Moses bittet Mohammed dann Jesus und Gabriel, Gott um eine Reduktion der Zahl der Gebete auf 5 zu bitten (Cerulli 1949:358s.). — Unzweifelhaft auf der *Scala* fusst auch ein relativ ausgedehntes Resümee im Ende des 15. Jh.s entstandenen *Specchio della Fede* von Roberto Caracciolo di Lecce (Cerulli 1949:360ss.). Trotz der starken Kürzung stimmen die wesentlichen Details, und jeden Zweifel behebt die Einleitung zu dieser Passage:

> E della fictione la quale trovò è scripto in uno libro da Saracini in lingua arabica *Helmaerich*, el quale se interpreta: in alto salire, e in volgare si dice: la scala di Macometh ...

Schliesslich findet sich ein Hinweis auf die *Scala* auch noch in einem Kommentar zum *Dittamondo* von Fazio degli Uberti, den Guglielmo Capello 1437 für Niccolò III. d'Este verfasst hat (Monfrin 1951:279), doch sind die Kenntnisse des Autors derart vage, dass man annehmen muss, dass er unseren Text nie gesehen hat. Er paraphrasiert offensichtlich einfach mehr oder weniger geschickt, was er in seiner Vorlage gefunden hat.

Alle diese Texte beweisen zwar, dass ab dem 14. Jh. die *Scala* in Italien bekannt war, aber sie sind alle zu spät datiert, um mit Sicherheit sagen zu können, dass der Text auch schon zu Lebzeiten Dantes in seiner Heimat im Umlauf war. Dies lässt sich zwar nicht ausschliessen, aber ebenso wenig lässt es sich beweisen.

5. Kommen wir zum Schluss. Wir haben oben gezeigt, dass Dante die Römer Handschrift der *Scala* unmöglich gekannt haben kann, und Entsprechendes gilt auch für die beiden anderen überlieferten Manuskripte. Natürlich bestünde die Möglichkeit, dass ein anderer Kodex in seine Hände gelangt ist, müssen wir doch ab 1264 mit einer Zirkulation dieses Textes im Okzident rechnen. Ein irgendwie fassbares Indiz für eine derartige Annahme gibt es allerdings nicht, denn eindeutige Zeugnisse darüber, dass die *Scala* in Italien bekannt war, setzen erst gegen Mitte des 14. Jh.s ein. Diese Frage bleibt somit offen.

Und die Fülle der Parallelen, die Asín Palacios zusammengetragen hat und deren Gesamtheit durch die *Scala* weitestgehend abgedeckt wird? Sicher gibt es keinen einzigen Text, der eine auch nur annähernde Zahl von Gemeinsamkeiten mit der *Divina Commedia* hinsichtlich der Jenseitsdarstellung aufweist, aber es gibt eine Fülle von Texten, die Dante sicher gekannt hat und die in ihrer Gesamtheit ein fast ebenso lückenloses Spektrum von Anknüpfungspunkten liefern. Ich will hier nur einige von ihnen nennen. Da wären zuerst einmal biblische Texte wie die Jenseitsvisionen von Enoch, Jesaia und Esra im Alten Testament, oder die Apokalypse des Johannes im Neuen Testament; da sind antike Texte wie Vergils Aeneis mit der Erzählung von Aeneas' Besuch in der Unterwelt, die Sage von Orpheus' Unterweltsbesuch, usw. Und da ist die irische Tradition der Jenseitsreise, die im 10. Jh. — mit christlichen Elementen verschmolzen — zur lateinischen *Navigatio Sancti Brendani*, anfangs des 12. Jh.s dann zum altfranzösischen *Voyage de Saint Brendan* von Benoît führt (die überdies umgehend ins Lateinische zurückübersetzt wurde), usw. Dazu muss man weiter in Rechnung stellen, dass Dante auch andere Texte des Islams und über den Islam gekannt haben kann; an erster Stelle wäre hier an die weit verbreitete *Collectio Toletana* (in ihrer Version ohne die *Scala*) zu denken. Wenn man an den enzyklopädischen Charakter von Dantes Wissen, an die Vielfalt seiner Informationsquellen in anderen Bereichen denkt, wird man die Möglichkeit einer derart breit gefächerten Basis für die Jenseitsvorstellungen nicht mehr einfach als unwahrscheinlich abtun können. Aber — und dies muss nochmals betont werden — auch ein Rückgriff auf die *Scala* (bei gleichzeitiger Verschmelzung mit Elementen anderer Herkunft) kann nicht einfach ausgeschlossen werden.

So muss man sich denn abschliessend fragen, was unsere Untersuchung, was unsere Überlegungen gebracht haben. Lohnt sich der ganze Aufwand, wenn letztlich doch alles wieder offen bleibt, ja vielleicht für immer offen bleiben muss? Ich glaube, dass eine derartige Bewertung am entscheidenden Ergebnis der vorhergehenden Darstellung vorbeigehen würde: Sie hat uns gezeigt, dass für die uns interessierende Epoche Grenzziehungen zwischen Orient und Okzident, zwischen Spanien, Frankreich und Italien, zwischen Antike und Mittelalter eine unzulässige Rückprojektion unserer heutigen Sicht sind. Zu Dantes Zeiten bildeten diese geographischen und historischen Bereiche einen einzigen grossen Kulturraum, in dem die Vermittlung und Übernahme nichtautochthonen Kulturguts an der Tagesordnung war. Diese ständige Osmose liess einerseits die "interkulturelle Kommunikation" überhaupt nie zum Problem werden; sie ist andererseits geradezu die Voraussetzung dafür, dass ein Werk wie dasjenige Dantes überhaupt entstehen konnte.

Bibliographie

Asín Palacios 1919 : M. Asín Palacios, *La escatología musulmana en la Divina Comedia*, Madrid 1919

Asín Palacios 1924 : M. Asín Palacios, *La escatología musulmana en la Divina Comedia*, Historia y crítica de una polémica, Madrid 1924

Asín Palacios 1943 : M. Asín Palacios, *La escatología musulmana en la Divina Comedia*, Madrid/Granada ^{2}1943

Bofarull y Sans 1959 : F. Bofarull y Sans, *Animals in Watermarks*, Hilversum ^{2}1959

Briquet 1907 : C.M. Briquet, *Les filigranes.* Dictionnaire historique des marques du papier dès leur apparition vers 1292 jusqu'en 1600, Paris 1907

Briquet 1955 : C.M. Briquet, "Papiers et filigranes des archives de Gênes 1154-1700", in: id., *Opuscula*, Hilversum 1955

Cerulli 1949 : E. Cerulli, *Il "Libro della Scala" e la questione delle fonti arabo-spagnole della Divina Commedia*, Città del Vaticano 1949

Cerulli 1972 : E. Cerulli, *Nuove ricerche sul Libro della Scala e la conoscenza dell'Islam in Occidente*, Città del Vaticano 1972

Contini 1984 : G. Contini (ed.), *"Il Fiore" e "Il Detto d'Amore" attribuibili a Dante Alighieri*, Milano 1984

D'Alverny 1947/48 : M.-Th. D'Alverny, "Deux traductions latines du Coran au moyen âge", *Archives de l'histoire doctrinale et littéraire du moyen âge 22/23* (1947/48), 69-131

Monfrin 1951 : J. Monfrin, "Les sources arabes de la Divine Comédie et la traduction française du livre de l'Ascension de Mahomet", *Bibliothèque de l'Ecole des Chartes 109* (1951), 277–90

Monneret de Villard 1944 : U. Monneret de Villard, *Lo studio dell'Islam in Europa nel XII e XIII secolo*, Città del Vaticano 1944

Mošin/Traljić 1967 : Vl. Mošin/A. Traljić, *Filigranes des XIIIe et XIVe siècles*, Zagreb 1967

Muñoz Sendino 1949 : J. Muñoz Sendino, *La escala de Mahoma.* Traducción del árabe al castellano, latín y francés, ordenada por Alfonso X el Sabio, Madrid 1949

Werner 1986 : E. Werner (ed.), *Liber scale Machometi.* Die lateinische Fassung des Kitāb al mi^{c}rādj, Düsseldorf 1986

Wunderli 1964]: P. Wunderli, "Zur Auseinandersetzung über die musulmanischen Quellen der *Divina commedia*", *Romanisches Jahrbuch 15* (1964), 19–50

Wunderli 1965 : P. Wunderli, *Etudes sur le livre de l'Eschiele Mahomet.* Prolégomènes à une nouvelle édition d'une traduction alphonsine, Winterthur 1965

Wunderli 1966 : P. Wunderli, "Le manuscrit romain de la *Scala Machometi*", *Studi mediolatini e volgari 14* (1966), 215–37

Wunderli 1968 : P. Wunderli (ed.), *Le livre de l'Eschiele Mahomet.* Die französische Fassung einer alfonsinischen Übersetzung, Bern 1968

Wunderli 1986 : P. Wunderli, "Mortuus redivivus: Die Fiore-Frage", *Deutsches Dante-Jahrbuch 61* (1986), 35–50

Wolfgang Milde

Wirkung und Wirkungswandel des Buches

Eine hussitische Sammelhandschrift im Streit der Meinungen.

Bücher wollen Wirkungen erzielen. Zumeist hat sich diese Wirkung auch eingestellt: Bücher haben Zustimmung, Ablehnung oder Widerspruch erfahren, sie haben Menschen bewegt und beeinflußt; die in ihnen niedergelegten Ideen konnten in bestimmten Fällen sogar geistige oder gesellschaftliche Veränderungen hervorrufen. Aufdeckung und Untersuchung dieser Wirkungen sind auf unterschiedlichen Wegen möglich:

Man kann einzelnen Ideen oder Motiven — etwa der Idee der Bestimmung des Menschen, der Idee der religiösen Toleranz, dem Motiv des ewigen Friedens — bei einzelnen Autoren nachgehen, man kann ihre Übernahme, ihr Weiterleben, ihre Veränderung bei anderen Autoren verfolgen, wie es vornehmlich die ideen- bzw. motivgeschichtliche Methode tut. Im Mittelpunkt stehen dabei weniger die Bücher als Vermittler als vielmehr die jeweiligen Texte mit ihren Ideen und Motiven, und zwar losgelöst vom konkreten Einzelexemplar.

Man kann ferner das Publikum der Bücher untersuchen, das Lesepublikum, um zu ermitteln, welche Personenkreise oder soziologischen Schichten welche Bücher lasen oder besaßen. Die Beantwortung der sich dabei ergebenden vielfältigen Fragen und das Aufdecken entsprechender Zusammenhänge hat sich die soziologische bzw. sozialwissenschaftliche Methode zur Aufgabe gemacht. Ihr Hauptanliegen ist nicht die individuelle Erscheinung, sondern der gesellschaftliche Aspekt und damit jeweils eine große Zahl von Personen und Büchern, bei deren Quantitäten kaum feststellbar ist, wie der Einzelleser auf Texte oder Ideen, die in einem konkreten Buch vorliegen, reagiert oder reagiert hat.

Schließlich eine dritte Möglichkeit: Einzelne konkrete Bücher, die als Vermittler von Texten und Ideen eine mehr oder weniger große Bedeutung erlangt haben, werden in den Mittelpunkt der Untersuchung gestellt. Ihnen steht eine konkrete Person als Besitzer, als Leser, als Kritiker, als Konsument gegenüber. Wie betrachtet er das Buch, welche Bedeutung hat es für ihn, welchen Wert gibt er ihm? Die Geschichte zahlreicher Einzelexemplare läßt sich über weite Strecken hin verfolgen, zuweilen durch Jahrhunderte hindurch. Dabei läßt sich vielfach erkennen, welche Personen in welcher Weise von bestimmten Büchern betroffen oder beeinflußt wurden — oder auch nicht— und inwieweit in verschiedenen geschichtlichen Perioden gleiche, ähnliche oder grundsätzlich andere Auffassungen dem einzelnen, konkreten Buch gegenüber zum Ausdruck gebracht wurden. In günstigen Fällen läßt sich bei ein und demselben Buch erkennen, mit welchen — gleichen oder unterschiedlichen — Absichten, Sichtweisen oder auch Wertvorstellungen seine Leser es in verschiedenen Jahrhunderten benutzt bzw. seinen Inhalt aufgefaßt haben.

Zur Ermittlung der Geschichte eines einzelnen konkreten Buches (bzw. einer kleineren Gruppe von zusammengehörigen Büchern) und seiner Wirkung auf eine konkrete Person (bzw. auf eine Gruppe von zusammengehörigen Personen) ist zunächst das Buch mit seinen in ihm vorhandenen Angaben als Quelle anzusehen. Dazu gehören: Namen der Besitzer oder Benutzer, die Exlibris, Wappen, Widmungseintragungen, Devisen, ferner Lesenotizen wie Anmerkungen und Korrekturen, bibliothekarische Eintragungen, Bibliothekssignaturen, gegebenenfalls auch An- und Unterstreichungen. Hinzu kommen Quellen außerhalb des Buches, die sich auf das Buch beziehen: Vermerke in Katalogen, Erwähnungen an anderen Stellen, z. B. in Briefen, Reisebeschreibungen, Dichtungen. Selbst kleinste Spuren können wichtige Hinweise geben. Diese Quellenarten sind in Beziehung zu setzen mit dem Leben, dem Wirken und der Umwelt der jeweiligen Personen, seien es Besitzer, Leser, Käufer oder Verkäufer, um dadurch ihren Intentionen, Motiven, Interessen, Wertvorstellungen hinsichtlich des Buches näherzukommen, sie aufzudecken und darzulegen. Insbesondere die Herausarbeitung der kulturellen und politischen Umwelt, in die ein bestimmtes Buch im Laufe seiner Geschichte mehr oder weniger intensiv hineingehörte, gestattet es, die Wirkung zu ermitteln, die dieses Buch — und nur dieses konkrete Exemplar — in einer bestimmten Zeit hatte. Ausgehend vom Individuellen des Buches und der Personen führt der Weg der Untersuchung zur Feststellung allgemeiner kultureller und politischer Auffassungen einer oder mehrerer geschichtlicher Epochen.

Methodisch ist dieser Weg in drei Schritten zurückzulegen: Zunächst ist das Buch selbst zu untersuchen, sind seine Angaben festzustellen und zu interpretieren. Zweitens sind die Biographien der Besitzer und Benutzer durchzusehen, um den Platz festzustellen, den das Buch in ihrem Leben und Wirken einnahm. Ihre Motive und Interessen sind mit dem Buch in Beziehung zu setzen. Schließlich sind drittens Buch und Besitzer bzw. Leser in ihre jeweilige kulturelle und politische Situation einzuordnen, um festzustellen, inwieweit die Wirkung des Buches zeittypisch ist oder nicht. Es ist ohne weiteres einsichtig, daß diese methodischen Forderungen nicht immer einfach zu erfüllen sind; sehr viel hängt von dem gegebenen Quellenmaterial und seiner Interpretation ab. Ein bekannter Text, gut identifizierbare Besitzer und Leser mit ihren hinlänglich bekannten Intentionen bieten weniger Schwierigkeiten als unbekanntere Texte und Leser. Aber auch ihnen kann manches entnommen werden[1]. Das folgende Beispiel soll das zu zeigen versuchen.

Es führt uns in geistig, theologisch und politisch äußerst bewegte Epochen: in die Zeit der Hussitenbewegung, der Reformation in Deutschland und in die Zeit unmittelbar danach.

Die Verbreitung der Werke von Johannes Hus, seiner Anhänger und Gegner in den ersten Jahrzehnten nach Hus' Tod ist keineswegs in allen Einzelheiten geklärt. Auf Grund von Bibliothekskatalogen hat beispielsweise Ivan Hlaváček feststellen können, daß in dieser frühen Zeit nur wenige Werke von Hus außerhalb Böhmens nachzuweisen sind. Er kommt zu der Auffassung, "daß die eigentliche Kenntnis von Hus' Lehre im Ausland bis zum Auftreten Luthers vollkommen ungenügend war"[2]. Man wird jedoch eine derartig weitreichende Feststellung kaum allein anhand von Bibliothekskatalogen treffen können, sondern dafür auch die heute noch in Bibliotheken vorhandenen Handschriften und frühen Drucke hussitischer Schriften heranziehen müssen. Zwei derartige Beispiele führt Hlaváček in seiner Untersuchung anmerkungsweise an: Die von dem kaiserlichen Rat Kaspar von Nidbruck für Matthias Flacius Illyricus aus Prager Kollegienbibliotheken entliehenen Handschriften mit Werken vorwiegend von Hus und Wyclif (heute in der Österreichischen Nationalbibliothek Wien) und die böhmischen Drucke in der Bibliothek von Johann

1 Näheres dazu: *De captu lectoris: Wirkungen des Buches im 15. u. 16. Jahrhundert...*, hrsg. von Wolfgang Milde u. Werner Schuder. Berlin, New York 1988 (bes. die Einleitung).

2 Ivan Hlaváček, "Bohemikale Literatur in den mittelalterlichen Bibliotheken des Auslandes. (Nach den mittelalterlichen Bibliotheksverzeichnissen)", in *Historica. Les sciences historiques en Tchécoslovaquie... Praha 13*, 1966, 139 und 140.

Dernschwam (heute ebenfalls in Wien). Beide Beispiele gehören dem 16. Jahrhundert an[3].

In den letzten Jahren ist von mehreren Seiten auf einzelne hussitische Handschriften aufmerksam gemacht worden, deren Inhalt entweder unbekannt war (zumindest teilweise) oder die auf bisher kaum bekannte Einzelheiten der Verbreitung hussitischer Texte hinweisen. Genannt seien zwei: 1979 stellte Walter Brandmüller die aus Böhmen stammende Handschrift Neapel, Biblioteca Nazionale VII D 9 vor, die u. a. unbekannte Texte von Hus und Jacobellus de Misa enthält, und zeichnete ihre Geschichte nach[4]. 1986 machte Jutta Fliege den lange unbekannt gebliebenen hussitischen Sammelcodex Dessau, Stadtbibliothek Georg Hs. 50 durch eine ausführliche Beschreibung seines vielfältigen Inhalts bekannt[5].

Im folgenden soll ebenfalls von einer Sammelhandschrift mit hussitischen Texten die Rede sein, die auf Kenntnis und Bewertung dieses Schrifttums in Deutschland im 15. und 16. Jahrhundert ein bezeichnendes Licht wirft: von dem heute in der Herzog August Bibliothek Wolfenbüttel aufbewahrten, nicht ganz unbekannt gebliebenen Cod. Guelf. 669 Helmst.[6]. Er stellt bei weitem die bedeutendste Hussitenhandschrift Wolfenbüttels dar; ein paar andere enthalten lediglich verstreut einige Einzeltexte (z. B. Cod. Guelf. 367 Helmst. oder Cod. Guelf. 680 Helmst).

Der Cod. Guelf. 669 Helmst. ist ein äußerlich unscheinbarer und auch etwas abgenutzter Band mit 249 Papierblättern (die letzten drei Blätter sind unbeschrieben, ebenso einige im Innern). Die Größe des Buchblocks beträgt ca. 21,6 cm x ca. 15,5 cm. Der Einband (Originaleinband) sagt dem Kundigen bereits einiges: Er besteht aus Holzdeckeln, die nur zum Teil mit gelblichem, etwas nachgedunkeltem Leder überzogen sind. Es umhüllt den Buchrücken und etwa die Hälfte der Deckel, während deren restlicher Teil das rohe Holz zeigt: Es ist

---

3 Hlaváček (s.o. Anm.2), 140 Anm. 113. — Über Nidbruck und seine Beziehungen zu Flacius vgl. auch Karl Schottenloher, "Handschriftenschätze zu Regensburg im Dienste der Zenturiatoren (1554–1562). I: Kaspar von Nidbruck und seine Bücherablage in Regensburg", in *Zentralblatt für Bibliothekswesen* 34, 1917, 65–71.

4 Walter Brandmüller, "Fata libelli. Eine Hussitica-Handschrift aus Neapel", in *Annuarium Historiae Conciliorum* 11, 1979, 142–170.

5 Jutta Fliege, "Eine hussitische Sammelhandschrift in der Stadtbibliothek Dessau", in *Studien zum Buch- und Bibliothekswesen*, Bd. 4, Leipzig 1986, 25–35.

6 Vgl. die Angaben im Katalog von Heinemann: Otto von Heinemann, *Die Handschriften der Herzoglichen Bibliothek zu Wolfenbüttel. Erste Abtheilung: Die Helmstedter Handschriften*, Bd. 2, Wolfenbüttel 1886 (Nachdruck: Frankfurt am Main 1965), 121–122.

also der typische Gebrauchseinband eines Studienbuches im ausgehenden Mittelalter, wie er dutzendweise begegnet. Die beiden originalen Lederriemen zum Verschließen fehlen, sie sind 1976, als der Einbandrücken restauriert wurde, durch neue ersetzt worden. Spuren oben am Rückdeckel und an den beiden letzten Blättern lassen erkennen, daß es sich ursprünglich um ein Kettenbuch gehandelt hat. Der Zustand des Buchblockes ist gut; lediglich auf einigen Seiten finden sich oben bzw. seitlich oder in der Mitte Wasserflecken (teilweise mit geringen Textbeeinträchtigungen).

Die Texte sind einspaltig geschrieben, die Zeilenzahl schwankt. Die Schrift — es lassen sich mehrere Hände unterscheiden — ist in allen Fällen eine böhmische Bastarda der ersten Hälfte des 15. Jahrhunderts[7] (außer in einem späteren Nachtrag fol. 245v - 246v). Rote Überschriften, Anfangsbuchstaben, Paragraphenzeichen, Unterstreichungen, z. T. auch rote Randbemerkungen (meist aber braun bzw. schwarz mit Rubrizierung) treten hinzu. Die Provenienz der Handschrift ist nach inhaltlichen und paläographischen Kriterien Böhmen, sehr wahrscheinlich wurde sie in Prag angefertigt.

Zu ihrem Inhalt soll an dieser Stelle nur das Notwendigste gesagt werden, zumal noch nicht sämtliche Texte, namentlich die kürzeren, eindeutig identifiziert werden konnten. Die Handschrift beginnt mit der *Replicatio contra Andream Brodam pro communione plebis sub utraque specie* des Jacobellus de Misa, eines engen Mitarbeiters von Jan Hus, der wie dieser Professor in Prag war (fol. 1r–86v). Diesem Text schließen sich mehrere kürzere und längere von Hus und anderen an, wobei es vornehmlich um den Laienkelch geht. Von Hus finden sich einige kleinere *Quaestiones* bzw. *Positiones*, von Jacobellus ebenfalls verschiedene *Positiones*, *Quaestiones* und andere Traktate, zumeist etwas länger als die von Hus. Besonders hingewiesen sei auf sein *Responsum ad Johannem Gerson missum*, auch *Tractatus de communione sacramentali divinissime eucharistie sub utraque specie panis et vini* ... genannt, einen Text mit folgender Subskription am Schluß (in dieser Handschrift und in 3 anderen in Prag und Wien): *"Scriptus est iste tractatulus Prage celeriter Anno Domini 1417 die secunda mensis Decembris"* (fol. 229v)[8]. Seit längerem bekannt sind

7 Vgl. František Muzika, *Krásné písmo ve vývoji Latinsky* I, Praha 1958, 439 Abb. 304 u. 441 Abb. 306.

8 Vgl. Pavel Spunar, *Repertorium Auctorum Bohemorum provectum idearum post Universitatem Pragensem conditam illustrans*, Bd. 1, Wroclaw u.a. 1985 (Studia Copernicana 25), 226–227 (Nr.607: Jacobellus de Misa, *Replicatio*) u. 228–229 (Nr.610: Ders., *Responsum*). — Bei wörtlichen Zitaten aus der Wolfenbütteler Handschrift werden die aufgelösten Abkürzungen nicht besonders gekennzeichnet.

zwei kurze Texte von Johannes Wyclif in dieser Handschrift: *De religione privata* (fol. 175v–179v) und seine *Epistola missa pape Urbano* (fol. 219v–220r)[9].

Fast ebenso wichtig wie der Inhalt dieser Handschrift ist ihre Provenienz, die sich so gut wie vollständig ermitteln läßt. Auskunft darüber geben im wesentlichen drei zeitlich unterschiedliche Eintragungen auf fol. Ir, d. h. vor dem ersten Text. Die Eintragungen stammen von drei verschiedenen Händen, hinter denen sich bekannte bzw. identifizierbare Personen verbergen. Gelingt es, diese Personen in ihrer geistigen und kulturellen Umwelt zu zeigen, dann läßt sich die Geschichte der Handschrift in ihren eigentlichen Punkten offenlegen.

Die erste Eintragung ist die älteste, die dritte die zweitälteste, die mittlere die jüngste (s. Abb.). Die erste Eintragung lautet (die Abkürzungen sind aufgelöst):

> Istum librum emit magister hinrich toke prage anno dominj 1433 post festum pasche
>
> Caute legendum est in eo propter errores et hereses quibus indiscretus lector posset
>
> faciliter illaqueari quoniam Johannes wiklef et Johannes hus et Jacobus alias dictus
>
> iacobellus quorum scripta hic habentur dampnati sunt ab ecclesia romana.

Bei dem Eintrag ist erkennbar, daß von einer späteren Hand versucht wurde, den Namen des Käufers "hinrich toke" zu verändern, indem mit etwas hellerer Tinte in den Namen hinein Buchstaben bzw. Striche gezogen wurden, die den Namen entstellen sollten. So wurde z. B. aus dem "h" des Vornamens ein "B" gemacht, aus dem "k" des Familiennamens ein "b" u.ä. Diese nachträglichen Verfälschungen sind mit bloßem Auge recht gut zu erkennen. Über ihren Urheber lassen sich einige Vermutungen aufstellen, auf die ich weiter unten zurückkommen werde.

Dieser Eintrag stammt von dem aus Bremen stammenden Magdeburger Domherrn und Domprediger Dr. theol. Heinrich Toke (auch: Token, geb. um 1390, gest. nach 1455), der diesem Vermerk zufolge unsere Handschrift im Jahre 1433 "nach Ostern" in Prag gekauft hat. Toke ist in der politischen und Kirchengeschichte, aber auch in der

9 H. Kühn–Steinhausen, "Wyclif–Handschriften in Deutschland", in *Zentralblatt für Bibliothekswesen* 47, 1930, 625. Vgl. auch Williell R. Thomson, *The Latin Writings of John Wyclyf. An annotated Catalog*, Toronto 1983 (Subsidia Mediaevalia 14), 155–156 (Nr.204) u. 259–261 (Nr.404).

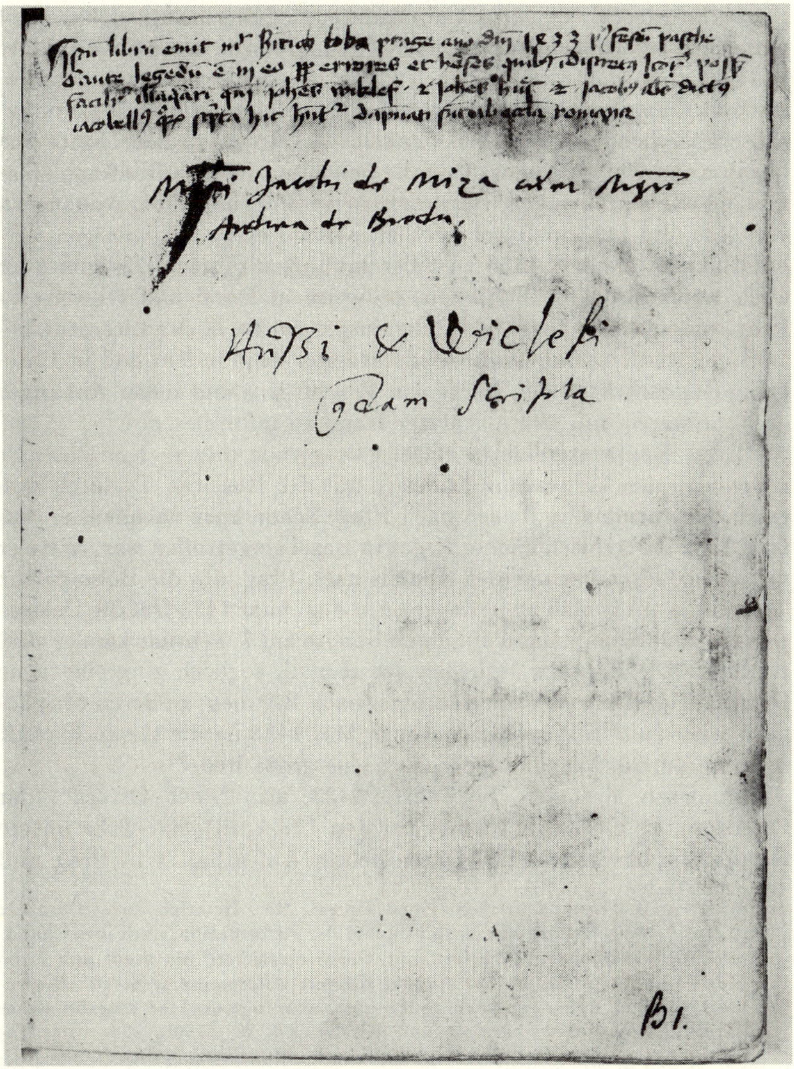

Abb. 1: Wolfenbüttel, Herzog August Bibliothek, Cod. Guelf. 669 Helmst., fol. Ir

Bibliotheksgeschichte, kein Unbekannter[10]. Seine Hauptwirksamkeit entfaltete er auf dem Gebiet der Kirchenreform; an dem im Jahre 1431 zusammengetretenen Baseler Konzil nahm er als Legat des Erzbischofs Günter von Magdeburg teil und entfaltete dort eine stark beachtete kirchenpolitische Wirksamkeit. Das Konzil zu Basel hatte sich bekanntermaßen auch zur Aufgabe gemacht, die Hussitenfrage einer Lösung näher zu bringen. Bei den Unterredungen mit den Anhängern von Hus, die 1433 in Basel erschienen, kam es zu langwierigen Verhandlungen, die erst 1436 zu Übereinkünften führten. Es kam aber auch zu Gesprächen mit ihnen, teilweise in Basel und teilweise in Prag, die zuweilen sogar als Religionsgespräche in der Literatur bezeichnet werden. Dabei wurde als Mangel empfunden, daß in Basel keine Handschriften der Werke von Wyclif, Hus und seiner Anhänger greifbar waren, um sich aus erster Hand zu informieren.

Tokes Hauptinteresse in Basel galt gerade diesem Komplex: Er gehörte zu den Verhandlungsführern mit den Hussiten. Dadurch kam es auch mehrmals zu Reisen nach Prag. Schon kurz nachdem er Anfang 1432 als erzbischöflicher Legat in Basel eingetroffen war, reiste er mit einer Gesandtschaft des Konzils nach Prag, um die Böhmen zur Teilnahme am Konzil zu bewegen. Am 4. Januar 1433 traf die Delegation der Böhmen in Basel ein, doch bereits am 7. Februar kam es zum Konflikt. Die Böhmen verließen das Konzil, sogleich ging eine neue Konzilsdelegation zu Verhandlungen nach Böhmen, zu deren Mitgliedern wiederum Toke gehörte. Am 8. Mai 1433 ist die Gesandtschaft in Prag, am 20. Mai hält Toke dort eine große Rede[11].

In diesen Maitagen des Jahres 1433, also "nach Ostern" (der Ostersonntag dieses Jahres fiel auf den 12. April), hat Toke unsere Handschrift erworben. Die Daten seines Aufenthaltes in Prag und

---

10 Über sein Leben und Wirken: Ernst Breest, "Dr. Heinrich Toke, Domherr zu Magdeburg. Beitrag zur Vorgeschichte der Reformation, nach meist handschriftlichen Quellen bearbeitet", in *Geschichtsblätter für Stadt und Land Magdeburg* 18, 1883, 43–72, 97–145. Kürzer: *Allgemeine Deutsche Biographie* 38, 1894, 411–412. Noch gedrängter, aber mit exakter Angabe seiner Werke: Lexikon für Theologie und Kirche, Bd. X, [2]1965, 233. Über Tokes Liebe zu Büchern vgl.: Paul Lehmann, *Mitteilungen aus Handschriften* I, München 1929 (Sitz.ber. der Bayer. Akad. der Wiss. Phil.-hist. Abt. 1929, Heft 1), 29–53 (Auch in Paul Lehmann, *Erforschung des Mittelalters* IV, Stuttgart 1961, 187–205). Dazu von dems. "Konstanz und Basel als Büchermärkte während der großen Kirchenversammlungen", in ders., *Erforschung des Mittelalters* I, Stuttgart 1959, 271–272 und 279.

11 Diese Daten entnehme ich der Abhandlung von Breest (s.o. Anm. 10) 114–115. Über das Fehlen von Handschriften der Werke Wyclifs und Hus' in Basel vgl. Erich Meuthen, *Das Basler Konzil als Forschungsproblem der europäischen Geschichte*, Opladen 1985 (Rheinisch-Westfälische Akad. d. Wiss., Vorträge G 274), 17.

die des Bücherkaufs sind so genau, daß man fast Zeuge des Kaufs wird. Dem Inhalt nach paßt die Handschrift zu Tokes böhmischer Mission, er konnte sie für die Behandlung mancher Frage heranziehen. Toke war aber nicht nur kirchenpolitisch tätig, sondern auch ein Mann der Gelehrsamkeit: 1418 wurde er Doktor und Professor der Theologie an der Universität Erfurt, 1424 Rektor in Rostock. Daß er zudem ein großer Bücherfreund und Büchersammler war, läßt sich etwa besonders eindrucksvoll ablesen aus seinen erhalten gebliebenen umfänglichen Merkbuch in Folioformat, dem *Rapularius*[12].

Toke vermachte seine Bibliothek, die recht stattlich gewesen sein muß, der Magdeburger Kirche[13]. In Magdeburg, und zwar in der Handschriftensammlung des ehemaligen Dom–Gymnasiums, befanden sich bis zum Ende des 2. Weltkrieges mindestens drei Handschriften, die nachweislich aus seinem Besitz stammten: die Codices Nr. 11, 108 und 210, möglicherweise auch noch Nr. 209[14]. Wegen ihrer Besitzeintragungen befinden sie sich heute in der Deutschen Staatsbibliothek Berlin[15] sind für uns besonders wichtig die Nummern 11

12 Die Handschrift (Papier, 426 Blätter, von denen eine Anzahl fehlt; der Einband — Mitte 15. Jahrhundert — ist lädiert) befindet sich in Wolfenbüttel, Herzog August Bibliothek: Cod. Guelf. 139b Helmst. Ausgabe in Auszügen (mit Erläuterungen): Paul Lehmann, *Mitteilungen aus Handschriften* 1 (s.o. Anm. 10). Eine neue Untersuchung befindet sich in Vorbereitung.

13 Vgl. Breest (s.o. Anm. 10) 145.

14 H. Dittmar, *Die Handschriften und alten Drucke des Dom–Gymnasiums*, Magdeburg 1878 (Schulprogramm 1878 Nr. 194), 5. Ders., *Verzeichnis der dem Dom–Gymnasium zu Magdeburg gehörenden Handschriften*. Fortsetzung des Programms 1878, Magdeburg 1880 (Schulprogramm 1880 Nr. 199), 5 und 67–68). Zu vergleichen ist ferner der Aufsatz von Ilse Schunke, "Die Handschrifteneinbände des Magdeburger Domgymnasiums in der Deutschen Staatsbibliothek Berlin (Mss. Magdeb.)", in *Zentralblatt für Bibliothekswesen* 78, 1964, 656–678, besonders 659. Hier wird auch Ms. Magdeb. 209 als Tokes Besitz bezeichnet. Darüber gab mir freundlicherweise nähere Auskunft Herr Dr. Hans–Erich Teitge, Direktor der Handschriftenabteilung der Deutschen Staatsbibliothek in Berlin: "Ms. Magd. 209 enthält keinerlei Hinweise auf Heinrich Toke als Vorbesitzer. Frau Dr. Schunke hat aus der gleichen sehr charakteristischen Art des Einbands (grünes Leder, Schließen, Spuren der Kette und der Buckel) mit Ms. Magd. 210 auf Toke geschlossen".

15 In der Gruppe der Mss. Magdeburgica der Deutschen Staatsbibliothek zu Berlin: vgl. Hans Lülfing, *Deutsche Staatsbibliothek Berlin: Signaturenliste der Handschriften und kurzes Verzeichnis der Nachlässe*, Berlin 1963, 8 u. 3. Von den heute noch existierenden Handschriften aus Tokes Besitz sind mir bekanntgeworden: 1. Wolfenbüttel, Herzog August Bibliothek: Cod. Guelf. 669 Helmst. 2. Ebda: Cod. Guelf. 139b Helmst., Tokes *Rapularius*. 3. Ebda: Cod. Guelf. 147 Extrav. (Johannes de Podio, *Chronicon*. Daß Toke, der diese Chronik benutzte, diesen Band auch besessen hat, vermutet Paul Lehmann, *Erforschung des Mittelalters* IV, 1961, 188. Doch darf in diesem Fall durchaus von einer großen Wahrscheinlichkeit gesprochen werden). 4. Berlin, Deutsche

und 210: Der erste Codex enthält die unvollendet gebliebene *Summa theologica* des Alexander von Hales und trägt auf dem oberen Rand des ersten Pergamentblattes die Eintragung *Istum librum emit mr hinricus toke prage A.d. 1433 in profesto corporis cristi quem dom. michael tiden de testamento dicti olim mag. hinr. token comparavit et ad librariam eccl. magdeb. legavit et...* (Rest unleserlich)[16]. Codex Nr. 210 ist eine Sammelhandschrift (Johannis Lyntz, Petrus de Wrbka u.a.) und weist ebenfalls die entsprechende Eintragung auf: *Istum librum emit mr hinricus toke prage a.d. 1433 in profesto corporis d.*[17]. Beide Eintragungen — von derselben Hand — stimmen in ihrem ersten Teil mit dem Vermerk in Cod. Guelf. 669 Helmst. — mit Ausnahme des Datums — wörtlich überein. Demnach wurden alle drei Handschriften auf Tokes Prager Reise 1433 gekauft, die Wolfenbütteler etwas früher als die beiden anderen.

Heinrich Toke, der gelehrte Domherr und Kirchenpolitiker, gehörte zu jenen Gestalten des 15. Jahrhunderts, die kirchliche Mißstände durchaus zu erkennen in der Lage waren und sie durch Reformen zu beseitigen suchten. Konservativ und rechtgläubig eingestellt, betrachtet auch er sich als treuen Anhänger der römischen Kirche, deren Richterspruch er sich gegebenenfalls — z.B. bei der Frage des sogenannten Wunderblutes von Wilsnack[18] — zu fügen bereit ist. Beabsichtigte Reformen kann er also nur innerhalb der von Rom gezogenen Grenzen durchführen. Sie zu überschreiten vermag er nicht. Das zeigt sich deutlich in seiner Einstellung zu unserer Handschrift. Er erwarb sie in Prag, als er mit den Böhmen verhandelte; ihr Inhalt konnte ihm manche Aufschlüsse über deren Ansichten vermitteln. Aber eben nur ihm und nicht jedem beliebigen Leser: Im 2. Teil seines Eintrages heißt es eindeutig, daß dieses Buch wegen der darin enthaltenen Irrtümer und Häresien mit Vorsicht gelesen werden muß. Ein *indiscretus lector* ohne Unterscheidungsvermögen kann von ihnen leicht umgarnt werden, denn Wyclif, Hus und Jacobellus, deren Schriften hier vereinigt sind, sind von der römischen Kirche verdammt

---

Staatsbilbiothek: Ms. Magdeb. Nr. 11. 5. Ebda: Ms. Magdeb. Nr. 108 (vgl. Dittmar *Verzeichnis*, (s.o. Anm. 14), 5). 6. Ebda: Ms. Magdeb. Nr. 210. 7. Ebda: Ms. Magdeb. Nr. 209 (Zuweisung von Ilse Schunke, s.o. Anm. 14).

16 Dittmar, *Die Handschriften* (s.o. Anm. 14), 5.

17 Dittmar, *Verzeichnis*, (s.o. Anm. 14), 67–68.

18 Vgl. darüber Breest (s.o. Anm. 10) 135–145 — Vgl. zu "Caute legendum" auch Hlaváček (s.o. Anm. 2), 140–141. In Anm. 115 zitiert er einen Buchtitel mit einem ähnlichen Vermerk aus dem Bibliothekskatalog der Kartause Salvatorberg zu Erfurt: "*Blasphemie Bohemorum contra ecclesiam Dei, ubi lector cautus sit, ne venenum bibat*" (*Mittelalterliche Bibliothekskataloge Deutschlands und der Schweiz* II, München 1928, 262 Zeile 27–28).

worden. Das kirchliche Verdammungsurteil ist für Toke verbindlich, daher muß er zu verhindern suchen, daß die Handschrift einem Leser in die Hände fällt, der Wahrheit und Irrtum nicht voneinander unterscheiden kann. Was Irrtum ist, bestimmt aber Rom.

Die zweite Eintragung lautet *Hußi et Wiclefj // quaedam Scripta* und ist ein kurzer, aber das Wesentliche treffender Inhaltsvermerk. Er rührt von der Hand des lutherischen Theologen Matthias Flacius Illyricus her (1520–1575). Ähnliche Eintragungen von Flacius begegnen uns in einer ganzen Reihe von Handschriften aus der Wolfenbütteler Gruppe der Helmstadienses, hin und wieder zusammen mit seinem eigenhändigen Namenszug. Wenn auch in unserem Fall sein Name nicht vorhanden ist, so steht doch außer Zweifel, daß dieser Band im 16. Jahrhundert in seinen Händen war. Sein Magdeburger Aufenthalt fällt in die Zeit zwischen 1549 und 1557[19]. In diesen Jahren wird er die Kirchenbibliothek, in die die nachgelassenen Bücher Tokes gelangt waren, durchsucht und unsere Handschrift an sich genommen haben, wahrscheinlich zusammen mit einigen anderen.

Zu den bedeutendsten Erwerbungen der Wolfenbütteler Bibliothek gehört die flacianische Büchersammlung. Das geschah durch Kauf im Jahre 1597 durch Herzog Heinrich Julius von Braunschweig-Lüneburg (Regierungsdaten: 1589–1613)[20]. Heinrich Julius — er lebte längere Zeit am Prager Kaiserhof Rudolfs II. und ist dort auch gestorben — war nicht nur gelehrt und bücherkundig wie sein Vater Julius, der als erster in Wolfenbüttel eine fürstliche Bibliothek eingerichtet hatte, sondern dazu auch ein literarisch interessierter und auf diesem Gebiet produktiver Geist[21].

Die Bibliothek des Flacius gilt als eine der hervorragendsten Sammlungen von Handschriften und Büchern, die sich im 16. Jahrhundert in Deutschland in der Hand eines Privatmannes befand. Leider sind wir über ihre Zusammensetzung, über ihren Inhalt und auch über ihr Zustandekommen nur lückenhaft unterrichtet. Nur soviel ist

---

19 Über Flacius: Wilhelm Preger, *Matthias Flacius Illyricus und seine Zeit* I–II, Erlangen 1859–1861. Kurz informiert: *Neue Deutsche Biographie* V (Berlin 1961), 220–222. Eine neuere Gesamtdarstellung fehlt.

20 Für die Geschichte der Wolfenbütteler Bibliothek und die Erwerbung der flacianischen Bibliothek s. Otto von Heinemann, *Die Herzogliche Bibliothek zu Wolfenbüttel*, Wolfenbüttel [2]1894, repr. 1969. Außerdem: Heinrich Schneider, *Beiträge zur Geschichte der Universitätsbibliothek Helmstedt*, Helmstedt 1924 (Schriften des Helmstedter Universitätsbundes 1); Wolfgang Milde, "The Library at Wolfenbüttel, from 1550 to 1618", in *The Modern Language Review* 66, 1971, 101–112.

21 Vgl. Chr. Emerich, *Das dramatische Werk des Herzogs Heinrich Julius von Braunschweig*, Jena 1963.

sicher, daß sie vor ihrem Verkauf 1597 bereits Bücherabgänge zu verzeichnen hatte[22]. Nach einer summarischen Rechnung[23] handelte es sich um 907 gedruckte und geschriebene Bücher, die für 1095 und einen halben Taler den Erben des Flacius abgekauft wurden. Über die Drucke wissen wir bis heute nur wenig. Dagegen sind wir über die Handschriften, die besonderen Kostbarkeiten dieser Bibliothek, recht gut unterrichtet. Die meisten von ihnen sind theologischen, insbesondere kirchengeschichtlichen Inhalts[24].

Die Provenienzen der Flacius-Handschriften, soweit sie mit Sicherheit zu ermitteln sind, ergeben ein viefältiges Bild von den Bücherbeziehungen des Flacius und seiner Mitarbeiter und Mitstreiter. Diese Beziehungen kann man strahlenförmig darstellen: Ausgehend von Mitteldeutschland, etwa von Magdeburg, dem zeitweiligen Hauptort von Flacius' kirchenhistorischer Tätigkeit, reichen sie über Süddeutschland und Westeuropa bis nach Schottland. Wie die Entstehung dieser Handschriftensammlung vor sich ging, ist in vielen Einzelheiten noch ungeklärt[25]. Bei einigen Codices ist jedoch der Weg, der diese Bücher schließlich in die Hand des Flacius führte, gut zu überblicken, wie etwa bei unserem Cod. Guelf. 669 Helmst.

Die theologische, insbesondere kirchengeschichtliche Wirksamkeit des Flacius ist hinreichend bekannt. Er selbst hat sich über die Zielsetzung seines kirchengeschichtlichen Werkes etwa in *Scheda Flacii de conscribenda Historia Ecclesiastica* geäußert, wo es u.a. heißt: In zeitlicher Anordnung soll gezeigt werden, wie die wahre Kirche und ihre Religion von der Reinheit und Einfalt in der Zeit der Apostel allmählich auf Abwege geriet — teils durch Nachlässigkeit und Unverstand, teils durch die Bosheit der Gottlosen; wie aber immer wieder einige wirklich fromme Männer dagegen aufgetreten sind, so daß das Licht der Wahrheit heller leuchten konnte. Doch wurde es dann wieder von der Finsternis der Gottlosigkeit verdeckt, bis jetzt endlich, als die Wahrheit fast gänzlich zerstört zu sein schien, die wahre Religion durch die überwältigende Gnade Gottes in ihrer Reinheit vollkommen wiederhergestellt wurde[26].

---

22 Vgl. Schneider (s.o. Anm. 20) 34–37.

23 Abgedruckt von Karl Philipp Christian Schönemann, "Umrisse zur Geschichte und Beschreibung der Wolfenbüttler Bibliothek", in *Serapeum* 4, 1843, 88–89.

24 Vgl. das Register bei Otto von Heinemann, *Die Handschriften der Herzoglichen Bibliothek zu Wolfenbüttel* (s.o. Anm. 6), III, 277 unter "Flacius".

25 Vgl. dazu z.B. Karl Schottenloher (s.o. Anm. 3), 65–82.

26 Abdruck der "Scheda" bei Victor Bibl, "Der Briefwechsel zwischen Flacius und Nidbruck", in *Jahrbuch der Gesellschaft für die Geschichte des Protestantismus in Österreich* 17, 1896, 8–9 (als Beilage zum Brief des Flacius an

Diese Grundgedanken gelten zunächst dem großen kirchengeschichtlichen Werk, jenem von Flacius angeregten Gemeinschaftsunternehmen, das unter der Kurzbezeichnung *Magdeburger Centurien* bekannter wurde als unter seinem exakten, aber weitläufigen Titel (unvollendet geblieben: zwischen 1559 und 1574 erschien in Basel die 1.–13. Centurie). Sodann haben sie aber auch Gültigkeit für den *Catalogus testium veritatis* (erste Ausgabe Basel 1556), in dem Flacius die Männer zusammengestellt hat, die vor Luther in Wort und Schrift gegen den Papst und seine Irrtümer aufgetreten sind. Unter den etwa 400 Zeugen finden sich hier auch die Vorläufer Luthers, darunter Wyclif und Hus. Für beide Werke war es unabdingbar, auf die oftmals sehr verschütteten handschriftlichen Quellen selbst zurückzugehen. Das hieß: Durchforschung der Bibliotheken[27].

Im *Catalogus testium veritatis* werden handschriftliche Quellen des öfteren erwähnt, z.B. in dem Artikel über Hus. Im Abschnitt über Wyclif steht folgender uns hier interessierender Satz: "*Habeo eius librum De religione priuata, qui fortaße aliquando prodibit...*" (Ausgabe 1556, S. 848). Aus dem Zusammenhang geht hervor, daß es sich hier um eine Handschrift handelt. Dieser Text ist — wie erwähnt— in unserer Handschrift 669 Helmst. auf fol. 175v–179v vorhanden. Es ist daher nicht von der Hand zu weisen, daß Flacius sich an dieser Stelle des *Catalogus* auf eben diese Handschrift bezieht.

Aufgrund der Eintragung auf der ersten Seite der Handschrift steht demnach fest, daß dieser Codex in der Hand des Flacius war. Er hat ihn für seine von der evangelischen Auffassung her entwickel-

---

Nidbruck vom 10. November 1552). Früher (etwas gekürzt) abgedruckt von Johann Balthasar Ritter, *Eigentliche und umständliche Beschreibung des Lebens, Handels und Wandels, der Streiten und Schrifften, wie auch endlich des Todes M.Mar. Flacii, Illyrici...*, Frankfurt/Main 1723, 49–50 (als Beilage zum Brief des Flacius an den Prediger Hartmann Beyer in Frankfurt/Main vom 7. März 1553). Vgl. auch Heinz Scheible, *Die Entstehung der Magdeburger Zenturien. Ein Beitrag zur Geschichte der historiographischen Methode*, Gütersloh 1966 (Schriften des Vereins für Reformationsgeschichte Nr. 183, Jg. 72), 17–19.

27 Vgl. etwa die "Scheda" (s.o. Anm. 26). Bei der Bücherbeschaffung half z.B. der bereits erwähnte Kaspar von Nidbruck; aber auch Flacius selbst hat Bibliotheken durchsucht, wie er 1550 in einer kleinen Abhandlung mitteilt: "Eine freuntliche demütige vnd andechtige erinnerung M.Fl. Illy. an das heilige Volck vnd Künigliche priesterthumb des Antichrists von der besserung des heiligen Canons oder Stilmessen." Magdeburg 1550, 8 Bll., Bl. 3v: "Es sindt auch die erinnerungen von den geberden (bei der Messe) nicht alle gleich in den geschriebenen vnd gedruckten Exemplaren. In den alten so mir furkommen sindt/der ich dennoch nicht so gar wenig Kirchen vnd Librerien besichtiget hab/ habe ich dergleichen schöne gebot von Geberden nicht funden. ...". (Im gleichen Jahr auch lateinisch erschienen).

ten kirchengeschichtlichen Arbeiten benutzt, somit in den Dienst der Reformation gestellt. Schriften, die hier überliefert sind, werden jetzt an das Licht gebracht und polemisch gegen den römischen Katholizismus ausgewertet, nicht ohne auf der anderen Seite wiederum eine Gegnerschaft hervorzurufen (man denke etwa an die *Annales ecclesiastici* (1588–1607) von Caesar Baronius).

Der dritte Eintrag *Magistri Jacobi de Miza cum Magistro Andrea de Broda* bezieht sich nur auf den ersten (und umfangreichsten) Text unserer Sammelhandschrift. Er stammt — was bisher unbekannt war — von der Hand des Liborius Otho (oder Otte)[28], der von 1612 bis 1618 Bibliothekar in Wolfenbüttel war[29]. Von ihm wurde gegen 1613/14 (kurz nach dem Tode des Herzogs Heinrich Julius) der erste Gesamtkatalog der Wolfenbütteler Bibliothek angelegt[30]. Es handelt sich um einen Standortkatalog, der im großen und ganzen nach dem Schema der sieben freien Künste aufgebaut ist, mit Ergänzungsgruppen namentlich für die Theologie. In diesem Katalog findet sich auf S. 296 unsere Handschrift wie folgt verzeichnet: *Magistri Jacobi de Miza cum Magistro Andrea de Broda pro communione calicis. / / Et Eiusdem plura scripta ibidem. / / Item Johannis Wicklefi et Johannis Huss. anno 1433 scripta.*

Die Hand des Kataloges ist vollkommen identisch mit derjenigen des dritten Eintrages; der erste Teil des Katalogvermerks stimmt zudem mit diesem dritten Eintrag fast wörtlich überein. Folglich ist Liborius Otho der Schreiber dieses Eintrages gewesen.

Die Handschrift ist im Katalog in der Gruppe *Papalia Miscellanea* (als Nr. 25 “Sub litera Z”) verzeichnet. Die Verzeichnung unserer Handschrift (wie einer Reihe weiterer aus dem Besitz des Flacius) in diesem Katalog von 1613/14 beweist eindeutig, daß die Bücher des Flacius nach ihrem Ankauf 1597, obwohl von Herzog Heinrich Julius zunächst für die Bibliothek der 1576 von seinem Vater Julius gegründeten Universität Helmstedt bestimmt, der Wolfenbütteler Bibliothek einverleibt wurden[31]. Erst 1618 kamen die flacia-

28 Heinemann nennt diese Eintragung in seinem Katalog (s.o. Anm. 6), 122 nicht. Er zitiert nur die beiden anderen.

29 Vgl. Heinemann (s.o. Anm. 6), 291 und Milde (s.o. Anm. 20), 110–111.

30 Noch heute in der Wolfenbütteler Handschriftensammlung vorhanden (Cod. Guelf. A Extrav.). Am Schluß des Katalogbandes (S. 334) nennt sich der Verfasser mit Namen. Über diesen Katalog handelt ausführlich Schönemann (s.o. Anm. 23), 100–105. Von ihm stammt eine recht negative Einschätzung des Katalogs (unbrauchbar). Positiv dagegen Milde (s.o. Anm. 20), 110–111.

31 Diese auch von Heinemann (s.o. Anm. 20), 25 vermerkte, aber nicht belegte Tatsache versuchte Schneider (s.o. Anm. 20), 37 zu erschüttern. Doch hatte er dabei den Katalog von 1613/14 nicht herangezogen.

nischen Handschriften, zusammen mit der übrigen Wolfenbütteler Bibliothek, nach Helmstedt[32]. Nach Aufhebung dieser Universität (1809/10) kehrten der weitaus größte Teil der Handschriften (darunter unser Codex) und zahlreiche Druckschriften im Jahre 1815 wieder nach Wolfenbüttel zurück; seitdem führt diese Handschriftengruppe in Wolfenbüttel die Bezeichnung Codices Helmstadienses.

Der Eintrag des Bibliothekars Liborius Otho auf fol. Ir informiert lediglich über die erste Schrift des Sammelbandes, alles andere ist unberücksichtigt geblieben. Das ist zwar bibliothekarisch zu vertreten, vom Leser her gesehen jedoch ein Rückschritt gegenüber dem ausführlichen Inhaltsverzeichnis aus dem 15. Jahrhundert, aber auch gegenüber der Eintragung des Flacius, die, obwohl kürzer, den Inhalt weitaus präziser angibt. Othos Eintrag im Katalog von 1613/14 ist entsprechend: Auch hier gibt er nur die erste Schrift exakt an (mit annähernd gleichem Wortlaut wie in der Handschrift); das übrige wird ganz summarisch als Schriften von Jakob von Misa, Wyclif und Hus vermerkt. Am Schluß des Eintrages unterläuft ihm der Flüchtigkeitsfehler, das Kaufdatum von 1433 für das Schreiberdatum zu halten.

Diese Ungenauigkeiten, Titelfortlassungen und Flüchtigkeiten machen deutlich, daß diese Handschrift für den Bibliothekar und Katalogschreiber — und möglicherweise auch für die fürstlichen Besitzer— das einstige aktuelle theologische Interesse verloren hatte und nur noch ein Bücherbesitz neben anderen war, den es zu inventarisieren galt. Die Handschrift war also auf dem Wege, zusammen mit anderen Codices, zur historischen Quelle zu werden.

Fassen wir zusammen: Die Geschichte des Cod. Guelf. 669 Helmst. nimmt ihren Anfang in Prag, wo diese Handschrift geschrieben wurde. Ein Traktat des Jacobellus trägt die Subskription des Verfassers vom 2. Dezember 1417, so daß auch die Zeit der Entstehung gesichert ist. Von Toke nach Magdeburg gebracht, spielt sich die weitere Geschichte — soweit sie von Bedeutung ist — im norddeutschen Raum ab: Dabei hat sie für die drei Besitzer Heinrich Toke, Flacius Illyricus und Wolfenbüttel eine jeweils unterschiedliche Bedeutung gehabt, entsprechend den unterschiedlichen Absichten, die die Besitzer mit der Erwerbung dieses Buches verfolgten.

32 Milde (s.o. Anm. 20), 111–112 (es gelangte damals fast die gesamte Büchersammlung von Wolfenbüttel nach Helmstedt).

Hans Schadewaldt

Medizinhistorische Meditationen über eine Inkunabel des Avicenna

Vorgestellt werden soll hier ein beim ersten Augenschein wenig eindrucksvolles Buch. Es ist eine Inkunabel aus der immerhin über 670 Wiegendrucke umfassenden Rarasammlung der Universitätsbibliothek Düsseldorf, und sie ist in Pavia von dem dort zu seiner Zeit sehr bekannten Drucker ANTONIO DE CARCANO am 9. Oktober 1486 vollendet worden. Dieses Datum und den Bearbeiter und Herausgeber sowie den Titel verrät das am Ende des Werkes, wie es zu jener Zeit üblich war, nach Abschluß der sonstigen Druckarbeiten angefügte sogenannte Kolophon. Es handelt sich bei dem Bearbeiter um den mittelalterlichen Arzt GENTILE DE FULGINEO, der beim ersten Auftreten der Pest in Italien im Jahre 1348 als Opfer des schwarzen Todes starb, und das Buch wurde dann 150 Jahre nach seiner Entstehung aus einer Handschrift für den Buchdruck von dem Herausgeber FRANCESCO DI BOBIO aufbereitet. Sein Titel weist darauf hin, daß wir hier einen Teil des bedeutendsten Werkes des größten islamischen Arztes IBN SINA, der im lateinischen Abendland AVICENNA genannt wurde, vor uns haben, und zwar einen Exkurs aus dem vierten Buch dieses umfassenden Werkes, mit den Kapiteln *"De maioritate morbi"* und *"De proportionibus medicinarum"*. Außer dem Röteldruck der Initialen gibt es keinen weiteren Buchschmuck oder gar eine Abbildung. Es handelt sich um einen sachlichen Text, der deshalb für den modernen Benutzer schwer lesbar ist, weil er noch die bei Handschriften zur Verkürzung der Zeit des Abschreibens vielfach verwendeten, sogenannten Abbreviaturen enthält, Abkürzungen also, in die man sich erst einlesen muß, während die Schrifttypen auf dem ausgezeichnet erhaltenen Papier sorgfältiger gestaltet wurden als in späteren Epochen, wo der Buchdruck eben nicht mehr als eine neue Wissenschaft empfunden wurde, und es fehlt noch, ebenso wie das

Abb. 1: Gegenwärtiger Zustand der zu restaurierenden Avicenna–Inkunabel von 1486

bei Handschriften weitgehend üblich war, eine Titelseite. Das leider vor allem in seinem Einband, von dem nur noch Reste eines blindgeprägten Lederbezugs vorhanden sind, der den Holzdeckel umgab, beschädigte Werk hat dennoch bis auf die letzten Seiten die Jahrhunderte überstanden. Es ist zu bezweifeln, ob unser modernes, säurehaltiges Papier und gar die neuen Recycling papers eine ebensolche Haltbarkeit beweisen werden.

Das Werk beginnt sofort mit dem sogenannten "incipit", der Ankündigung des ersten Kapitels, und endet mit den schon erwähnten Titel- und Druckerangaben, dem Kolophon, auf der letzten Seite. Erst bei den Frühdrucken, zu denen man in der Regel die von 1500 bis 1600 gedruckten Werke rechnet, gibt es ein Titelblatt, das allmählich in Form des Frontispiz und der Vignetten illustrative Umrahmung erfährt, beginnen die gedruckten Bücher diejenige Form anzunehmen, die wir bis heute kennen. Wie dieser Wiegendruck in den Besitz der Hofbibliothek kam, die bereits im Jahre 1770 gegründet wurde und 200 Jahre später, genau am 1. Oktober 1970, mit 500.000 Bänden von der Stadt- und Landesbibliothek zur Universitätsbibliothek avancierte, während die Inkunabeln erst 7 Jahre später als Dauerleihgaben ebenfalls übergeben wurden — ich erwähne diese Daten deshalb besonders gern, weil ich selbst damals als Vorsitzender der Bibliothekskommission an dem Zustandekommen der entsprechenden Verträge beteiligt war —, ist bis heute nicht ganz geklärt. Man vermutet jedoch mit Recht, daß dieses Werk im Zuge der Säkularisierung bei der rigorosen Räumung der Klosterbibliotheken in die Hofbibliothek, etwa in den Jahren von 1803–1816, gekommen ist, übrigens zusammen mit 385 kostbaren Handschriften, von denen eine illuminierte sozusagen in der Medizingeschichte bereits Weltruhm erworben hat; es ist nämlich die Darstellung eines Leprösen, der an hohen Feiertagen ausnahmsweise aus dem außerhalb der Stadtmauern gelegenen Leprosenheim in die umgrenzte Stadt zum Betteln hineinkommen durfte, ein wahrhaft erschütterndes Zeugnis damaliger sozialer Zustände. Auch über diese berühmte Handschrift aus dem 9. Jahrhundert, die aus dem St.-Florin-Stiftes in Koblenz nach Düsseldorf gekommen ist, hätte sich ein medizinhistorischer Vortrag gelohnt. Aber diese Vorlesungsreihe über "Das Buch in Mittelalter und Renaissance" verfolgt ja auch den Zweck, der interessierten Öffentlichkeit sozusagen Buchpatienten vorzustellen, die wegen ihrer Bedeutung unbedingt einer Kur bedürfen und für die, da im offiziellen Etat dafür keine Gelder zur Verfügung stehen, mildtätige Sponsoren gesucht werden. Es wird in der Folge meine Aufgabe sein, aufzuzeigen, warum dieses im ganzen etwas ärmlich aussehende Werk dennoch die besondere Aufmerksam-

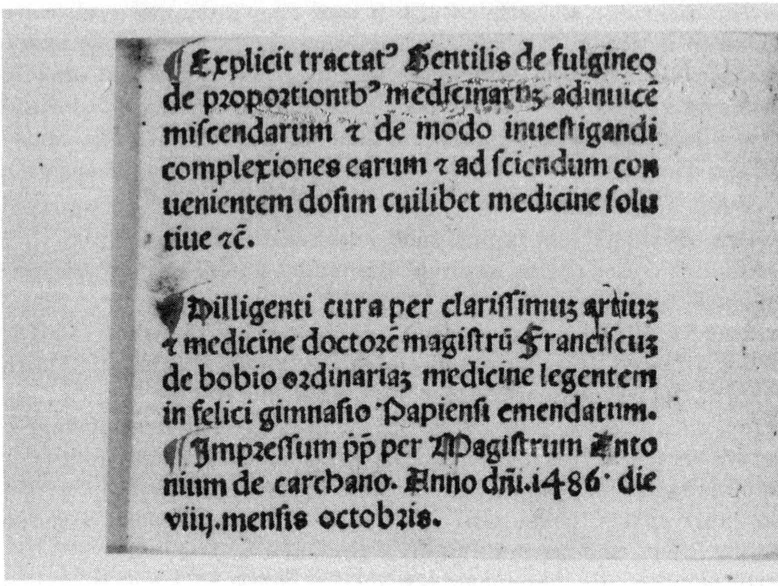
¶ Explicit tractatꝰ Gentilis de fulgineo
de pꝛopoꝛtionibꝰ medicinaruꝫ adinuicē
miſcendarum ꝛ de modo inueſtigandi
complexiones earum ꝛ ad ſciendum con
uenientem doſim cuilibet medicine ſolu
tiue ꝛc.

¶ Dilligenti cura per clariſſimuꝫ artiuꝫ
ꝛ medicine doctoꝛē magiſtrū Franciſcuꝫ
de bobio oꝛdinariaꝫ medicine legentem
in felici gimnaſio Papienſi emendatum.
¶ Impreſſum pp per Magiſtrum Anto
nium de carchano. Anno dñi.1486. die
viiij.menſis octobꝛis.

Abb. 2: Das sog. “Incipit” der Inkunabel anstelle des noch fehlenden Titelblattes

keit der Öffentlichkeit erfahren sollte und warum die notwendige Restaurierung, die die Erneuerung des Holzdeckels und des Rindslederbandes unter Verwendung der Reste des alten Einbandes, die Erhaltung der Schließen, eine Naßreinigung mit Farbfixierung und eine Neuheftung erforderlich macht (und auf 6.500 DM veranschlagt wird), einer solchen Mühe wert ist.

Zwar ist diese Inkunabel, natürlich, kann man fast sagen, in dem ersten zusammenfassenden Werk über die Inkunabeln von LUDWIG HAIN, dem "Repertorium bibliographicum", Stuttgart 1826–1838, aufgeführt, und auch in der jüngsten Bibliographie über die Inkunabeln der Universitätsbibliothek Freiburg im Breisgau von VERA SACK, Wiesbaden 1985, ist ein Exemplar im Collegium Sapientiae dieser Universität nachgewiesen, doch findet sie sich nicht in dem Vademekum von LUDWIG CHOULANT *Handbuch der Bücherkunde für die ältere Medizin*, wird aber andererseits als besondere Seltenheit der Bibliothek der Pariser Medizinischen Fakultät in dem Standardwerk von ANDRÉ HAHN *Histoire de la médecine et du livre médical*, 1962, erwähnt. Was macht also gerade die Düsseldorfer Ausgabe so bemerkenswert, obwohl seit dem Jahre 1964 von dem klassischen Werk von AVICENNA, dem *Liber canonis*, allerdings nach der Ausgabe Venedig 1507, ein Faksimiledruck vorliegt, der freilich wegen der verkleinerten Type dem Leser noch mehr Schwierigkeiten als das Original macht? Es ist schlichtweg gesagt die Tatsache, daß es sich bei unserer Inkunabel um mehr als eine reine Textwiedergabe, nämlich um die Bearbeitung eines klassischen Buches der Medizin des Morgenlandes durch einen ebenso klassischen Arzt des Abendlandes handelt, der es verstanden hat, viele recht langatmige Passagen AVICENNAs zu kürzen und in Form von Kommentaren seinen Zeitgenossen zu verdeutlichen.

Der Bearbeiter GENTILE DE FULGINEO ist im letzten Drittel des 13. Jahrhunderts in Umbrien geboren. Er hatte offensichtlich in Bologna, der ältesten Universität der Welt, den Begründer der sogenannten scholastischen Medizin TADDEO ALDEROTTI kennenlernen können, wurde dann zum Professor der Medizin ernannt und folgte 1337 einem Ruf des Gebieters der Stadt Padua UBERTINO VON CARRARA. 1345 ist er nach Perugia übergesiedelt und wurde hier am 12. Juni 1348 von der Pest erfaßt, konnte sich noch in seinen Heimatort schleppen und ist in Foligno beigesetzt worden. Er galt seinerzeit als einer der berühmtesten Ärzte, und zwar in erster Linie eben durch die Kommentare, die "Expositiones in canonem Avicennae", aber auch wegen der von ihm mitbegründeten, sogenannten Kasuistikliteratur, der Darstellung einzelner Fälle mit klaren klini-

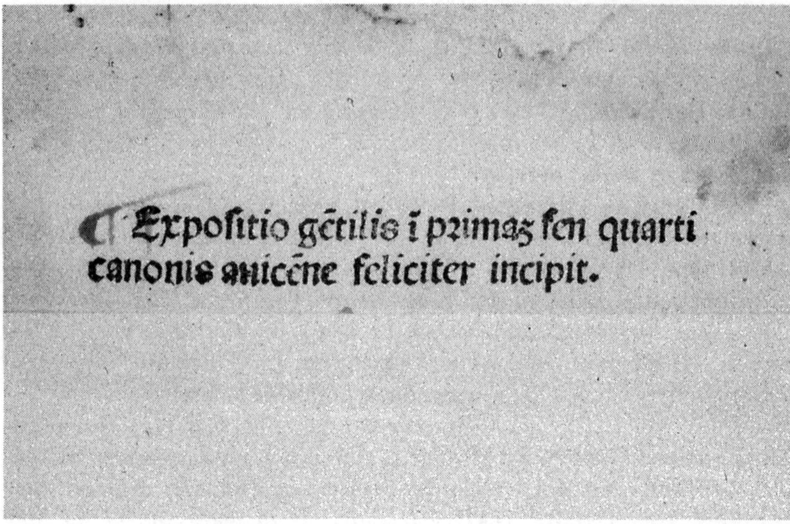
Expoſitio gẽtilis ĩ pꝛimaꝫ ſen quarti canonis auicẽne feliciter incipit.

Abb. 3: Kolophon der Inkunabel von 1486

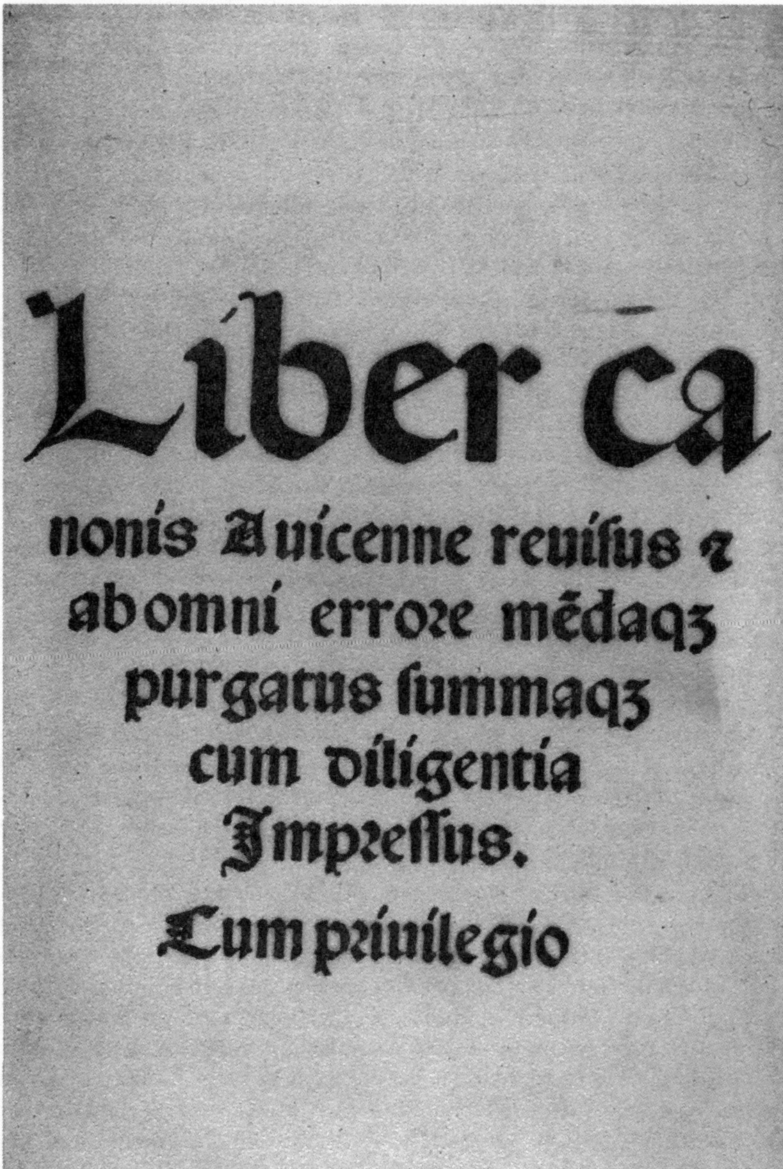

Liber ca
nonis Auicenne reuisus &
ab omni errore mēdaqz
purgatus summaqz
cum diligentia
Impressus.
Cum priuilegio

Abb. 4: Titelblatt der Faksimileausgabe des Kanon des Avicenna (Venedig 1507)

schen Krankheitsbildern, was in der Tat als ein Novum in jener Zeit empfunden wurde. Ihm ist es neben dem ersten Übersetzer der Werke des AVICENNA aus dem Arabischen ins Lateinische, GERHARD VON CREMONA, und dem an der ältesten medizinischen Hochschule in Montpellier wirkenden ARNALD VON VILLANOVA zu verdanken, daß AVICENNAs Werk bis ins 17. Jahrhundert hinein in der europäischen Medizin als ein Standardwerk der Heilkunde verstanden wurde. So war es geradezu eine Selbstverständlichkeit, daß das Phantasieporträt von AVICENNA auch auf den Titelblättern der zum Teil kostbar ausgestalteten Renaissanceausgaben der klassischen griechischen Ärzte HIPPOKRATES und GALEN auftauchte, weil hierin die Menschen jener Zeit die konsequente Weiterentwicklung der medizinischen Systeme, wie sie vor allem von GALEN kodifiziert worden waren, erkannten, bereichert um mannigfache eigene Erfahrungen des großen islamischen Arztes, insbesondere auf dem Gebiet der Hygiene und Diätetik, worunter man damals noch die gesamte Lebensführung verstand, und dem Gebiet der Pharmakotherapie. Daher wurde GENTILE als “Speculator”, “zweiter Galen”, “göttlicher Arzt”, “Medicus sui saeculi celeberrimus”, ja ebenso wie sein Vorbild AVICENNA als “Medicorum princeps” oder gar als “Anima Avicennae” bezeichnet. AVICENNA selbst, über den mein Heidelberger hochgeschätzter Fachkollege HEINRICH SCHIPPERGES 1987 eine umfassende Studie zur Krankheitslehre und Heilkunde des IBN SINA in den Sitzungsberichten der Heidelberger Akademie der Wissenschaften vorgelegt hat, ist um 980 nach Christi, das heißt dem Jahre 370 nach der Hidschra, in Afschema, nahe Buchara, im heutigen Usbekistan, geboren, also im Grunde kein Araber, sondern wohl eher Perser von der Abstammung her.

Es ist daher nicht überraschend, daß die beiden bedeutendsten Denkmäler, die AVICENNA offensichtlich erst im Zusammenhang mit der 1000-Jahrfeier seiner Geburt im Jahre 1952 errichtet worden sind, in seiner Geburtsstadt bei Buchara in der Sowjetunion und als sein pompöses Grabmal in Hamadan in Nordpersien zu finden sind. Wenn auch unzweifelhaft ist, daß AVICENNA sich zu Lebzeiten stets der arabischen Sprache bedient hatte, so ist es nicht uninteressant zu beobachten, wie sich Sowjetgelehrte und iranische Medizinhistoriker um die Frage stritten, ob AVICENNA nun ein Turkmene oder ein Perser gewesen ist, ein Streit, der ähnlich wie die Auseinandersetzung um die Nationalität des KOPERNIKUS und von SEMMELWEIS imponiert.

Er hat natürlich schon sehr früh den Koran in der einzig zugelassenen Sprache, in Arabisch, lesen können und studierte dann Rechtswissenschaft und Philosophie sowie unter Anleitung von Hauslehrern Physik, Metaphysik und schließlich Medizin. Dabei stand aber immer wieder die Durchdringung medizinischer Vorstellungen mit philosophischen Maximen im Mittelpunkt seiner Bemühungen, insbesondere, als es ihm möglich wurde, nach einem glücklichen Konsil die Bibliothek des Sultans ABU MANSUR zu benutzen. Dann begann seine Peregrinatio academica, wo er an verschiedenen Orten die Potentaten seiner Zeit als Leibarzt beriet. Er wurde sogar zum Wesir ernannt, hatte aber zeit seinses Lebens ein, wie man heute sagen würde, feucht-fröhliches Leben geführt und sich auch um die Damengunst lebhaft beworben, was ihn aber nicht davon abhielt, die übrigbleibende freie Zeit für Studien zu verwenden. Er ist dann 1037 n.Chr., im 429. Jahre der Hidschra, wie manche Zeitgenossen hinterhältig behaupteten, am Übermaß des Genusses des Weins und der Liebe in Hamadan verstorben, er, der in seinen Werken immer wieder darauf gedrungen hatte, durch eine adäquate Lebensweise sich gesund zu erhalten, wobei psychische und physische Faktoren gleichermaßen von Bedeutung wären.

In 5 Büchern des größten Werkes, dem *"al-qānūn-fi 't-tibb"*, dem "Canon medicinae", hat er ein ausgearbeitetes System der Medizin vorgelegt, wobei im ersten Buch die Anatomie und Physiologie, im zweiten die allgemeine Arzneimittellehre, im dritten die Krankheiten "de capite ad calcem", vom Kopf bis zu den Füßen, im vierten die Fiebererscheinungen und im fünften schließlich die Lehre von den zusammengesetzten Arzneimitteln vorgetragen wurden. Allen voran aber hat er seiner Satzung oder Norm, wie man "al-qānūn" übersetzen könnte, die Worte vorangestellt: "Medicina dividitur in duas partes, id est in theoricam et in practicam". Noch ein weiteres beherzigenswertes Wort, das sozusagen die Ergänzung der hippokratischen Mahnung *"nil nocere"* bzw. "μή βλάπτειν", "niemals schaden", darstellen dürfte, ist die in die lateinische Sprache übernommende Mahnung an den Arzt: *"Et scias quod non est tibi possibile"*, "Und wisse, was dir nicht möglich ist".

Dieses System der Heilkunde aus Theorie und Praxis bedeutet, und hier folge ich gern der Auffassung von SCHIPPERGES, in der Tat die Anerkennung des wissenschaftlichen Prinzips in der Medizin im Gegensatz zu einer rein praktischen, auf Erfahrungsheilkunde allein beruhenden einseitigen Heilkunde und einem praxisfernen allgemeinen Theoretisieren. Wir erleben ja gerade heute wieder in verschiedenen methodischen Ansätzen, daß auch die moderne Heilkunde in der einen oder anderen Richtung auseinanderzuklaffen beginnt, und es wird offenbar, wie sehr der damalige Versuch, die Medizin

Abb. 5: Titelblatt einer griechisch–lateinischen Ausgabe der Werke des Hippokrates (Venedig 1588) mit Phantasiedarstellungen von Galen, Hippokrates und Avicenna

in ihren doppelten Wurzeln herauszuarbeiten, auch heute noch von aktuellem Interesse sein kann. Zwar hatten auch die großen Systematiker der griechischen Medizin, die Hippokratiker und GALEN, die Theorie nicht außer acht gelassen, und sie hatten vor allem die Lehren der Vorsokratiker, das heißt der sogenannten Naturphilosophen, zur Basis ihrer Vorstellungen gemacht, die dann auch im Sinne der Humoralpathologie natürlich die Grundlagen der AVICENNA-Medizin abgaben. Aber HIPPOKRATES hat die Erfahrung am Krankenbett in seinen subtilen Krankenberichten und den Aphorismen stärker herausgestellt, während GALEN eine andere Grundeinteilung der Medizin in nosologischen Einheiten vornahm und ein Gedankengebäude der Physiologie und wohl auch der pathologischen Physiologie entwarf, das in seinen theoretischen Ableitungen in sich stimmig, aber eben nicht auf exakten Beobachtungen allein beruhte, dennoch für 1500 Jahre als Leitschnur des medizinischen Wissens akzeptiert wurde, von der auch AVICENNA im Grunde nicht abging. Er war also kein Revolutionär wie sein etwas später im islamischen Spanien in Cordova wirkender Arzt- und Philosophenkollege AVERROES, der, aus Spanien exiliert, im Jahre 1198 n.Chr. in Marokko starb.

Von diesen Lehren des GALEN, die man kurz als Humoralpathologie bezeichnet, war auch AVICENNA fasziniert. Freilich ist schon im Corpus Hippocraticum, wahrscheinlich von der Hand des Schwiegersohnes des HIPPOKRATES, POLYBOS, die lapidare Feststellung getroffen worden, daß der menschliche Körper aus 4 unterschiedlichen Säften bestehe. Auch AVICENNA akzeptierte die im Gefolge der empedokleischen Differenzierung der Weltphänomene in den vier Elementen Erde, Feuer, Wasser und Luft als Blut, Schleim, schwarze und gelbe Galle postulierten Grundsubstanzen des menschlichen, tierischen und pflanzlichen Organismus, die, mit bestimmten Qualitäten ausgestattet, in einem harmonischen Gleichgewicht als Eukrasie, beim Überwiegen oder bei Minderung eines der Säfte jedoch als Dyskrasie in Erscheinung treten würden. Im Sinne der antiken Lehre vom Contraria-contrariis-Prinzip sollten deshalb auch nach AVICENNAs Meinung Heilpflanzen, die bestimmte Qualitäten besaßen, bei Mangel derselben im Krankheitsfall Verwendung finden, um das ursprüngliche Gleichgewicht wiederherzustellen. Das berühmteste Beispiel ist die Empfehlung des Rotweintrinkens bei alten Menschen, bei denen die die Körperwärme vor allem bedingenden Blutanteile vermindert wären. Umgekehrt sollte etwa ein Sanguiniker mit kühlenden Getränken, etwa Zitronen- oder Orangensäften, traktiert werden.

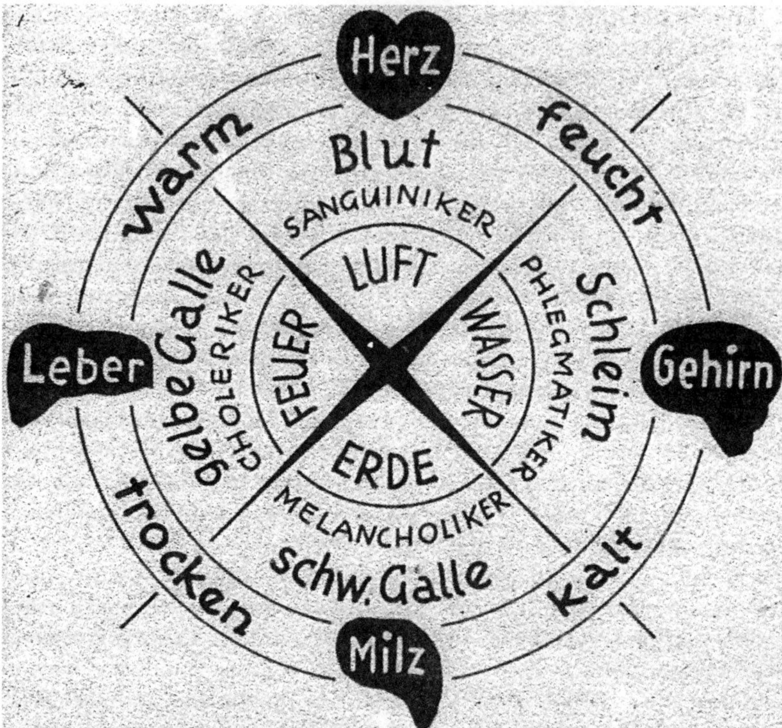

Abb. 1. Galens Viererschema von den Elementen, Temperamenten, Kardinalsäften, Primärqualitäten und Kardinalorganen

Abb. 6: Galens Viererschema der Elemente, Temperamente, Kardinalsäfte, Primärqualitäten und Kardinalorgane

Zwischen der Eukrasie und der Dyskrasie gab es aber, wie schon für GALEN, auch einen Zwischenbereich, eine Grauzone zwischen Gesundheit und Krankheit, die sich eben nicht streng voneinander abgrenzen lassen, und auch aus diesen Vorstellungen können wir heute wieder manches lernen. Dieser Zwischenbereich der "Neutralitas" bedeutet noch nicht manifeste Krankheit, aber eine Bereitschaft dazu, und die Fälle von Idiosynkrasie, die merkwürdige Empfindlichkeit einiger gegen für die Mehrzahl der Zeitgenossen völlig harmlose Nahrungsmittel wie Erdbeeren, Fische oder Eier, wurde in diesem Bereich angesiedelt. GALEN hat zwar den Begriff der Idiosynkrasie nicht geschaffen, ihn aber im modernen Sinne wohl als einer der Ersten gebraucht, und dieser Terminus technicus ist insbesondere durch die Feststellung von TITUS LUCRETIUS CARUS, daß, was dem einen als Nahrung dient, bei dem anderen wie ein Gift wirkt, bestätigt worden. Doch in einem medizinischen Lexikon des GORRAEUS (JEAN DE GORRIS) aus dem 16. Jahrhundert wird der Begriff "Idiosynkrasie" nicht viel anders als in der Antike und bei den arabischen Schriftstelltern interpretiert.

Darüber hinaus postulierte AVICENNA noch zwei Schädigungsmöglichkeiten des menschlichen Organismus von außen oder von innen: *"Causam habet scilicet intrinsecam et extrinsecam"*. Die einen entstünden in unserem Organismus selbst und veränderten, wie schon erwähnt, die Säfte, die anderen hingen mit unseren äußeren Lebensbedingungen zusammen, und daher spielten die Schädigungsmöglichkeiten der sogenannten *res sex non naturales* eine bedeutsame Rolle. Denn dieses Schema wurde von AVICENNA und seinen Kommentatoren besonders ausführlich behandelt. Die *res naturales* waren die vom Menschen und seiner Umgebung nicht beeinflußbaren physiologischen Parameter, wie Atmung, Herzschlag usw. Die *res non naturales* waren vom Menschen beeinflußbare Phänomene, wie Luft, Essen und Trinken, Bewegung und Ruhe, Wachen und Schlafen, Sekretion und Exkretion und seelische Bewegung. Die *res praeter naturam* hingegen waren eindeutig krankheitsauslösende Ursachen. Gerade auf die Beeinflußung der *res non naturales* richtete sich die Lehre von der Diätetik, der gesunden Lebensführung, die einmündete in eine Prophylaxe oder eine Krankheitsvorsorge. Die *"Conservatio sanitatis"* könnte auf zwei Wegen, *per regimen*, also durch vorausschauende Gesundheitsempfehlungen, oder *per curationem*, also auf Heilung schon eingetretener Schädigungen oder wenigstens ihrer Linderung beruhen. Dies ist kurz gesagt der aktuellste Teil aus dem umfänglichen Werk des AVICENNA.

Diese Gesundheitsempfehlungen galten sowohl für den jungen Menschen wie auch für den Greis, ja AVICENNA hat besonderen Wert darauf gelegt, die Diät, das heißt die gesamte Lebensführung, im höheren Lebensalter genau festzulegen, weil sie dort am notwendigsten erschien.

Freilich in dem hier vorliegenden Opus, das ja nur einen Teilaspekt des großen Gesamtwerkes darbietet, sind vor allem ärztlich-medizinische Ratschläge zu finden, die bei den unterschiedlichsten Krankheitszuständen angewandt werden sollen: der uralte Aderlaß, die Phlebotomie, spielt wegen der Gefahr der Dyskrasie korrumpierten Blutes eine große Rolle und ist, seit der Antike und ebenso von vielen frühen Natur- und Kulturvölkern angewandt, ein wichtiges Vorbeuge- und Heilmittel bei AVICENNA. Für die Diagnostik wird dem Pulsfühlen eine besondere, sehr subtile Bedeutung beigemessen, und auch die Harnschau, die Uroskopie, spielt eine hervorragende Rolle, so daß in jener Zeit als Symbol des Arztes die *matula*, das Harnglas, nicht nur dem lebenden, sondern auch dem im Totentanz sich bewegenden Arzt als sein Signum beigegeben wird. Die Vorstellung, daß der Harn aus den vier Säften im Organismus entsteht und daher auch etwaige Krankheitszeichen einzelner Regionen oder gewisser Dyskrasien aufweisen muß, hat dann jahrhundertelang eine in unseren Augen sehr oberflächliche Harndiagnostik bestimmt. Weitere Methoden zur Wiederherstellung des harmonischen Gleichgewichts waren Schwitzprozeduren, Abführmaßnahmen, die Purgation, sowie das Auslösen von Erbrechen, auch schon aus prophylaktischen Gründen, ebenso wie das Klistier, wobei bezüglich gesunder Ausscheidungen auf die Sexualsphäre in der islamischen Medizin größter Wert gelegt wurde und auch AVICENNA ausführlich auf die Menstruationsstörungen bei der Frau und den Samenabgang beim Mann eingeht, mit einer für abendländische christliche Begriffe fast unglaublichen Akribie. Aber, und das ist das Bemerkenswerte, auch diese Passagen wurden ins Lateinische übersetzt, die Sprache der Gelehrten, die man im Abendland verstehen konnte, ohne Sorge zu haben, daß der einfache Bürger von diesen zum Teil sehr subtilen Empfehlungen, die der modernen Sexualmedizin in nichts nachstehen, erfahren könnte.

Bei AVICENNA taucht im übrigen ein Begriff auf, den wir in völlig anderem Zusammenhang als eine Vulgärbezeichnung für eine Chemikalie benutzen, Soda. Er bedeutet aber in diesem Zusammenhang einen spezifischen Kopfschmerz, der wahrscheinlich unserer heutigen Migräne sehr ähnlich kommt, und beruht darauf, daß das Natronsalz, mit dem auch die Mumien behandelt wurden, als alkalische Neutralisationssubstanz beim Sodbrennen Verwendung fand und man

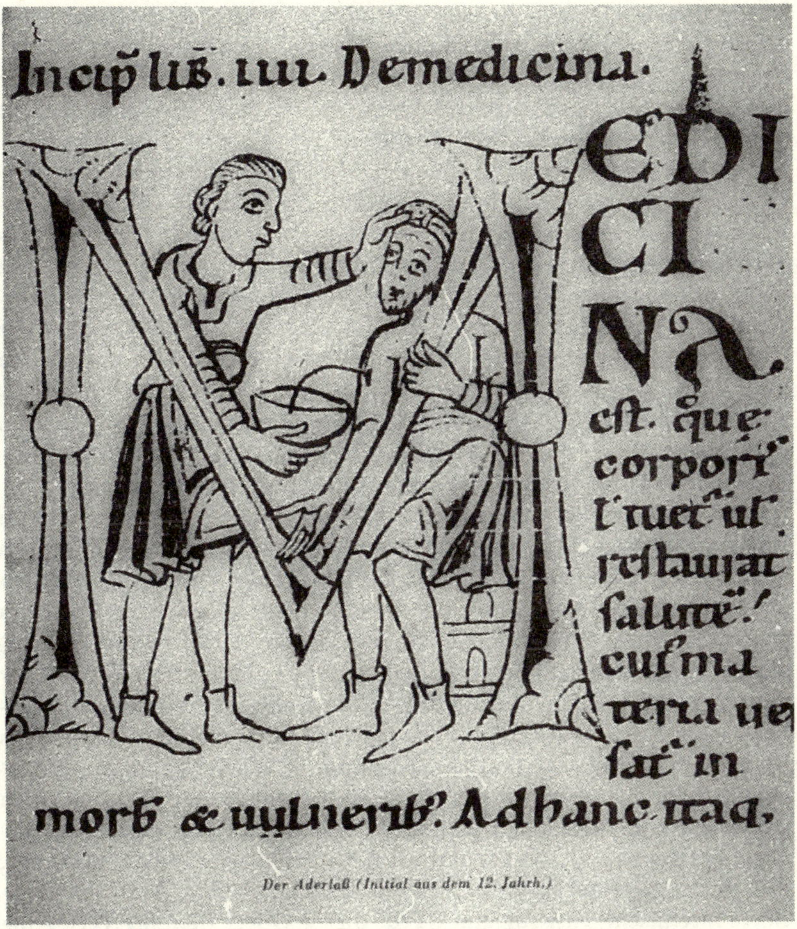

Der Aderlaß (Initial aus dem 12. Jahrh.)

Abb. 7: Darstellung eines Aderlasses auf der Initiale einer mittelalterlichen Handschrift

früher davon ausging, daß aus dem Magen aufsteigende Dämpfe bei dieser Gelegenheit die Kopfschmerzen auslösen würden. Dieses kleine Beispiel möge zeigen, wie schwer es für einen modernen Mediziner sein dürfte, das umfangreiche Werk von AVICENNA ohne subtile Vorarbeiten entsprechend zu würdigen.

Es gibt schließlich noch ein weiteres wichtiges Dogma, das AVICENNA, und mit ihm seine begeisterten Nachfahren, vertraten, das Postulat vom Primat der medizinischen Wissenschaft für alles, was die Gesundheit angeht. Wir leben in einer Zeit, in der mehr und mehr differenzierte Betrachtungsweisen und divergierende Tendenzen bestehen, so daß der eine diesen, der andere jenen Teilaspekt der Gesundheit behandeln oder darüber beraten will. Diesen auch schon im Altertum zu beobachtenden Versuchen hat AVICENNA, der freilich selbst Jurist, Arzt und Philosoph in einer Person war, mit seinem autoritären Wort, daß für alles, was die Gesundheit angeht, nur eine Wissenschaft, die Medizin, bestehe, einen Riegel vorgeschoben.

Das waren einige außerordentlich vereinfachende Überlegungen zu einem wertvollen Buch unserer Universitätsbibliothek, das hoffentlich auch in den kommenden Jahrhunderten für die Forschung erhalten bleiben kann. Denn das ist das Bedauerliche: es gibt bis heute im Gegensatz zu zwei recht guten Übersetzungen des Corpus Hippocraticum und zu einer in Teilen in deutscher, englischer und lateinischer Sprache vorliegenden Übersetzung des griechischen Werkes von GALEN noch keine vollständige Übersetzung des gesamten Werkes des AVICENNA, nicht einmal des gesamten "Canon", und die Tatsache, daß die von mir eingangs erwähnte Faksimileausgabe ohne jeden Kommentar herauskam, beleuchtet die Schwierigkeit einer Bearbeitung des gesamten Werkes nur zu hell. Seien wir deshalb dankbar, daß wir wenigstens eine von einem sehr gescheiten Arzt kommentierte lateinische Fassung eines Teils dieser Opera hier zur Verfügung haben, und hoffen wir, daß auch in Zukunft Medizinhistoriker dem interessierten Publikum den einen oder anderen Aspekt anhand dieses Werkes werden erläutern können. Ich habe versucht, heute und hier einen Anfang zu machen.

Joachim Poeschke

Bücher und Bauten

Bibliotheken der Frührenaissance und ihre künstlerische Ausstattung

Bücher und Bauten — daß sie die "beiden großen Passionen der Renaissance" gewesen seien, sagt Jacob Burckhardt in seiner "Kultur der Renaissance" an jener Stelle bezeichnenderweise, wo er auf Papst Nikolaus V. zu sprechen kommt[1]. Schon ein zeitgenössischer Autor, und zwar einer, der für das Buchwesen in der Frührenaissance eine besonders aufschlußreiche Quelle ist — Vespasiano da Bisticci —, hatte den ersten Humanisten auf dem Papstthron mit denselben Worten charakterisiert. Noch bevor er Papst war, soll er — so Vespasiano — häufig gesagt haben, daß, wenn er jemals über genügende Mittel zu verfügen hätte, er diese vorrangig "in libri et in murare" ausgeben würde[2]. Inwieweit der Satz authentisch ist, wissen wir nicht. Wenn er jedoch von Vespasiano erfunden war, dann war er gut erfunden, wie der Pontifikat Nikolaus' V. hinreichend erkennen läßt. Denn groß und ungewöhnlich ambitiös waren die seit 1450 betriebenen Bauvorhaben des Parentucelli–Papstes, die außer einer Instandsetzung der römischen Stadtmauern, Stadttore, Wasserleitungen, Brücken und Stationskirchen vor allem eine völlige Neugestaltung des vatikanischen Borgo, der Peterskirche und des vatikanischen Palastes vorsahen und deren Ausführung nur durch die Kürze seines Pontifikats vereitelt wurde.

Kaum geringer aber als die Bauleidenschaft Nikolaus' V. war seine Passion für Bücher, sein rastloser Eifer im Aufspüren und Erwerben von seltenen Handschriften, der dem anderer notorischer Bücherjäger unter den Humanisten des 15. Jahrhunderts,

1 J. Burckhardt, *Die Kultur der Renaissance in Italien*, Stuttgart 1966, S. 177.
2 Vespasiano da Bisticci, *Vite di uomini illustri del secolo XV*, ed. P. D'Ancona/E. Aeschlimann, Milano 1951, S. 27.

wie z.B. Niccolò Niccoli oder Poggio Fiorentino, in nichts nachstand. Es verwundert daher nicht, daß Nikolaus V. in seine Pläne für den Neubau des vatikanischen Palastes auch den Bau einer großen Bibliothek — der ersten Biblioteca Vaticana — miteinbezog. Diese sollte die durch ihn erheblich vermehrte päpstliche Büchersammlung bergen und laut päpstlichem Dekret vom 30. April 1451 "pro comuni doctorum virorum comodo" eingerichtet werden.

Derartige Bibliotheksbaupläne hatten jedoch nicht nur in der persönlichen Vorliebe Nikolaus' V. — in dessen ausgeprägter Bücherleidenschaft — ihre Wurzeln. Sie entsprachen vielmehr einer um diese Zeit in Italien auch sonst verbreiteten Tendenz, die dahin ging, bedeutende Bücherbestände möglichst der Allgemeinheit — was natürlich soviel hieß wie: allen "viri docti" — zugänglich zu machen und für die Aufbewahrung und das Studium der Bücher Bauten zu errichten, die ihrer spezifischen Funktion auf bestmögliche Weise entsprachen, die aber darüber hinaus auch in ihrem Dekor zunehmend bereichert und von anderen Räumen unterschieden wurden — wobei der Dekor der speziellen Funktion der Bibliothek oder der Kostbarkeit ihrer Sammlung oder der Erinnerung an ihren Begründer Rechnung tragen konnte —, und die sich in ihrer Ausstattung merklich an antiken Bibliotheken zu orientieren suchten, soweit man im 15. Jahrhundert von diesen aus literarischen Quellen eine Vorstellung hatte. Die planmäßige Berücksichtigung und Koordinierung speziell dieser drei Faktoren — Funktion, Dekor und Anlehnung an antike Vorbilder — waren es letztlich, die den Bibliotheksbau im 15. Jahrhundert über den reinen Zweckbau, der er im Mittelalter gewesen war, hinaushoben und ihn zu einer Aufgabe anspruchsvoller architektonischer Gestaltung und künstlerischer Ausstattung werden ließen. Damit begann auch erst eigentlich jene Entwicklung des Bibliotheksbaues, die im Barock zu so großartiger Blüte führte. Daß aber diese Entwicklung gerade in Italien und im 15. Jahrhundert einsetzte, überrascht nicht, wenn man weiß, daß in Italien die Profanarchitektur insgesamt früher als andernorts zu einer neuen Verbindung von funktionalen und ästhetischen Qualitäten gelangte und dadurch bald schon auch für die Entwicklung der Profanarchitektur im übrigen Europa zum Schrittmacher wurde. Anteil an dieser Entwicklung hatte nicht zuletzt auch der Bibliotheksbau.

Leider läßt sich nicht mit Sicherheit sagen, wie die von Nikolaus V. geplante vatikanische Bibliothek in ihrer baulichen Gestalt hätte aussehen sollen. Der kurzen Beschreibung, die ein Zeitgenosse

— Giannozzo Manetti — von dem Bauprojekt gibt[3], ist nur soviel zu entnehmen, daß sie als großer und an beiden Längswänden mit Fensterreihen versehener — d.h. als hell beleuchteter — Raum geplant war, und man hat daraus den Schluß gezogen, daß sie dem kurz zuvor in Florenz neu geprägten Bibliothekstyp hätte entsprechen sollen[4]. Denn ähnliche Bestrebungen, wie sie Nikolaus V. mit der Gründung der Vaticana verfolgte, hatte es in Florenz bereits in den dreißiger und vierziger Jahren des 15. Jahrhunderts gegeben. Die Initiative hierzu war von Niccolò Niccoli, einem der bedeutendsten Florentiner Humanisten der ersten Generation, ausgegangen. 1437 hatte er testamentarisch verfügt, daß seine für die damalige Zeit ungewöhnlich umfangreiche Büchersammlung von ca. 800 Bänden nach seinem Tod der Öffentlichkeit zugänglich gemacht werden sollte. Berichtet wird dies von dem schon genannten Vespasiano da Bisticci, der als Buchhändler und als Organisator eines vielbeschäftigten Scriptoriums, das die bedeutendsten italienischen Bibliotheken des 15. Jahrhunderts mit Handschriften belieferte, bald nach 1480 kurze, aber instruktive Lebensbeschreibungen von berühmten Zeitgenossen verfaßte und in Bibliotheksfragen zweifellos bestens informiert war. Von Vespasiano erfahren wir auch, daß die von Niccoli eingesetzten Testamentsvollstrecker die Sorge für dessen Bücher an Cosimo de' Medici delegierten[5]. Dieser aber hatte 1437 begonnen, das Kloster S. Marco in Florenz durch seinen Architekten Michelozzo von Grund auf neu errichten zu lassen, wobei auch für die Aufstellung der Bibliothek Niccolis ein eigener großer Raum geschaffen wurde, der in dem vom nördlichen Dormitoriumsflügel abzweigenden Gebäudetrakt zwischen dem zweiten und dem dritten Kreuzgang liegt (Abb. 1). Darüber hinaus ließ Cosimo den von Niccoli vermachten Bestand durch weitere wichtige Bücher, mit deren Lieferung Vespasiano da Bi-

3 Vgl. T. Magnusson, *Studies in Roman Quattrocento Architecture*, Stockholm 1958, S. 136.
4 Magnusson, a.a.O. S. 152.
5 Vespasiano da Bisticci, a.a.O. S. 441–442.

Abb. 1: Florenz, S. Marco, Bibliothek

sticci und sein Scriptorium beauftragt wurden, ergänzen[6]. Als Richtschnur diente ihm dabei ein von Tommaso da Sarzana verfaßter Kanon bzw. Katalog, den Cosimo sich eigens von diesem erbeten hatte[7]. Dieser Tommaso da Sarzana aber war kein anderer als der spätere Papst Nikolaus V., der somit als Spiritus rector an der Einrichtung der Bibliothek von S. Marco beteiligt war und zweifellos auch deren bauliche Gestalt gut kannte, so daß einiges für die Annahme spricht, daß die von ihm im vatikanischen Palast geplante Bibliothek derjenigen von S. Marco in Florenz hätte gleichen sollen.

Dies ist umso wahrscheinlicher, als der um 1445 von Michelozzo errichtete Bibliotheksraum von S. Marco — entsprechend der Musteranlage, als welche der Konvent insgesamt konzipiert war — eine für die damalige Zeit völlig neuartige, moderne und geradezu idealtypische Lösung darstellte. Es ist ein langgestreckter, doch gleichwohl harmonisch gegliederter Raum von regelmäßigem Grund- und Aufriß, der seiner ganzen Länge nach in drei Schiffe unterteilt ist, wobei die für die Aufnahme der Pultbänke[8] bestimmten Seitenschiffe in einzelne Joche mit Kreuzgratgewölben unterteilt sind, während der zwischen diesen beiden Trakten verlaufende Korridor als ein selbständiger Raumteil dadurch gekennzeichnet wird, daß er höher ist als die Seiten-

---

6 Vespasiano da Bisticci, a.a.O. S. 411–412. Zu Michelozzos Bau von S. Marco und der Bibliothek vgl. G. Vasari, *Le vite de' più eccellenti pittori, scultori ed architettori*, ed. G. Milanesi, II, Firenze 1906, S. 441; G. Marchini, "Il San Marco di Michelozzo", in *Palladio* 6 (1942), S. 102 ff.; W. und E. Paatz, *Die Kirchen von Florenz*, III, Frankfurt/M. 1952, S. 23; M. Gosebruch, "Florentinische Kapitelle von Brunelleschi bis zum Tempio Malatestiano und der Eigenstil der Frührenaissance", in *Römisches Jahrbuch für Kunstgeschichte* 8 (1958), S. 65ff.; M. Ferrara/F. Quinterio, *Michelozzo di Bartolomeo*, Firenze 1984, S. 87 und 185 ff. — Mit dem Bau der Bibliothek wurde sehr wahrscheinlich nicht vor 1443, dem Jahr der Weihe der Kirche, begonnen (vgl. Gosebruch, a.a.O. S. 136–138). Spätestens 1447 muß sie vollendet gewesen sein, da in diesem Jahr bereits an der Biblioteca Malatestiana in Cesena, welche die Bibliothek von S. Marco voraussetzt, gebaut wurde.

7 Vespasiano da Bisticci, a.a.O. S. 27; F. Piccolomini, "Ricerche intorno alle condizioni e alle vicende della Libreria Medicea privata dal 1494 al 1508. Appendice: Notizia intorno al canone bibliografico di Niccolò V", in *Archivio Storico Italiano* 21 (1875), S. 102-112.

8 Nach Vasari, a.a.O. S. 441, waren es insgesamt 64 Pultbänke, und daß es ungewöhnlich schöne und zugleich zweckmäßige Möbel gewesen sein müssen, läßt sich aus der Tatsache erschließen, daß noch ca. 80 Jahre später Papst Clemens VII., als er die Biblioteca Laurenziana durch Michelangelo planen ließ, großen Wert darauf legte, daß die für die neue Bibliothek vorgesehenen Pultbänke "alla cosimesca" gearbeitet sein sollten, d.h. daß sie denen der Bibliothek von S. Marco gleichen sollten (vgl. Brief des Sebastiano del Piombo an Michelangelo vom 17. Juli 1533, in *Il Carteggio di Michelangelo*, ed. P. Barocchi/ R. Ristori, IV, Firenze 1979, S. 17).

schiffe und mit einem Tonnengewölbe abschließt, und daß die Arkaden zu dem Korridor hin mit Faszien verziert sind, was diese Seiten — wie sonst an Loggien oder Innenhöfen üblich — ausdrücklich als Arkadenfronten definiert. Die Einzelformen der Architektur — Gesimse, Säulenschäfte, Basen und ionische Kapitelle —, durch die dem Raum über das nur Zweckmäßige und über die allgemeine Grundriß- und Aufrißdisposition hinaus eine ästhetische Verfeinerung gegeben wird, sind durchweg die der entwickelten Frührenaissance, folgen dem von Brunelleschi seit ca. 1420 angewandten antikisierenden Formenrepertoire. Zum ersten Mal jedoch ist dieses Repertoire in der Bibliothek von S. Marco konsequent auf einen profanen Innenraum übertragen worden, nachdem es bis dahin auf Kirchenräume, Kapellen und Sakristeien oder aber auf Außenfassaden und Innenhöfe beschränkt geblieben war. Dabei fällt auf, daß für die Bibliothek die ionische Säulenordnung gewählt wurde. Diese war vor Michelozzo fast ausschließlich in Verbindung mit der korinthischen Ordnung aufgetreten — so vor allem bei Brunelleschi (Barbadorikapelle und Alte Sakristei von S. Lorenzo), Donatello (Ludwigstabernakel) und Masaccio (Trinitätsfresko) —, und gelangte erst mit Bernardo Rossellino (Chiostro degli Aranci) und Michelozzo (außer in der Bibliothek auch im ersten Kreuzgang von S. Marco) zu bescheidener selbständiger Geltung. In der Bibliothek von S. Marco stand hinter der Entscheidung für die ionische Ordnung zweifellos die Absicht, den Bibliotheksraum von einem Sakralraum rangmäßig auch im Baudekor deutlich zu unterscheiden. Denn ungeachtet ihrer weitgehenden Verselbständigung behielt die ionische Ordnung auch im architektonischen Schaffen Michelozzos jenen sekundären Rang bei, den sie zu Brunelleschis Lebzeiten gehabt hatte. Neu war nur, daß sie und die mit ihr beabsichtigte Klassifikation sich jetzt auf ganze Gebäudetypen erstrecken konnten. Zur festen Regel wurde diese Art von Klassifikation jedoch weder für Michelozzo noch für seine Nachfolger. Dafür fühlte sich das Quattrocento insgesamt dem vitruvischen Kanon der Säulenordnungen zu wenig verpflichtet. Von der dorischen Ordnung machte es lange Zeit gar keinen Gebrauch und die ionische trat bald nach der Jahrhundertmitte stark zurück gegenüber der korinthischen und kompositen. Solange sie aber Anwendung fand, war man sich auch ihres Rangunterschiedes gegenüber der korinthischen Ordnung bewußt. Auf besonders kuriose Weise dokumentiert dies Fra Angelicos Verkündigungsfresko in S. Marco, dessen Architekturdarstellung offensichtlich von Michelozzos Bibliotheksbau beeinflußt ist, wobei jedoch nur den hinteren Säulen der gemalten Halle, in der sich die Verkündigung abspielt, ionische Kapitelle zugeteilt sind, während die vorderen Arkaden, die Maria und den Verkündigungsengel einrahmen, durch korinthisierende Kapitelle eine Steigerung im Decorum erfahren.

Daß die Zeitgenossen den Bibliotheksbau von S. Marco als eine architektonische Ideallösung bewunderten, verrät am deutlichsten die Tatsache, daß er sehr bald schon vielfach nachgeahmt und damit zum Prototyp aller größeren italienischen Bibliotheksbauten der zweiten Hälfte des 15. Jahrhunderts wurde. Dies zu illustrieren, mag der Hinweis auf die Biblioteca Malatestiana in Cesena genügen (Abb. 2). Sie wurde gegen 1450 von dem Architekten Matteo Nuti im Auftrag des Pandolfo Malatesta im Obergeschoß des Franziskanerklosters von Cesena errichtet. Der Innenraum, der heute noch die alten Pultbänke birgt, gleicht weitgehend dem der Bibliothek von S. Marco, jedoch sind die Proportionen in der Raumaufteilung weniger ausgewogen, das architektonische System weniger einheitlich, die Details weniger sorgfältig behandelt. Mehr dekorativer Aufwand wird dafür in den Säulen sichtbar, denn diese sind im Unterschied zu denen von S. Marco kanneliert und tragen Kapitelle eines für das mittlere Quattrocento charakteristischen kompositen Typs, die deutlich den Einfluß oder auch eine direkte Mitwirkung der damals am Tempio Malatestiano in Rimini tätigen Bildhauerwerkstatt erkennen lassen[9].

Weder die Bibliothek von S. Marco noch die von Cesena waren mit Malereien ausgestattet. Das bedeutet indes nicht, daß Bibliotheken bis zur Mitte des 15. Jahrhunderts generell ohne Ausmalung gewesen wären. Zwar ist über die Art und den Umfang solcher Ausmalungen wenig bekannt, und dieses Wenige beruht auch nicht auf erhaltenen und eindeutig datierbaren Beispielen, sondern nur auf schriftlicher Überlieferung und betrifft vorrangig Bibliotheken, die nördlich der Alpen lagen. Soweit es sich in diesen nicht nur um ornamentalen De-

9 Nach C. Ricci, *Il Tempio Malatestiano*, Milano/Roma o.J., S. 64, wurde mit dem Bau der Bibliothek in Cesena 1447 begonnen, im gleichen Jahr also, in dem Sigismondo Malatesta die Umgestaltung von S. Francesco in Rimini in Angriff nehmen ließ. 1448 wird Matteo Nuti, der Architekt, erstmals in Cesena erwähnt. Noch 1450 waren erhebliche Aufwendungen für die Vollendung der Bibliothek vonnöten. Kapitelle des für die Biblioteca Malatestiana charakteristischen Typs — mit über den Voluten herabschlagenden Akanthusblättern an den Ecken — finden sich im Tempio Malatestiano vorzugsweise an den Schranken der Cappella di Sigismondo und der Cappella dei Pianeti sowie an den Pilastern der Cappella dei Pianeti. — Zur Biblioteca Malatestiana vgl. auch G. Conti, "La biblioteca malatestiana di Cesena e l'orizzonte culturale albertiano", in *Romagna arte e storia* 3 (1983), S. 13–34; G. Volpi, "Matteo Nuti. Un architetto dimenticato del Quattrocento italiano", in *ebd.* 4 (1984), S. 5–16; zu weiteren, der Bibliothek von S. Marco im Bautypus verpflichteten Bibliotheken vgl. G. Cecchini, *Sei biblioteche monastiche rinascimentali*, Milano 1960.

Abb. 2: Cesena, Biblioteca Malatestiana

kor, sondern um Figurenmalerei handelte, war das Bildprogramm in der Regel von enzyklopädischem Charakter und umfaßte vorzugsweise — der Einteilung des Bibliotheksbestandes entsprechend — allegorische Darstellungen der vier Fakultäten oder der Artes liberales[10]. Einen solchen die Fakultäten samt den Artes liberales abbildenden Zyklus, der vor 1462 entstanden sein muß, hatte Hartmann Schedel, der Verfasser der Weltchronik, in der Bibliothek des Prämonstratenserstiftes zu Brandenburg gesehen und beschrieben[11]. Daß derartige Bildprogramme auch in den Bibliotheken der Frührenaissance verbreitet waren — wie Julius von Schlosser gefolgert hat[12] —, ist eine zwar verlockende, jedoch schwer zu beweisende Annahme. Nach allem, was sich noch feststellen läßt, sieht es eher so aus, daß in Italien die Ausmalung bzw. die bildliche Ausstattung der Bibliotheksräume im 15. Jahrhundert weniger stark der mittelalterlichen Tradition verpflichtet war als im Norden. Sich dessen zu vergewissern, wird man allerdings neben den öffentlichen und klösterlichen Bibliotheken notgedrungen auch die Studioli damaliger regierender Fürsten mit in Betracht ziehen müssen, da in ihnen die neuen, für die Frührenaissance kennzeichnenden Intentionen bei der bildlichen Ausstattung von Bibliotheken zuerst greifbar sind.

Einen neuen Maßstab setzte in dieser Hinsicht vor allem das Studiolo, das sich Lionello d'Este in seinem bei Ferrara errichteten, heute nicht mehr erhaltenen Schloß Belfiore einrichten und ab 1447 mit Gemälden von Angelo da Siena und Cosmè Tura ausstatten ließ. Denn nicht etwa Personifikationen der Artes oder der Virtutes, sondern Darstellungen der Musen schmückten bezeichnenderweise die Wände des Raumes — ein Thema also, das — zumal als selbständiger, großfiguriger Zyklus — im Mittelalter undenkbar gewesen wäre, vielmehr von rein humanistischer Prägung war und an dem der Humanist Guarino Veronese beratenden Anteil gehabt hatte. Vermuten läßt dies ein aus dem Jahre 1447 stammender Brief Guarinos an Lionello d'Este, in dem die Musen als "ista principe digna inventio" und als "notiones quasdam et intelligentias... quae humanis studiis et in-

10 J. von Schlosser, "Giusto's Fresken in Padua und die Vorläufer der Stanza della Segnatura", in *Jahrbuch der Kunsthistorischen Sammlungen des Allerhöchsten Kaiserhauses* 17 (1896), S. 13ff., hier S. 83; K. A. Wirth, "Fakultäten", in *Reallexikon der deutschen Kunstgeschichte* VI (1973), Sp. 1183ff.

11 Vgl. Schlosser, a.a.O. S. 84; E. Lehmann, *Die Bibliotheksräume der deutschen Klöster im Mittelalter*, Berlin 1957, S. 31.

12 Schlosser, a.a.O. S. 87.

dustria varias actiones et opera excogitaverunt" bezeichnet sowie im einzelnen aufgezählt und beschrieben werden[13].

Mit welcher Ambition man die Frage einer geziemenden bildlichen Ausstattung von Bibliotheken nun behandelte, wird im übrigen auch darin sichtbar, daß in denselben Jahren, in denen Lionello d'Este sein Studiolo einrichtete, — um 1450 also — die Äußerungen von zeitgenössischen Autoren zu dieser Frage sich zu mehren beginnen. So weist Leon Battista Alberti in seinem Architekturtraktat darauf hin — und er bezieht sich hierbei zweifellos auf Sueton —, daß Tiberius in den Bibliotheken Bildnisse der alten Dichter habe aufstellen lassen[14]., und Poggio Fiorentino läßt in seinem Dialog "De nobilitate" den älteren Lorenzo de' Medici sagen, daß Cicero, Varro, Aristoteles u.a. ihre Bibliotheken mit Bildnissen berühmter Männer geschmückt hätten[15]. Ein anderer antiker Gewährsmann, auf den man sich in diesem Punkte ebenfalls berufen konnte, war Plinius, der im 35. Buch seiner "Naturgeschichte" berichtet, daß Asinius Pollio in der von ihm gestifteten ersten öffentlichen Bibliothek Roms den Brauch eingeführt habe, aus Gold, Silber und Erz verfertigte Bildnisse von Dichtern und Philosophen aufzustellen[16]. Von den Schriftstellern des 15. Jahrhunderts aber ließe sich außer den schon genannten Alberti und Poggio auch Angelo Decembrio[17] als Zeuge dafür anführen, daß man in Humanistenkreisen — und diese waren die in Bibliotheksfragen unstreitig maßgeblichen — für den würdigsten Schmuck einer Bibliothek nicht allegorische Darstellungen, sondern Bilder von Göttern, Heroen oder berühmten Gelehrten — wie z.B. den einsam in seine Schriften vertieften Hl. Hieronymus — hielt.

Das bedeutendste erhaltene Beispiel, das diese Haltung illustriert, ist das berühmte Studiolo des Herzogs Federico da Montefeltro, das dieser sich gegen 1476 in seinem Palast in Urbino einrichten ließ, und das außer den kunstvollen, die unteren Wandabschnitte verkleidenden Intarsien eine Anzahl von insgesamt 28 Bildern enthielt, die 1631 — nach dem Tod des letzten Herzogs von Urbino — nach Rom gelangten

---

13 Vgl. M. Baxandall, "Guarino, Pisanello und Manuel Chrysoloras", in *Journal of the Warburg and Courtauld Institutes* 28 (1965), S. 183 ff.; A. K. Eörsi, "Lo studiolo di Lionello d'Este e il programma di Guarino da Verona", in *Acta historiae artium Academiae Scientiarum Hungaricae* 21 (1975), S. 15–52; W. Liebenwein, *Studiolo. Die Entstehung eines Raumtyps und seine Entwicklung bis um 1600*, Berlin 1977, S. 62–65.

14 L.B. Alberti, *De architectura libri decem*, Lib. VIII, cap. 9.

15 Poggio Fiorentino, *De nobilitate*, zitiert nach Liebenwein, a.a.O. S. 195 Anm. 107.

16 C. Plinii Secundi *Naturalis Historiae* Lib. XXXV, II, 9–11.

17 Vgl. M. Baxandall, (wie Anm. 13), S. 196.

und sich heute zum Teil wieder in Urbino, zum Teil in Paris (Louvre) befinden[18]. Die vermutlich von Justus van Gent gemalten Bilder, die ursprünglich die oberen Wandabschnitte des Studiolo vollständig bedeckten, sind durchweg halbfigurige Bildnisse berühmter Philosophen, Dichter und Theologen — und zwar solcher des Altertums, des Mittelalters und des 15. Jahrhunderts. Daß diese "uomini illustri" mit den in den Intarsienwänden dargestellten theologischen Tugenden ein völlig homogenes Bildprogramm ergeben, läßt sich indes nicht behaupten. Unklar ist auch, wieweit sie als Repräsentanten bestimmter wissenschaftlicher Disziplinen zu deuten sind bzw. wieweit ihrer Auswahl ein Programm enzyklopädischen Charakters zugrundeliegt[19]. Sollten sie aber tatsächlich für bestimmte Disziplinen stehen, bliebe gleichwohl bemerkenswert, daß auf die übergeordnete allegorische Darstellung der Disziplinen selber — ob als Personifikationen der Artes oder der Fakultäten, wie es sie im Prämonstratenserstift von Brandenburg gegeben hat — hier ganz verzichtet wird. Mit anderen Worten: das Bildnis, der Repräsentant ersetzt hier ganz und gar die Personifikation, die Historie die Allegorie[20], wobei unter den Repräsentanten des geistigen Lebens nun erstmals auch Zeitgenossen wie Bessarion, Pius II. und Sixtus IV. figurieren.

---

18 W. Bombe, "Justus van Gent in Urbino. Das Studio und die Bibliothek des Herzogs Federigo da Montefeltro", in *Mitteilungen des Kunsthistorischen Institutes in Florenz* 3 (1909), S. 111–128; P. Rotondi, *Il Palazzo Ducale di Urbino*, Urbino 1950; A. Chastel, *Art et humanisme à Florence au temps de Laurent le Magnifique.* Études sur la Renaissance e l'humanisme platonicien, 2. Aufl., Paris 1961, S. 248f. und S. 364ff.; P. Rotondi, "Ancora sullo studiolo di Federico da Montefeltro nel Palazzo Ducale di Urbino", in *Restauri nelle Marche. Testimonianze, acquisti e recuperi*, Urbino 1973, S. 561ff. (wieder abgedruckt in *Studi bramanteschi*, Roma 1974, S. 255ff.); Liebenwein, a.a.O. S. 83ff.; M.G. Ciardi Duprè Dal Poggetto/P. Dal Poggetto (Hg.), *Urbino e le Marche prima e dopo Raffaello*, Firenze 1983; L. Cheles, *The Studiolo of Urbino. An Iconographic Investigation*, Wiesbaden 1986.

19 In dieser Weise versuchen Chastel, a.a.O. S. 367, und Cheles, a.a.O. S. 35ff., die Serie der "uomini illustri" zu deuten; Vorbehalte äußert dagegen zu Recht, Liebenwein, a.a.O. S. 93 und S. 210 Anm. 312; vgl. auch Rotondi, *Il Palazzo Ducale*, S. 342.

20 Dies gilt ungeachtet der — ohnehin nicht recht plausiblen — Mutmaßung, daß die im Mittelalter üblichen Personifikationen der Artes im Studiolo durch die Symbole in den Intarsien ersetzt worden seien und in letzteren gleichsam ihr "practical development" gefunden hätten (Cheles, a.a.O. S.90). — Auf die in diesen Zusammenhang gehörenden, wahrscheinlich die Artes liberales repräsentierenden und möglicherweise aus dem Studiolo in Gubbio stammenden Allegorien in London, National Gallery, bzw. ehemals Berlin, Kaiser-Friedrich-Museum, näher einzugehen, verbietet sich leider in dieser kurzen Skizze (vgl. hierzu zuletzt Cheles, a.a.O. S. 29ff.); angemerkt sei jedoch, daß es sich auch in diesen Fällen nicht um bloße Allegorien handelt, sondern diese "handelnd" und zusammen mit zeitgenössischen Personen dargestellt sind.

Angesichts einer solchen "Historisierung" von zuvor primär allegorischen Bildprogrammen, wie sie in der Vorliebe für Bildnisse — und seien es auch nur frei erfundene Bildnisse — zum Ausdruck kommt, überrascht es nicht, daß um die gleiche Zeit auch Bilder, die an den Bibliotheksgründer erinnern, einen wichtigen Platz in den Bibliotheken einzunehmen beginnen. Zu diesen gehört möglicherweise auch das berühmte Bildnis des Federico da Montefeltro, das diesen mit Rüstung und Hermelinmantel bekleidet und in einem Buche lesend und zusammen mit seinem Sohn Guidobaldo zeigt (Abb. 3). Bis 1973 ist angenommen worden, das es ehemals einen zentralen Platz unter den Bildnissen der "uomini illustri" im Studiolo eingenommen habe[21]. Doch ist diese Annahme inzwischen fallengelassen worden, ohne daß man sich jedoch über einen anderen Anbringungsort für das bedeutende Porträt, das eines der ersten ganzfigurigen Porträts der nachantiken Kunstgeschichte ist, einig geworden wäre. In das Studiolo paßt es eigentlich schon wegen der ganzfigurigen Darstellung und vom Format her nicht recht[22]. Ein Porträt von offiziellem Charakter ist es indessen auch nicht, da es — ungewöhnlich genug für die Zeit — den Porträtierten lesend zeigt. Jedoch gab es außer dem Studiolo auch die berühmte Bibliothek im Palast von Urbino, die zu den bedeutendsten ihrer Zeit gehörte, und die sich im Erdgeschoß, in dem Saal gleich neben dem Eingang zum Palast befand[23]. Schon diese Lage der Bibliothek innerhalb des Palastes deutet darauf hin, daß sie — anders als das Studiolo — auch öffentlich zugänglich gewesen ist. Über die ehemalige künstlerische Ausstattung des Bibliotheksraumes geht aus den erhaltenen Quellen leider nichts hervor, doch wäre hier

21 Rotondi, *Il Palazzo Ducale*, S. 340 und ders., *Ancora sullo studiolo*; Liebenwein a.a.O. S. 90, scheint die von Rotondi 1973 an seiner eigenen, früheren Rekonstruktion der oberen Wandzone des Studiolo vorgenommene Korrektur entgangen zu sein. — Daß es sich bei dem Doppelbildnis um das von Vespasiano da Bisticci (wie Anm. 2), S. 209, erwähnte Porträt Federicos handelt, ist nicht sicher, zumal Guidobaldo bei Vespasiano nicht erwähnt wird; zum Bildnis vgl. im übrigen J. Lavalleye, *Les primitifs flamands*. I. Corpus de la peinture des anciens Pays-Bas méridionaux au 15e siècle. Le Palais Ducal d'Urbin, Bruxelles 1964, S. 109–127; G. Neerman, "Il ritratto di Federico da Montefeltro e di Guidobaldo e il problema di Pedro Berruguete", in: Ciardi Duprè Dal Poggetto/P. Dal Poggetto (wie Anm. 18), S. 88–90; Cheles a.a.O. S. 17ff.; C.M. Rosenberg, "The double portrait of Federico and Guidobaldo da Montefeltro: power, wisdom and dynasty", in: *Federico di Montefeltro. Lo stato, le arti, la cultura*, 2, Roma 1986, S. 213ff.

22 Die Maße des Bildes sind 134,4 x 75,6 cm.

23 Vgl. zu dieser zuletzt P. Dal Poggetto, "Il restauro della Biblioteca del Duca e delle sale attigue", in *Il Palazzo di Federico da Montefeltro — restauri e ricerche*, a cura di M.L. Polichetti, Urbino 1985, S. 699ff.

Abb. 3: Urbino, Palazzo Ducale
Bildnis des Federico da Montefeltro und seines Sohnes Guidobaldo

— zwischen den Fenstern oder über der Tür, in einiger Höhe jedenfalls, wie die Untersicht des Bildes annehmen läßt — ein Porträt des Hausherrn und Gründers der Bibliothek, ein Porträt zudem, das ihn nicht nur als Kriegsherrn, der er vor allem war, sondern auch als Freund der Bücher und Wissenschaften zeigt, am ehesten am Platze gewesen.

Was zumindest indirekt für diese Vermutung spricht, ist die Tatsache, daß ungefähr um dieselbe Zeit — möglicherweise jedoch ein wenig früher — in einer anderen bedeutenden Bibliothek erstmals ein großes "Gründerbildnis" angebracht wurde, und zwar in der von Papst Sixtus IV. gegründeten Biblioteca Vaticana. Sixtus IV. hatte 1475 den schon von Nikolaus V. gehegten, aber nicht zur Ausführung gelangten Plan des Baues einer öffentlichen Bibliothek im Vatikan wieder aufgegriffen, wobei er zunächst einen Neubau errichten lassen wollte, zu dem es jedoch nicht kam. Stattdessen wurde der schon unter Nikolaus V. gebaute Nordtrakt am Cortile del Papagallo für die Aufnahme der inzwischen auf 2527 Handschriften angewachsenen Bibliothek hergerichtet, und zwar in der Weise, daß das Erdgeschoß in drei Räume für die Bibliotheca Latina, die Bibliotheca Graeca und die Bibliotheca Secreta unterteilt wurde. Die Ausmalung des Hauptraumes, der Bibliotheca Latina, die 1475/76 die Brüder Ghirlandaio besorgten, umfaßt außer architektonischen Elementen und heraldischen Motiven auch hier das Thema der "uomini illustri", denn in den Lünetten sind jeweils Halbfiguren von Kirchenvätern und antiken Philosophen, mit Schriftbändern in den Händen, auf denen jeweils ihr Name und eine ihren Schriften entnommene Sentenz verzeichnet sind, dargestellt[24]. Das Hauptbild des Raumes war aber das offenbar Anfang 1477 von Melozzo da Forlì vollendete[25], heute in der vatikanischen Pinakothek bewahrte Fresko, das Sixtus IV. zusammen mit seinen Neffen aus den Familien Riario und Della Rovere — unter diesen auch den Kardinal Giuliano, den späteren Julius II. — zeigt. Vor dem Papst kniet der von Sixtus IV. als Bibliothekar der Vaticana eingesetzte Bartolomeo Platina (Abb. 4). Den Rahmen und den Hintergrund der Figurengruppe bildet eine prachtvoll gemalte Halle, deren vordere Pfeiler mit den Wappenzeichen der Familie Della Ro-

24 Vgl. hierzu D. Redig de Campos, *I palazzi vaticani*, Bologna 1967, S. 57ff., sowie T. 'Yuen, "The Bibliotheca Graeca: Castagno, Alberti and Ancient Sources", in *The Burlington Magazine* 112 (1970), 725ff. (mit Zuschreibung der gemalten Scheinarchitektur in der Bibliotheca Graeca an Andrea del Castagno), und M. Horster, *Andrea del Castagno*, Oxford 1980, S. 41ff.

25 Am 15. Januar 1477 erhält Melozzo eine Zahlung für Gold, das für das Gemälde in der Bibliothek bestimmt war (Redig de Campos, a.a.O. S. 61).

Abb. 4: Rom, Vatikanische Museen, Fresko aus der Bibliothek Sixtus' IV.

vere — dem Eichenlaub — geschmückt sind. Ein wichtiger Bestandteil des Bildes ist außerdem die am Sockel angebrachte Inschrift, auf die der kniende Platina ausdrücklich hinweist. In ihr wird aufgezählt, was Sixtus IV. für die Erhaltung und die Erneuerung der Stadt Rom getan hat, wobei — in den letzten beiden Zeilen — auch von der Einrichtung der vatikanischen Bibliothek die Rede ist. Ein Stifterbild ist die gesamte Darstellung allerdings nicht, jedenfalls nicht, wenn man sie an den bis dahin üblichen Stifterbildern mißt, da diese nur in sakralem Zusammenhang — in Altären oder Kapellendekorationen — auftreten und dann einem sakralen Hauptthema deutlich untergeordnet sind. Demgegenüber ist das Fresko der Vaticana nicht nur das monumentalste gemalte Bildnis damaliger Zeit, sondern auch eine völlig selbständige und rein profane Darstellung. Hinzu kommt, daß in ihm auch nicht eine bestimmte Handlung[26] bzw. ein bestimmter Gründungsakt dargestellt ist, denn die Figur des Papstes ist völlig regungslos und durch keinerlei Gesten mit den übrigen Figuren verbunden. Vielmehr als ein Stifterbild oder eine Historie ist das Fresko ein Denkmal für Sixtus IV. als Konservator und Restaurator Roms in einem allgemeinen Sinne, wie ja auch die Inschrift dies zum Ausdruck bringt. Waren im Studiolo von Urbino die Personifikationen der Kardinaltugenden neben den "uomini illustri" von untergeordneter Bedeutung, so muß man nun feststellen, daß das Thema der "uomini illustri" durch das Bildnis des Papstes und seiner Familiaren in den Hintergrund gedrängt wird. Die Bibliothek wird damit gleichsam zum Monument ihres Gründers, wird einem Bedürfnis nach denkmalhafter Repräsentation nutzbar gemacht. Dies aber hat insofern seine Logik, als die Bibliothek damals der einzige Typ von Innenraum war, der die beiden wichtigsten Voraussetzungen hierfür erfüllte: er war sowohl ein profaner als auch ein öffentlicher, allgemein zugänglicher Raum. So verknüpfen sich hier Fragen der Bibliotheksausstattung mit solchen der frühen Geschichte des öffentlichen Denkmals.

Für diese in dem Fresko der Biblioteca Sistina erstmals und noch vergleichsweise zurückhaltend sich zeigende Tendenz, in der Ausmalung einer Bibliothek vorrangig ihrem Gründer ein Denkmal zu setzen, könnte als ein weiterer Beleg das Bildnis Federicos und Guidobaldos in Urbino, das möglicherweise durch das Fresko im Vatikan angeregt worden ist, in Betracht kommen. Dreißig Jahre später tritt

26 Hierin liegt auch der entscheidende Unterschied zu Mantegnas Fresko der Gonzaga-Familie in der Camera degli Sposi, so sehr dieses hinsichtlich der ganzfigurigen Darstellung der Porträtierten Melozzos Bild beeinflußt haben mag.

Abb. 5: Siena, Dom, Libreria Piccolomini
Enea Silvio wird von Kaiser Friedrich III. zum Dichter gekrönt

dieselbe Tendenz, nun aber als eindeutig dominierende, in der Libreria Piccolomini am Dom von Siena hervor. Mit ihr erreicht die für die italienische Frührenaissance kennzeichnende Entwicklung in der bildlichen Ausstattung von Bibliotheksräumen zugleich ihren Höhepunkt. 1492 ließ der Kardinal Francesco Piccolomini Todeschini, der spätere Pius III., der ein Neffe Pius' II. war, den rechteckigen Bau, der die Büchersammlung Pius' II. aufnehmen sollte, an der Nordseite des Sieneser Domes errichten. Zwischen 1502 und 1508 wurde er von Pinturicchio ausgemalt[27]. Die dekorative Pracht der Ausmalung entsprach derjenigen, die wenige Jahre zuvor in Rom für sakrale und profane Innenräume üblich geworden war. Ungewöhnlich aber ist das Bildprogramm, das vorrangig die Taten Pius' II. verherrlicht — "la vita e la santa memoria di papa Pio" —, wie es in dem 1502 mit Pinturicchio abgeschlossenen Vertrag ausdrücklich heißt[28]. Bildliche Darstellungen, die sich auf die Wissenschaften beziehen, gibt es hingegen kaum, und soweit dies der Fall ist, beschränken sie sich auf kleinformatige Bilder an der Decke, wo sie neben mythologischen Szenen und antiken Fabelwesen auftreten. Dagegen werden die Wandflächen vollständig von zehn großformatigen Fresken, die Szenen aus dem Leben Pius' II. dem Betrachter vor Augen führen, eingenommen. Dargestellt sind unter anderem die Abreise des Enea Silvio zum Konzil von Basel und seine Krönung zum Dichter durch Kaiser Friedrich III. (Abb. 5). Neu war, daß man einen derart umfangreichen Bilderzyklus einer Person widmete, die kein Heiliger war, und dadurch der Bibliotheksraum nicht nur den Charakter eines Persönlichkeitsdenkmals, sondern geradezu einer profanen Kapelle erhielt.

---

27 E. Carli, *Il Pintoricchio*, Milano 1960, S. 69ff.; J. Beck, "A new date for Pinturicchio's Piccolomini Library", in *Paragone* 36 (1985), S. 140ff.

28 G. Milanesi, *Documenti per la storia dell'arte senese*, III, Siena 1856, S. 9ff.

Hubertus Schulte Herbrüggen

Erasmus, England, das Neue Testament und die Universitätsbibliothek Düsseldorf

Der Titel ist präzis. Er nennt die Hauptpunkte des Beitrags: einigen Vorbemerkungen zu den hl. Schriften und zu Erasmus folgen ein knapper Überblick über Erasmus in England und seine vorbereitenden Studien zur humanistischen Bibelphilologie, bevor seine kritische Neuausgabe des Neuen Testaments von 1516 charakterisiert und das Düsseldorfer Exemplar dieser Erstausgabe vorgestellt wird. Dieser äußerlich unscheinbare Einzelband aus dem gewaltigen Gesamtwerk des Erasmus soll vor den reichen kulturgeschichtlichen Hintergrund seiner Entstehung, seiner Wirkung, seiner Herkunft gestellt werden. Der Weg ist zugleich erforderlich, weil mehrere bedeutende Publikationen der letzten Jahre durch unrichtige Angaben zu den handschriftlichen Quellen und Versionen heillose Verwirrung gestiftet und unhaltbare Folgerungen gezogen haben[1].

I. Vorbemerkung

Die drei großen monotheistischen Weltreligionen besitzen das heilbringende Wort Gottes im BUCH: die Juden im Gesetz (*Thora*), den Propheten und den Schriften, die schon im 2. vorchristlichen Jahrhundert in Alexandrien ins Griechische übersetzt wurden (*Septuaginta*, gr. *grapheia*); die Christen übernehmen das jüdische *Alte Testament* und ergänzen es durch das *Neue Testament* (gr. und lat. *biblia*, "die Schriften"), was als Terminus technicus zum Eigennamen wurde, da

1 Henri Gibaud, *Un inédit d'Erasme: La première version du 'Nouveau Testament' copiée par Pierre Meghen 1506–09, d'après les manuscrits de Londres, Cambridge et Hatfield*, Angers 1982; *Erasmus von Rotterdam, Novum Instrumentum, Basel 1516*, Faksimile-Neudruck mit einer historischen, textkritischen und bibliographischen Einleitung von Heinz Holeczek, Stuttgart-Bad Cannstadt 1986.

uns Christen die Bibel "das Buch der Bücher" ist; den Muslims gilt seit dem 7. Jahrhundert der *Koran* als heiliges Buch.

Die Bibel ist zugleich das Buch, in dem sich, keinem anderen vergleichbar, die das Abendland tragenden Ideen wie in einem Brennpunkt begegnen: die ANTIKE mit ihren beiden klassischen Sprachen, dem Griechischen (*LXX*) und dem Lateinischen (*Vetus Latina/Itala, Vulgata*), das CHRISTENTUM mit seiner jüdischen Tradition des Alten und der Frohbotschaft von der Erlösung durch den verheißenen Messias-Christus des Neuen Bundes, das MITTELALTER mit seinen Überlieferungstraditionen und Väter-Kommentaren, die RENAISSANCE mit ihrer humanistischen Textkritik, die maßgeblich von Erasmus vor allem an der Bibel entwickelt wurde. Es ist daher zugleich angemessen, wenn ein Forschungsinstitut, das durch seinen Namen Anspruch erhebt, sich der vermittelnden Erschließung von Mittelalter und Renaissance zu widmen, gerade dieses Buch nicht übergeht.

Auch ist in Erinnerung zu rufen, daß Gutenbergs Pionierleistung des Buchdrucks mit der Bibel begann. Und *last but not least* zählen viele der biblischen Inkunabeln und Frühdrucke zu den schönsten Erzeugnissen dieser 'Schwarzen Kunst' überhaupt.

II. Erasmus

Erasmus von Rotterdam ist jedermann bekannt[2], seine Physiognomie dank der Porträtkunst Hans Holbeins, Albrecht Dürers oder Quentin Metsys' allen vertraut. Für unser Thema ist das Bildnis von Quentin Metsys (Matsys, Massays; 1465/6–1530) besonders aufschlußreich. Es bildet die linke Hälfte eines Diptychons, dessen rechter Teil Pieter Gilles (Petrus Aegidius), den Stadtsecretarius von Antwerpen und Dialogpartner Mores in der *Utopia*, darstellt. Die beiden niederländischen Humanisten übersandten dieses Doppelbildnis ihrem abwesenden dritten Freunde, Thomas Morus, im Herbst 1517 als gemeinsames Geschenk[3]. Erasmus wird hier sitzend bei der Arbeit

---

2 Zusammenfassungen des Wissenstandes und der Literatur bieten die Kataloge seiner Jubiläumsausstellungen: *Erasmus en zijn tijd*, Rotterdam 1969, künftig zitiert als 'Rotterdam' mit Nummer; *Erasmus von Rotterdam, Vorkämpfer für Frieden und Toleranz*, Basel 1984, zitiert als 'Basel' mit Nummer; *Erasmiana Lovaniensia: Catalogus van de Erasmus-tentoonstelling in de Centrale Bibliotheek te Leuven, november-december 1986*, onder de redactie van Chr. Coppens, J. Ijsewijn, J. Roegiers en G. Tournoy (Supplementa Humanistica Lovanensia, IV), Leuven 1986, zitiert als 'Leuven' mit Nummer.

3 Der Erasums-Teil des Diptychons heute in Hampton Court Palace, Royal Collection, der Aegidius-Teil in Longford Castle, Sammlung der Earl of Radnor. Siehe Lorne Campbell, Margaret Mann Phillips, Hubertus Schulte

gezeigt. Einige seiner Hauptschriften, die seinen Ruf unter den gelehrten Humanisten Europas begründeten, liegen auf dem Bücherbord: die *Moria*, das *Novum Testamentum*, seine Lukian-Übersetzungen und die Schriften des hl. Hieronymus. Nach der kürzlichen Reinigung des Bildes sind nun auf der Versoseite des aufgeschlagenen Buches vor ihm die geschriebenen Worte erkennbar: "EVANGELIOR(VM) / FINIS", darunter "(DEO) GRATIA(S)". Das Bild nimmt somit zweimal direkt Bezug auf sein *Novum Testamentum* von 1516.

Auf der Rectoseite des Buches hat Erasmus mit der von ihm geschätzten Reetfeder geschrieben (vom Künstler in enger Nachahmung der Handschrift des Rotterdamers gemalt): "IN EPISTULAM (AD) RO/MANOS PARIPHRASIS / ERASMI ROTERO-/DAME / PAulus ego ille è Sau/lo factus, è turbulent/to pacificus, nuper obnox/ius legi mosaicae. nunc / Moysi liber(t)us, seruus au/tem factus Iesu" und setzt soeben dazu an hinzuzufügen: "Christi".

Metsys stellt Erasmus somit hier nach dem ikonographischen Typus des 'Hieronymus in eim ghüs' dar, gut ein Jahr nach Erscheinen der Erstausgabe seines Neuen Testaments, und der zeigt ihn als Bibelphilologen beim Verfassen seiner nächsten Arbeit, der *Paraphrase des Römerbriefs*[4].

III. England

Zum Thema "Erasmus und England" genügen hier einige Konturen[5]. Erasmus, zu Rotterdam geboren, hat sich England sozusagen auf dem Umweg über Paris und seine dort geschlossenen Freundschaften mit den Engländern Thomas Grey, Robert Fisher und William Blount (dem späteren Lord Mountjoy) genähert. Aus dem erstmals in Paris, später über Jahrzehnte hinweg immer wieder begegnenden biographischen Motivtypus 'Engländer als Gönner und Studienmäzene' entwickelte sich 1499 mit seiner ersten Reise auf die

---

Herbrüggen und J.B. Trapp, "Quentin Metsys, Desiderius Erasmus, Pieter Gillis and Thomas More", *Burlington Magazine*, CXX (1978), 716–25; J.B. Trapp, "A postscript to Matsys", *ibid.*, CXXI (1979), 434–7; L. Silver, *The Paintings of Quinten Massys*, 1984, 105–10, 235–7, Cat. 58; Lorne Campbell, *The Early Flemish Pictures in the Collection of Her Majesty the Queen*, Cambridge 1985, 86–9, no. 54; *Treasures from the Royal Collection*, London 1988, catalogue of an exhibition in the Queen's Gallery, 1988–89, No. 43.

4 Erstausgabe: *In Epistulam Pavli Apostoli ad Romanos Paraphrasis ...*, Löwen, November 1517, bei Dirk Martens, für den Gilles als Korrektor tätig war.

5 Ausführlich hierzu: mein Beitrag zum Wolfenbütteler Symposium über *Erasmus und Europa*, hg. v. August Buck (Wolfenbütteler Abhandlungen zur Renaissanceforschung, 7), Wiesbaden 1988, 91–110.

Insel alsbald ein zweiter: 'England als Reiseziel'. Insgesamt hat Erasmus England siebenmal besucht und dort rund sechseinhalb Jahre seines Lebens verbracht; man unterschätzt das gern.

Gleich beim ersten Male wird aus dem geplanten kürzeren Besuch im Sommer 1499 auf Mountjoys Landsitz ein halbes Jahr voll der entscheidenden Begegnungen.

In der englischen Hauptstadt bewegte er sich unter den Londoner Humanisten, und es ist Erasmus, der diesen Kreis das erste Mal namentlich zusammenfaßt:

"Wenn ich meinen COLET höre, glaube ich, Platon selbst zu vernehmen. Wer bewunderte in GROCYN nicht den Universalisten? Gibt es etwas Schärferes, Tieferes, Witzigeres als das Unterscheidungsvermögen LINACRES? Was hat die Natur je Milderes, Lieblicheres oder Glücklicheres geformt, als das Genie des THOMAS MORUS? Was soll ich die Übrigen noch aufzählen ..."[6].

Die Londoner Gruppe zeigt die charakteristische *englische* Spielart des Renaissance–Humanismus. Es ist dies kein Kreis literarischer Ästheten, sondern von Männern der Praxis, von Seelsorgern, Universitätslehrern, Juristen. In ihnen erkannte er Gleichgesinnte und *er*, Erasmus, warb um *ihre* Freundschaft, unter anderem um die des fast zehn Jahre jüngeren Thomas Morus.

Dieser holte ihn eines Tages ab zum Besuch auf Schloß Eltham bei den königlichen Prinzen, unter ihnen der spätere achte Heinrich. More hatte einige Artigkeiten vorbereitet, die er den Prinzen überreichte. Erasmus, als feinsinniger humanistischer *Dichter* nach England gekommen, stand, unvorbereitet, mit leeren Händen da und mußte etwas eiligst Komponiertes nachsenden[7].

Ein anderer Besuch führte ihn im Herbst nach Oxford, wo Erasmus, *ne poeta convivio deesset*, wie er selbst schreibt, eines Abends am College–Dinner mit anschließender gelehrter Diskussion unter der Leitung John Colets teilnahm und den spekulativen Streit der Theo-

---

6 Erasmus am 5. Dezember (1499) an Robert Fisher: (hic offendi) "tantum autem humanitatis atque eruditionis, non illius protritae ac trivialis, sed reconditae, exactae, antiquae, Latinae Graecaeque, vt iam Italiam nisi visendi gratia haud multum desyderem. Coletum meum cum audio, Platonem ipsum mihi videor audire. In Grocino quis illum absolutum disciplinarum orbem non miretur? Linacri iudicio quid acutius, quid altius, quid emunctius? Thomae Mori ingenio quid vnquam finxit natura vel mollius, vel dulcius, vel felicius? ..." *Opus epistularum Desiderii Erasmi Roterodami* ..., ed. P.S. Allen. Bd. I, Nr. 118/15–21. Künftig zitiert als 'Allen' mit Briefnummer und Zeilenzahl.

7 'Prosopoeia Britanniae maioris ...', ed. pr. Paris 1500; *The Poems of Desiderius Erasmus*, ed. Cornelis Reedijk, Leiden 1956, 248.

logen über die erste Schuld Kains mit einer geistreichen Fabel beendete, die Kain zum Prometheus machte[8].

In diesen Novembertagen 1499 im Oxforder St. Mary's College vollzieht sich in Erasmus auf der Basis des Humanismus die entscheidende Wende. In einem Brief an John Sixtin, in dem er von Dinner und Kains-Fabel berichtet, heißt es bezeichnenderweise: *praesidebat Coletus veteris illius theologiae vindex atque assertor*[9]. Eine klare Positionsbestimmung. Colet, der spätere Dechant der Londoner St-Pauls-Kathedrale, hatte in Oxford vielbeachtete Vorlesungen über die Paulus-Briefe nach der Vulgata gehalten[10]. Erasmus bewundert ihn wegen seines unermüdlichen Kampfes zur "Wiederherstellung (!) des ursprünglichen Glanzes und der Würde jener alten und wahren Religion, die bedeckt und überwuchert sei von den Dornen" der Scholastiker[11]. Colet fordert ihn nachdrücklich auf, Erasmus möge nach Art seiner Paulus-Vorlesungen doch selbst die Hl. Schrift auslegen[12]. Erasmus lehnt ab; er müsse zuvor erst Griechisch lernen und seine theologischen Studien intensivieren[13]. 1501 überlegt er so-

8 Allen 116, passim.

9 Allen 116/12f.

10 Die erhaltenen Handschriften sind alle von Pieter Meghen geschrieben: Cambridge, University Library, MS Gg.4.26, (I) Collets 'Enarratio' zum Römerbrief (teils in Colets Hand), (IV) Colets Kommentar zum 1. Korintherbrief; Cambridge, Emmanuel College, MS III.iii.12, Colets Kommentar zum 1. Korintherbrief; Cambridge, Corpus Christi College, MS 355, (I) Colets 'Expositio' zum Römerbrief I-V.
Ausgaben *An Exposition of St. Paul's Epistle to the Romans*, hgg. u. übers. v. J.H. Lupton, London 1873; *Lectures on Romans I-V*, ed. Lupton, London 1876; *An Exposition of St. Paul's First Epistle to the Corinthians*, ed. Lupton, London 1874; *John Colet's Commentary on First Corinthians: A New Edition of the Latin Text, with Translation, Annotations, and Introduction*, edd. Bernard O'Kelly und Catherine A.L. Jarrot (Medieval & Renaissance Texts & Studies 21), Binghamton, N.Y. 1985. Vgl. P.Albert Duhamel, "The Oxford Lectures of John Colet: An Essay in Defending the English Renaissance", in *Journal of the History of Ideas*, XIV (1953), 493-510.

11 " ... vt veterem illam ac veram theologiam istorum spinis obsitam implexamque in pristinum nitorem ac dignitatem pro tua virili restituas ..." Allen 108/56ff. Vgl. Edward L.Surtz S.J., "'Oxford Reformers' in Scholasticism", in *Studies in Philology*, XLVII (1950), 547-56.

12 "Hortaris enim, imo poene conuicio efflagitas, vt quemadmodum tu Paulum, itidem ego vel priscum illum Mosen vel facundum Esaiam enarrans, hybernis his mensibus frigentia (vti scribis) huius gymnasii studia coner accendere." Allen 108/76-79.

13 "Caeterum vbi mihi conscius ero adesse robur et vires iustas, accedam et ipse tuis partibus et in asserenda theologia, si non egregiam, certe saedulam operam nauabo." Allen 108/109-111.

gar, ob er nicht bei Colet selbst Theologie studieren solle[14]. Ein doppelter Rollentausch ist hiermit vollzogen: vom *Lehrer* von Engländern ward er zu deren *Schüler*; als suchender *Literat* auf die Insel gekommen, verläßt er sie im Januar 1500 als *Theologe* mit dem festen eigenen Ziel der Bibel–Erschließung. Dazwischen lag seine Begegnung mit John Colet[15].

IV. Novum Instrumentum

Vorarbeiten

Mit der Rückkehr des Erasmus auf den Kontinent beginnt die lange, sechzehn Jahre währende Zeit der Vorarbeiten für seine Ausgabe des Neuen Testaments. Zunächst sind es Jahre des Griechisch–Lernens[16], begleitet von patristischen Studien, insbesondere der Schriften des Origenes und Hieronymus[17].

Nach solchen eher tastenden Sprachstudien weist ein unerwarteter Fund seinem Suchen eine neue, bestimmte Richtung: in der Biblio-

---

14 "Nonnunquam de repetenda Britannia cogito, vt meo cum Coleto mensem vnum aut alterum in theologiae sacris verser; neque enim ignoro quantus ex ea re fructus mihi capi possit"; Allen 159/53–56.

15 Zu Colet vgl. J.H. Lupton, *A Life of John Colet, D.D.*, London ²1909 (noch immer die Standardbiographie); A.B. Emden, *A Biographical Register to the University of Oxford to A.D. 1500*, I, Oxford 1957, 462–4; ders., "Additions and Corrections ..., Supplemental List No 2", in *Bodleian Library Record*, VII (1964), 151; ders., *A Biographical Register ... Cambridge ...*, London 1968, 148; Carl S. Meyer, "A John Colet Bibliography", in *Bulletin of the Library Foundation of Reformation Research*, V (1970), 23–27; Germain Marc'hadour, "Erasme et John Colet", in *Colloquia Erasmiana Turonensia*, Paris 1972, 761–69; J.B. Trapp, Artikel "John Colet", in *Contemporaries of Erasmus*, ed. Peter Bietenholz, I, Toronto 1985, 324–28; ders., "An English Late Medieval Cleric and Italian Thought: The Case of John Colet, Dean of St. Paul's (1467–1519)", in *Medieval English Religious and Ethical Literature: Essays in Honour of G.W. Russel*, Cambridge 1986, 233–50.

16 An Jakob Batt, Apr. (1500): "Ad Graecas literas totum animum applicui", Allen 124/62f; und erneut an ihn im Dez. (1500): "tamen vndecunque mihi nummorum aliquantulum erat corradendum, ... qui Graecos libros comparem, qui Graeci operam conducam." Allen 138/38ff; im März (1501): "Id quoniam impendio conor Graecitatem in primis asciscendam video, menses aliquot Graecum didasculum adire decreui plane Graecum," Allen 149/65ff; ähnlich im Juli (1501) an Nikolaus Bensrott, Allen 160/3–8; an Willem Hermans (Sept 1502): "In Graecis litteris sum totus, neque omnino operam lusi; eo enim profeci vt mediocriter quae velim Graecas scribere queam, et quidem ex tempore." Allen 172/9–12; ähnlich 1504 an Colet, Allen 181/76–90; vgl. Allen, I, Appendix VI, 592.

17 "... vti diuus Hieronymus nobis tutus quasi renasceretur" (Allen 334/99f). Erasmus verwendet 1515 bezeichnenderweise für seine humanistische Arbeit den die gesamte Epoche charakterisierenden Begriff des *rinascere/rinascimento*!

thek des Praemonstratenserabtei Park in Heverlee bei Löwen fand er im Sommer 1504 eine Handschrift mit dem noch ungedruckten Text der *Collatio* (oder *Adnotationes*) Lorenzo Vallas (1407–1457) zum Neuen Testament nach der zweiten Version von 1450, die (gegenüber der mehr grammatischen und philologischen Vulgata-Kritik der ersten Version von 1443) stärker die *theologischen* Implikationen der verschiedenen Übersetzungen betont. 1505 brachte er sie in Paris mit einer eigenen Einführung erstmals heraus[18]. Darin verteidigt er Valla als Grammatiker und betont die Unentbehrlichkeit der Grammatik als Dienerin der Theologie, ja, "diese ganze Aufgabe, die Hl. Schrift zu übersetzen, ist doch wohl die Sache des Grammatikers"[19]. Valla hatte eigentlich eine vollständige Neuübersetzung des NT geplant. Des Erasmus' Hinweis, Valla habe *mehrere* griechische Handschriften verglichen und daraus Anmerkungen zum lateinischen *Vulgata*-Text gemacht[20], klingt wie die erste Formulierung seines künftigen eigenen Programms zur humanistischen Bibelphilologie: zuverläßige Wiedergabe des griechischen "Urtextes" mitsamt lateinischen Anmerkungen zum kritischen Vergleich mit der tradierten *Vulgata*; darüber hinaus ist dies zugleich eine Wegweisung hin zur modernen historisch-kritischen Textedition und zur modernen theologischen Exegese[21].

So kann er Ende 1504 Colet berichten, er habe nunmehr sein ganzes Leben dem Studium der Hl. Schrift geweiht, und, offenbar angeregt durch die Origenes-Studien[22], "in einem Zug vier Bände" einer Interpretation zum Römerbrief geschrieben und betreibe seine Griechischstudien mit allem Nachdruck[23].

---

18 *Laurentii Vallensis ... in latinam Novi Testamenti interpretationem ex collatione graecorum exemplarium adnotationes apprime utiles, ed. D. Erasmus Roterodamus*, Paris: Badius Ascensius, 13. April 1505. 2°; Rotterdam 100; Basel C12.

19 Widmungsbrief an Christoph Fisher: " ... imo totum hoc, diuinas vertere scripturas, grammatici videlicet partes sunt." Allen 182/129f.

20 "quod tandem flagitium est, si Laurentius collatis aliquot vetustis atque emendatis Graecorum exemplaribus quaedam annotauit in Nouo Testamento, quod sine controuersia totum ab illorum fontibus manat", Allen 182/119–122, etc.

21 Vgl. Robert Stupperich, *Erasmus von Rotterdam und seine Welt*, Berlin/New York 1977, 120.

22 Vgl. Allen 181/47ff.

23 "Dici non queat, optime Colete, quam velis equisque properem ad sacras literas, quam omnia mihi fastidio sint quae illinc aut auocant aut etiam remorantur. ... Deinde liber ac toto pectore diuinas literas aggrediar, in hiis reliquam omnem aetatem insumpturus. Quanquam ante triennium ausus sum nescio quid in epistulam Pauli ad Romanos, absoluique vno quasi impetu quatuor volumina; progressurus, ni me quaedam auocassent; quorum illud praecipuum, quod passim Graeca desyderarem. Itaque iam triennium ferme literae Graecae me totum possident, neque mihi videor operam omnino lusisse" Allen 181/24–36; vgl. Erasmus an Johann Poppenruyter 1501: "In quem (Pau-

1505 bis Mitte 1506 weilt Erasmus zum zweiten Mal in England. Man hat dies das "gräzistische Zwischenspiel" genannt, da er sich der sprachlichen Vervollkommnung und Erschließung neuer literarischer Felder widmet und weitere griechische Texte herausbringt. Von 1506 bis 1509 ist er in Italien und bleibt auch hier seinen biblischen Vorbereitungsarbeiten auf der Spur.

1507 schreibt er an den Druckerfürsten Aldus Manutius in Venedig, er wundere sich, daß Aldus nicht schon längst das NT herausgebracht habe, was allgemein, besonders bei "uns Theologen" Gefallen finden werde[24]. Leider ist unsere Kenntnis von Erasmus' Tätigkeiten in dieser Zeit arg begrenzt, weil aus den Jahren 1502–09 nur wenige, zwischen 1509 und 1511 überhaupt keine Briefe seiner Korrespondenz erhalten sind.

***

Exkurs: Erhaltene Handschriften zu Erasmus' lateinischem Text des Novum Instrumentum

An dieser Stelle sei ein kurzer Exkurs eingeschoben über die erhaltenen Handschriften des Erasmus-Textes vom *Novum Instrumentum*.

Hierzu sind vier von Pieter Meghen (1466–1540), dem einäugigen Schreiber-Boten des Erasmus und Colets und späterem Hofschreiber Heinrichs VIII., kalligraphisch geschriebene Handschriften erhalten[25].

— British Library, MS Royal I.E.v (2 Bde.): I. Paulinische und Apostelbriefe, II. Lukas- und Johannes-Evangelium, jeweils Vulgata-Text und Erasmus-Version in parallelen Spalten, geschrieben für John Colet[26];

— Cambridge University Library, MS Dd.vii.3: Matthäus- und Markus-Evangelium, ebenfalls beide Versionen in Parallelspalten, geschrieben für John Colet[27];

lum) nos iampridem enarrationem magno studio molimur. Audax quidem facinus ... politiorem veterum literaturam per adolescentiam sumus amplexi, ... vtriusque linguae, Graecae pariter ac Latinae, mediocrem cognitionem non sine multis vigiliis nobis peperimus ..." Allen 164/39ff.

24 "Demiror quid obstiteret quo minus Nouum Testamentum iampridem euulgaris, opus (ni me fallit coniectura) etiam vulgo placiturum, maxime nostro, id est Theologorum, ordini." Allen 207/16–19.

25 Eine Zusammenstellung der von Meghen geschriebenen Handschriften in J.B. Trapp, "Notes on Manuscripts Written by Pieter Meghen", in *The Book Collector* XXIV (1975), 80–96; künftig zitiert als 'Trapp' mit Nummer; ders., "Pieter Meghen", *Contemporaries of Erasmus*, III, Toronto 1986, 420–22. Nicolas Baker verdanke ich den Hinweis auf eine weitere Meghen-Handschrift (Hours of the Holy Ghost and Prayers for the Holy Week, Bruges, ca. 1516); sie wurde von Christie's (London) am 21. Juni 1989, Los 37, versteigert und von der Lambeth Palace Library erworben.

26 Trapp 6.

27 Trapp 7.

— Oxford, Corpus Christi College, MS E.4.9–10 (13–14) (2 Bde.): Neues Testament, beide Versionen in alternierenden Zeilen, geschrieben für N.N.[28];

— Hatfield House, Cecil Papers, MS 324: Apostelgeschichte und Apokalypse, beide Versionen in Parallelspalten, geschrieben für Heinrich VIII. und Katharina[29];

In *Un inédit d'Erasme*[30] präsentierte Henri Gibaud vor einigen Jahren, wie es hieß,

> en édition princeps un texte dont les spécialistes des études bibliques et ceux de l'histoire des idées à la Renaissance ne manqueront pas d'apprécier l'importance capitale

und versuchte in seiner Einleitung die Genese der lateinischen Übersetzung des Erasmus anhand dieser Meghen-Handschriften zu rekonstruieren. Unter Hinweis auf Meghens Datierungen im Kolophon der Handschriften vertrat Gibaud eine sehr früh angesetzte Entstehungszeit der lateinischen *Erasmus*-Übersetzung zwischen 1506 (seinem 2. Englandaufenthalt) und 1509 und stieß damit auf Kritik. Nach Andrew J. Browns Untersuchungen[31] gehen in diesen vier Handschriften jedoch allein die *Vulgata*-Versionen der für John Colet geschriebenen Handschriften der *editio princeps* des *Novum Instrumentum* von 1516 vorauf und wurden von Meghen im Kolophon exakt datiert: im I. Londoner Band (Briefe) auf den 1. November 1506, im Band aus Cambridge (Matthäus und Markus) auf den 8. Mai 1509, und im II. Londoner Band (Lukas und Johannes) auf den 7. September 1509. Die *Erasmus*-Version hingegen ist in beiden Handschriften erst *nach 1518* in den von Meghen offenbar eigens dafür freibelassenen Raum nachgetragen worden: in der Cambridger Handschrift nach 1518, in den beiden Londoner Bänden nachweislich sogar nach dem gedruckten Text der zweiten Auflage des *Novum Testamentum* von 1519, d.h. erst nach Colets Tod. Die Handschriften aus Oxford (I: Evangelien und Apostelgeschichte; II: Briefe und Apokalypse, geschrieben für einen Unbekannten) und aus Hatfield (Apostelgeschichte und Apokalypse, geschrieben für Heinrich VIII. und

28 Trapp 8.
29 Trapp 9.
30 S. Anm.1.
31 "The Date of Erasmus' Latin Translation of the New Testament", in *Transactions of the Cambridge Bibliographical Society* VIII (1984), 351–80; vgl. H.J. de Jonge, "Novum Testamentum a nobis versum: the essence of Erasmus's Edition of the New Testament", in *Journal of Theological Studies*, n.s. 35 (1984), 394–413.

Katharina) datieren *insgesamt* erst nach 1518[32]. Aus den Meghen-Handschriften lassen sich so jedenfalls keine Anhaltspunkte für eine Datierung der Erasmus-Übersetzung zwischen 1506 und 1509 gewinnen. Erasmus hat offenkundig bis zur Drucklegung 1516 an seiner Übersetzung gearbeiten.

***

Zurück zu den Vorarbeiten des Erasmus am NT. Von Robert Fisher gedrängt, eilt er 1509 auf die Nachricht von der Thronbesteigung Heinrichs VIII., von dem man den Anbruch eines Goldenen Zeitalter des Humanismus erwartete, von Italien zum dritten Male nach England (August 1509 - April 1511; vierter Besuch: Sommer 1511 - Juli 1514), wo er, von einer kurzen Reise auf den Kontinent unterbrochen, durch Bischof Fishers Vermittlung am Queen's College Cambridge über Hieronymus lehrt und seine Textrevision des NT weitertrieb[33]. So kollationiert er vier griechische Handschriften, darunter den *Codex Leicestriensis* (Minuskel-Codex 69) aus der sog. 'Ferrar-Gruppe', ein ihm in Cambridge zugängliches, von einem Griechen aus Konstantinopel um 1468 für Erzbischof Neville von York kopiertes NT[34]. 1513 teilte er Colet mit, er habe das Kollationieren des NT beendet und beginne mit dem Hieronymus[35], auch korrespondiert er mit ihm besorgt wegen seines Bischof Fisher geliehenen Matthäus-Textes[36]. 1514 berichtet er seinem Prior Servatius Rogerus, er habe das gesamte NT durch Kollation griechischer und alter Handschriften revidiert und an über tausend Stellen kommentiert, nun habe er mit seinen Kommentaren zu den Paulusbriefen begonnen[37].

Im Juli 1514 reist Erasums zum ersten Mal über Löwen nach Basel, wo er einem neuen Humanistenkreis begegnet: Johann Froben und Johann Amerbach mit dessen Söhnen Bruno, Basilius und Bonifatius. In einem dort im August geschriebenen Brief an Reuchlin

32 Trapp, "Pieter Meghen, yet again", in *Manuscripts in the Fifty Years After the Invention of Printing: Some Papers read at a Colloquium at the Warburg Institute on 12-13 March 1982*, ed. J.B. Trapp, London 1983, 23-28, plus 4 Tafeln (5-8).

33 Im Herbst 1512 schreibt er an Gilles: "Absoluam castigationem Noui Testamenti". Allen 264/13f.

34 Leicester Museum, MS 6D 32/1; Rotterdam 189.

35 "Absolui collationem Noui Testamenti". Allen 270/58.

36 Allen 278/18ff.

37 "Ex Graecorum et antiquorum codicum collatione castigaui totum Nouum Testamentum, et supra mille loca annotaui non sine fructu theologorum." Allen 296/155ff.

Abb. 1: Quentin Metsys' "Erasmus" (1517) Hampton Court Palace, H. M. The Queen

begegnet zum ersten Male der Gedanke zur *Drucklegung* des griechischen NT und seiner *adnotationes*. Ferner bittet er ihn um Einsicht in eine griechische Handschrift des NT[38].

Im gleichen August scheint er dort mit Johann Froben über den Druck des Hieronymus und des NT verhandelt zu haben. Zwei biblische Konkurrenzunternehmungen drängen zur Eile: Die Complutensische Alcalá-Ausgabe und Aldus' langgehegter Plan einer hebräisch-griechisch-lateinischen Ausgabe. Am 2. September spricht Beatus Rhenanus von seiner Einigung mit Froben[39]. Am 21. September 1514 erwähnt Erasmus in einem Brief an Jakob Wimpheling erstmals die Idee einer eigenen lateinischen Neuübersetzung des NT[40], die Nikolaus Gerbell hingegen wegen der zusätzlichen Kosten für überflüssig hält[41]. Ebenfalls erwähnt er die mühsame Aufgabe, seine *adnotationes* zu überarbeiten und zu vermehren[42].

Hoffte Erasmus, in Basel zuverlässige Handschriften als Grundlage für den griechischen Text des NT vorzufinden, so sieht er sich hierin enttäuscht[43]. Er konsultiert zunächst fünf griechische Minuskel-Handschriften (heute in der Universitätsbibliothek Basel), die Kardinal Iwan Stojković von Ragusa beim Basler Konzil (1431-37,

---

38 "Scripsimus annotationes in Nouum Testamentum vniuersum. Itaque est animus excudendum curare Nouum Testamentum Graecum adiectis nostris annotamentis. Aiunt tibi exemplar esse emendatissimum; cuius copiam si feceris Ioanni Frobenio, gratum facies non solum mihi atque illi verum etiam studiosis omnibus." Allen 300/31-35.

39 An Michael Hummelberger: "Nouum Testamentum Graece hic imprimet Frobenius cum annotationibus illius", in *Briefwechsel des Beatus Rhenanus*, ed. A. Horawitz & K. Hartfelder, Leipzig 1886, 40/6f.

40 "Superest Nouum Testamentum a me versum et e regione Graecum, vna cum nostris in illud annotamentis". Allen 305/222ff. Ähnlich am 23. September an Zasius: "Adornatur Nouum Testamentum nostris purgatum et illustratum scholiis." Allen 307/32f. Vgl. auch Erasmus' späteren Bericht an Budé vom Juni 1516, Allen 421/44ff. Ähnlich äußert sich Erasmus 1533 in seinem Vorwort zum 1. Band der *Opera omnia* des Hieronymus (Paris: C. Chevallon, fol. †)

41 Allen 352, passim.

42 Allen 421/46ff an Budé. Zur Vorgeschichte des Drucks vgl. August Bludau, "Die beiden ersten Erasmus-Ausgaben des Neuen Testaments und ihre Gegner", in *Biblische Studien*, 1902, 11-125.

43 An Budé, Allen 421/55ff. Vgl. Bludau, a.a.O.; C.C. Tarelli, "Erasmus's Manuscripts of the Gospels", in *Journal of Theological Studies* XLIV (1943), 155-62; XLVIII (1947), 207f: Bo Reicke, "Erasmus und die neutestamentliche Textgeschichte", in *Theologische Zeitschrift* XXII (1966), 254-65; Basil Hall, "Erasmus: Biblical Scholar and Reformer", in *Erasmus*, hg. T.A. Dorey, London 1970, 104; J. Hadot, " La critique textuelle dans l'édition du Nouveau Testament d'Erasme" in *Colloquia Erasmiana Turonensia*, II, Paris/Toronto 1972, 754f.; K.W. Clark, "Obversations on the Erasmian Notes in Codex 2" ([1]1959), in ders., *The Gentle Bias*, Leiden 1980, 165-72.

bzw. 1448) dem dortigen Barfüßer-(Franziskaner-)kloster vermacht hatte:

1 (UB Basel: MS AN.IV.1) Eine fehlerhafte Evangelien-Handschrift des 12. Jahrhunderts, Minuskel-Codex 2e[44], in der Lk 6.28b fehlt. Der Text wurde von Erasmus korrigiert und ergänzt und als *copytext* für die Evangelien in die Druckerei gegeben, allerdings keineswegs vom Drucker stets so gedruckt. Der Codex enthält in roter Kreide mit der Erstausgabe von 1516 korrespondierende Seitenangaben[45].

2 (MS AN.IV.4) Die Apostelgeschichte und Briefe. Minuskel-Codex 2ap, des 12. Jahrhunderts aus dem Besitz Johann Amerbachs. Auch diese Handschrift wurde von Erasmus korrigiert und als Druckvorlage in die Offizin gegeben[46].

3 (MS.AN.IV.2) Das von Reuchlin aus dem Barfüßerkloster entliehene NT (ohne Apokalypse) des 12. Jahrhunderts, Minuskel-Codex 1eap, enthält zahlreiche, von Erasmus korrigierte Akzent- und Aspirationsfehler und Italizismen[47].

4 (MS AN.IV.5) Apostelgeschichte und Briefe in einer Handschrift mehrerer Schreiber des 15. Jahrhunderts, Minuskel-Codex 4ap[48].

5 Die durch Reuchlin besorgte einzige Handschrift der Apokalypse aus dem 12. Jahrhundert, Minuskel-Codex 1r, der sog. 'Codex Capnionis'[49]. In ihm *fehlten* das letzte Blatt mit den Versen 22.16–21, die Erasmus daher selbst ins Griechische zurückübersetzte. Unbeschadet seines offenen Eingeständnisses solcher Konjektur in seinen *annotationes*[50], sollte ihm dies später scharfe Kritik eintragen[51].

---

44 Bezifferung nach C.R. Gregory, *Textkritik des NT*, Leipzig 1900–09, I, 127; vgl. Kurt Aland, *Kurzgefaßte Liste der griechischen Handschriften des NT* (Arbeiten zur neutestamentlichen Textforschung, 1), Berlin 1963, 61. Die Handschrift ist heute in Basel, UB: MS AN.IV.1. Henri Omont, *Catalogue des manuscrits grecs des bibliothèques de Suisse, ... et Zurich*, Leipzig 1886, Nr. 11 (zitiert als "Omont" mit Nummer.); Rotterdam 190; Basel F9.

45 " ...coactus sum praecastigare codices quibus vsuri erant τυπογράφοι ." Allen 421/52f.

46 Omont 9.

47 Rotterdam 191; Basel C14. Vgl. Allen 300/33–35; Omont 8.

48 Omont 10.

49 Schloß Harburg bei Donauwörth, Oettingen-Wallersteinsche Bibliothek: U.1.40.1. Vgl. Bludau, a.a.O., S. 16f; Einführung zu Brief 384 in *Collected Works of Erasmus*, Bd. 3, Toronto 1976, 219f.

50 Vergleiche auch seine 'Responsio ad adnotationes Eduardo Lei', II, *Opera omnia*, ed. J. Clericus, Lugduni Batavorum 1703, IX, col. 246A–C, zitiert als *LB*.

51 B.M. Metzger, *The Text of the New Testament*, Oxford [2]1968, 99f.

Ferner:

6 (MS AN.III.15) Eine Evangelien–Handschrift, Minuskel–Codex 817, "mit dem inserierten Kommentar des Theophylakt (11. Jh.), den Erasmus vor allem wegen seiner vermeintlichen Altertümlichkleit hervorhob" (Holeczek)[52].

7 (MS AN.III.11) Die Handschrift der Apostelbriefe aus dem 11. Jahrhundert, Minuskel–Codex 7p, wurde von Erasmus offenbar nur als Vergleichstext konsultiert; sie enthält Markierungen, die zur Seitenzählung des *Novum Testamentum* passen[53].

Nicht benutzte er hingegen: (MS AN.III.12), eine Evangelien–Handschrift, Majuskel–Codex E 07, des 8. Jahrhunderts, ebenfalls von Iwan Stojković von Ragusa dem Barfüßer–Kloster vermacht, die möglicherweise in Vergessenheit geraten war[54].

Als Erasmus im Frühjahr 1515 in Löwen weilt, drängt ihn Beatus Rhenanus wiederholt aus Basel: Froben bitte um Druckvorlagen für das NT[55].

In einem Brief aus London von Mitte Mai 1515 spricht Erasmus gegenüber Kardinal Domenico Grimani (1461–1523) untertreibend nur von Druckvorbereitungen seiner *Adnotationes* zum NT mitsamt seiner Version der Apostolischen Briefe für den nächsten Sommer[56], doch steht sein kurzer fünfter Besuch in England wiederum im Zeichen der Druckvorbereitungen des Hieronymus und des NT. Mit diesen beiden Titeln, Hieronymus und NT, beginnt die spätere Position des Erasmus *zwischen* den konfessionellen Lagern bereits damals, Jahre vor Luthers Thesenanschlag, die ihn charakterisierende Kontur anzunehmen: die Väter edierend, fundierte er den Katholiken die patristische Tradition und den Protestanten schuf er eine kritisch gesicherte biblische Basis.

Drucklegung

Von August 1515 bis Mai 1516 kehrt Erasmus zu seinem zweiten Aufenthalt nach Basel zurück. Er hat sich inzwischen für den Druck

---

52 Vgl. Erasmus' *Apologia ad adnotationes Stunica, Opera omnia*, IX,ii, Amsterdam 1983, 130f (=*LB*, IX, col.311D–E).

53 Vgl. *Collected Works of Erasmus*, vol.3, Toronto 1976, 219.

54 Vgl. Reicke, a.a.O., 258, 263.

55 Am 17. April: "Petit Frobenius Nouum abs te Testamentum habere, pro quo tantum se daturum pollicetur quantum alius quisquam." Allen 328/36f; erneut am 30. April: "Frobenius Nouum Testamentum a te cupit habere". Allen 330/1.

56 Allen 334/164–70.

bei Froben entschieden[57]. Er selbst will die Drucklegung des Hieronymus und des NT überwachen. Ohne daß die Vorbereitungsarbeiten bereits abgeschlossen wären, beginnt Froben mit dem Satz. Er drängt zur Eile, weil er die Auslieferung der 'Complutensischen Polyglotte' des Kardinal Ximenes de Cisnero in Alcalá (dem alten römischen Complutum) befürchtet[58]. Ihr wollte Froben mit seiner Erasmus-Ausgabe unbedingt zuvorkommen. Am 30. August 1515 kann er dem englischen Kardinal Wolsey den Druckbeginn des zweisprachigen und kommentierten NT melden[59]. Im gleichen Monat schreibt er an Pieter Gilles, der begonnene Satz des NT habe wegen Fehlens geeigneter Korrektoren unterbrochen werden müssen[60]. Anfang September kritisiert Nikolaus Gerbell das vorgeschlagene Layout der Seiten[61]. Gegen Monatsende konnten dann Johann Oekolampad aus Weinsberg (der spätere Reformator Basels) und Nikolaus Gerbell aus Pforzheim als Korrektoren gewonnen[62] und der Druck vor dem 2. Oktober wieder aufgenommen werden[63]. Zasius gegenüber stöhnt Erasmus damals unter der doppelten Last der Hieronymus-Ausgabe und des NT und vergleicht seine Mühen mit dem Kampf des Herkules mit der Hydra[64].

---

57 Zu seinem Zögern: vgl. Allen 324/26f, 328/36f, 330/1, 389/9 Anm.

58 *Biblia sacra polyglotta, complectentia Vetus Testamentum hebraico, graeco et latino idiomate. Novum Testamentum graecum et latinum* ..., gedruckt Compluti: Brocario, 1514–17. Zwar war Band V mit dem griechischen und lateinischen Text des NT bereits 1514 gedruckt worden, doch erfolgte die Auslieferung in 600 Exemplaren infolge römischen Zögerns erst 1522, als sich Erasmus' *Novum Testamentum*, inzwischen in dritter Auflage vorliegend, bereits weithin durchgesetzt hatte; allein die beiden ersten Auflagen waren in über 3300 Exemplaren erschienen.

59 "Excuditur et Nouum Testamentum Graecum, vt ab Apostolis est scriptum; Latinum, vt a me versum, vna cum nostris annotationibus." Allen 348/10–12.

60 "Nouum Testamentum coeptum erat, sed rursus intermissum ob inopiam castigatoris". Allen 356/11f. Vgl. Amerbach-Korrespondenz, ed. Alfred Hartmann und B.R. Jenny, Bd. II, Basel 1943, 535.

61 Allen 352/5ff.

62 Brief an Zasius: "adest et Gerbellius et Oecolampadius", Allen 358/5f; vgl. Johann Froben an Bonifaz Amerbach, 22. Sept. 1515: "Aber nicht des mynder solt ihr wissen, daß vff Matthei ist komen Ycolampadius von Heidelperg, auch Nicolaus Gerbell von Strossburg, vnd wollen mir zu hilff komen im Nouo Tesamento vnd sind in meynem hwß. Hetten wir soliche menner von erst gehept, bessert euch vnd unß allen." *Amerbachkorrespondenz*, II, 535/9–13.

63 "Nouum Testamentum iam agressi sunt"(Allen 360/2f).

64 "Nos laboribus propemodum obruimur, et gemina difficultate, nempe Hieronymi et Noui Testamenti, sic distringimur vt existimem Herculi minus fuisse negocii cum excetera et cancro." Allen 366/2–5. Hieronymus' *Operum omnium tomus primus (- nonus)* erschien bei Froben im Mai 1516. Rotterdam 211; Leuven 55.

Anfang 1516 läuft der Druck des NT auf zwei Pressen gleichzeitig[65] mit dem Ziel, täglich eine Ternione[66] fertigzustellen — ein druckerisches Unterfangen, das dadurch erschwert wird, daß Erasmus seine *Adnotationes* noch während des Druckvorgangs von ursprünglich 30 auf 80 Lagen vermehrt[67].

Der Druckfortschritt läßt sich recht genau rekonstruieren. Dazu gibt es einmal das 'innere Zeugnis' des Bandes selbst. In ihm finden sich an fünf Stellen explizite Datierungen. Der chronologischen Reihe nach:

— "M.D.XV." ist des Erasmus Vorrede zu seinen *adnotationes* datiert,[68]

— "M.D.XVI. calendis Febr^{iis}" (1. Februar 1516) seine Widmung der Ausgabe an Papst Leo X.,[69]

— "mense Februario. Anno M.D.XVI." Frobens Kolophon auf der letzten Seite des Buches,[70]

— "sexto Calendas Martias Anno M.D.XVI." (24. Februar 1516) Frobens Vorrede an den Leser[71] und

— am "M.D.XVI. calendis Martij" (1. März 1516) datiert das Ende der *annotationes*[72].

Diesem inneren entspricht das äusere Zeugnis Dritter, auf das wir hier nicht weiter eingehen können.

Damit ist ein rund achtmonatiger Druckprozeß dieser Ausgabe mit rund 1000 Seiten im Eiltempo vollendet, *praecipitatum verius quam editum*[73]. Eine Mammutleistung, über die Erasmus noch im Juni 1516 stöhnt: " ...endlich bin ich der Basler Zwangsarbeit entronnen, in der ich in acht Monaten die Arbeit von sechs Jahren geleistet habe"[74].

Zahllose Druckfehler bezeugen die übergroße Eile des Druckens. Die am Ende beigefügte *emaculata*- bzw. *emendata*-Liste[75] umfasst zwei volle Seiten. Ebenfalls die Pagination geriet an vielen Stellen

65 Froben an Amerbach, 16. Okt. 1515: "Wist, das ich in Nouuo Testamento m[it zweihen bressen truck ...]", *Amerbachkorrespondenz*, II, 538/14f.

66 Das ist eine 'Lage' von 6 Blatt, also 12 Buchseiten Text. " ...excudebatur singulis diebus ternio (sic enim nunc vocant)", Allen 421/58f.

67 Allen 421/46–50, 63ff; vgl. 377/7.

68 Sign. u2^v. Allen 373.

69 Sign. aaa3^r. Allen 384.

70 Letzte, unsignierte Seite recto.

71 Sign. (a1)^v.

72 Sign. Ff(6)^r.

73 An Nikolaus Ellenbog, Allen 402/1f.

74 An Rimaclus, Allen 411/1f.

75 Zwei vor dem letzten Blatt eingeschobene unsignierte Seiten.

durcheinander. Für eine sorgfältige Schlußkorrektur hatte einfach die Zeit gefehlt.

Erscheinen Ostern 1516

Am 7. März konnte Erasmus Urbanus Regius mitteilen: "Nouum Testamentum editum est"[76]. Es erschien rechtzeitig zur Frankfurter Ostermesse 1516[77], als Folioausgabe von 1000 Seiten und mit einer Erstauflage von 1200 Exemplaren unter dem Titel: *NOVUM IN/ strumentum omne, diligenter ab ERASMO ROTERODAMO / recognitum & emmendatum ...*[78]. 'Instrumentum' ist hier im diplomatischen Sinne zu verstehen als "(Vertrags-)Instrument", als "schriftliches Dokument des Neuen Bundes", als "Werkzeug des Heils"[79].

Es trug auf der Titelseite den Druckort Basel (APVD INCLYTAM GERMANIAE BASILEAM), die Druckermarke Johann Frobens (IO. FRO.) mit Merkurstab, Schlange und Taube[80] und das Privileg Kaiser Maximilians, im Innern die Widmung an Papst Leo X. Es stand somit unter dem Schutz der höchsten geistlichen und weltlichen Gewalten der abendländischen Christenheit und war in die Hände der Fürsten gelegt.

Dem äußeren Erscheinungsbild seiner Bücher maß Froben als gediegener Handwerker grossen Wert bei. Sie waren für ihn zugleich persönliche Visitenkarten wie Dokumente seines Firmenprestiges. Voll Stolz verkündet Sign. A1^{r} ein von Putten gehaltener Schild: IOANNES FROBENIVS SUIS TYPIS EXCVDEBAT.

Die Titelseite hat er, vermutlich nach dem Vorbild des Aldus Manutius[81], typographisch in Kelchform gestaltet: das Wort Gottes für jedermann im *Novum Instrumentum* als "Kelch des Heiles"[82].

Die für den Zweispaltendruck verwendeten Typen verdienen Beachtung. Für den griechischen Text hatte Froben eigens zu diesen Zweck sich eine sehr elegante und angenehm lesbare griechische Kursive nach aldinischem Vorbild schneiden lassen; für den lateinischen

76 Allen 394/36.

77 " ...et stabat sententia aut immori laboribus aut ante Pasca ex eo pristino memet explicare." Allen 421/61f.

78 Faksimile–Neudruck von Heinz Holeczek, 1986 (s. Anm.1). Seine chronologische Genese der lateinischen Übersetzung des Erasmus war jedoch bereits bei Erscheinen durch die Untersuchungen von Brown (s. Anm. 31) überholt, alle darauf aufbauenden Folgerungen und Interpretationen sind hinfällig.

79 So Budé, Allen 403/23: 'Ὄργανον τῆς εὐσεβείας.

80 Nach Mt 10.16 und *Adagia* II,i,1;v,34.

81 *Adogiorum chiliades tres ...*, Venedig 1508.

82 Auf die Bedeutung des Laienkelchs in der Reformation sei nur am Rande hingewiesen.

Text verwendete er wiederum die viel bewunderte römische Antiqua ebenfalls aldinischer Prägung, die er in sechs Größen 1513 für Erasmus' *Adagia* angeschafft hatte.

Neben typographischer Ästhethik stattete Froben auch dieses Werk mit Holzschnitten aus. Hierzu beschäftigte er für seine Offizin die hervorragendsten Künstler, Holz- und Kupferstecher seiner Zeit, bei anderen Werken immer wieder die Gebrüder Hans und Ambrosius Holbein, für diesen Band den Schweizer Maler, Graphiker und Goldschmied Urs Graf (1485–1527). Er schuf eigens für das *Novum Instrumentum* mehrere Holzschnitte. Die Bordürenleisten sind teils nach dem Vorbild von Zacharias Callierges (Venedig 1499) gestaltet, die hier, mehrfach variierend, in Kompositmanier zu vierteiligen Rahmen zusammengefügt wurden[83]. Sie zeigen auf dem für Graf charakteristischen schwarzen Hintergrund Putten und Satyrn mit antiken Ornamenten im Stil der Renaissance, daneben Blattwerk, Girlanden und architektonische Elemente; ferner schuf er mannigfache Zierleisten und Schmuckinitialen.

Inhalt

Das *Novum Instrumentum* von 1516 umfaßt fünf Teile:

I. als "Prolog" Frobens empfehlende Vorrede an den Leser[84] und des Erasmus' Widmung des NT an Papst Leo X.[85], drei Vorreden des Erasmus an den Leser: die *Paraclesis*[86], den *Methodus*[87] und die *Apologia*[88], sowie vier griechische Kurzviten der Evangelisten nach Dorotheus[89];

II. Die vier Evangelien und die Apostelgeschichte mit griechisch-lateinischem Text in Parallelspalten[90]; die griechische *Prothesis*[91];

III. die Apostelbriefe (jeweils eingeleitet durch ein *argumentum*) und die Apokalypse in griechisch-lateinischem Paralleltext[92];

---

83 Sign. aa2^r; A1^r (mit verschlungener Signatur 'VG'); t6^r.
84 Sign. aa1^v.
85 Sign. aa2^r–aa3^r. Allen 384.
86 Sign. aa3^v–bbb1^r.
87 Sign. bbb1^r–bbb5^v.
88 Sign. bbb5^v–bbb8^v.
89 Sign. bbb8^v.
90 S.1–322; Sign. A1^r–DD5^v.
91 S.323–4; Sign. DD6^{r}v.
92 S.(1)–224 (zweite Zählung); Sign.(Ai^r–t5^v); vgl. Henk de Jonge, "The Relationship of Erasmus' Translation of the New Testamtent to that of the Pauline Epistles by Lefèvre d'Etaples", in *Erasmus in English* 15 (1987/8), 2–7.

IV. des Erasmus lateinische Vorrede[93], seine *Annotationes* zum NT[94] und

V. als "Eschatolog" die Nachrede Oekolampads[95], die erwähnte Druckfehlerkorrektur[96], einen Kollationskanon (*Canon ternionum*) und schließlich Frobens Kolophon mit seiner großen Druckermarke[97].

Wesen und Bedeutung der Ausgabe

Wesen und Bedeutung des *Novum Instrumentum* von 1516 liegt zuvörderst im erstmaligen *Erscheinen* des griechischen Textes des NT im Druck, da Froben der Auslieferung der Polyglotte des Kardinal Ximénes von Alcalá zuvorgekommen war. Einer weltweit ungeduldig wartenden Christenheit[98] den kritisch geprüften griechischen "Archetypus" des NT im Druck zugänglich gemacht zu haben, allein dies war eine theologische Großtat, nicht zuletzt aber auch das geschickte Nutzen des *Kairos*, des rechten Augenblicks in der Erwartung Vieler.

Zum anderen liegt das Wesen der Ausgabe in ihrer typographischen Anlage: durch den griechisch–lateinischen Paralleldruck des Textes des NT ermöglichte sie ein genaues, textvergleichendes Bibelstudium. Links steht der griech. "Urtext" und rechts Erasmus' gereinigte lateinische Übersetzung aus dem Griechischen mit mehr als 40% Änderungen gegenüber dem traditionellen *Vulgata*–Text. Den Sinn seiner Übersetzung sieht er als *Hilfsmittel* zum eigenen Bibelstudium, nicht zuletzt in der Rivalität seiner neuen und eleganten lateinischen Übersetzung zur Vulgata.

Zum dritten gründet die Bedeutung der Ausgabe in der philologisch–rationalen biblischen Methodenlehre, die Erasmus in seinen drei Einleitungen voranstellt:

In der *Paraclesis ad lectorem pium* legt Erasmus seine *philosophia Christi* und ihre schlichte Einfachheit dar: jeder Mensch guten Willens, Hausfrau oder Handwerker, könne im NT den wahren Geist Christi finden. Daher gehöre das NT in jede Hand. Erasmus wünscht auch Übersetzungen in die Muttersprache — was die Reformatoren

93 S.225–230; Sign. t6^{r}–u2^{v}.

94 S.230–"675"; Sign. u3^{r}–Ff6^{r}.

95 Unpaginiert; Sign. Ff7^{r}.

96 Unpaginiert und unsigniert.

97 Ff8^{r}; die letzte Versoseite ist leer.

98 Vgl. More an Erasmus, London, c.17. Febr. 1516: "Gaudeo Hieronymum ac Nouum Testamentum tam bene procedere. Mirum est quanto vndique desyderio expectantur ab omnibus." Allen 388/162f.

alsbald aufgreifen. Gesonderte Drucke der *Paraclesis* vervielfältigen noch ihre Wirkung[99].

Im *Methodus* gibt Erasmus eine Anleitung zur neuen humanistischen Bibel-Theologie[100]. Hierzu gehöre, daß der Theologe drei Sprachen kennen müsse, Hebräisch, Griechisch und Latein; er könne und dürfe sich nicht auf die *Vulgata* allein beschränken. Durch sorgfältiges Studium müsse der *Sinn* des Textes ermittelt werden; hierfür seien die frühen Väter, insbesondere Hieronymus und Origenes unentbehrlich.

In der *Apologia* erwähnt er seine griechischen Handschriften und fügt hinzu, daß Valla mehr davon zur Verfügung gestanden hätten als ihm[101].

Seine *Annotationes* geben Auskunft über die Prinzipien und Methoden seiner Bibelphilologie[102].

Zusammengenommen gilt das Hauptanliegen des Erasmus der Wiederherstellung des griechischen 'Urtextes' — "wie von den Aposteln geschrieben" — begleitet von seiner "gereinigten" lateinischen Übersetzung für eine breite gebildete Leserschaft. Dabei bleibt ihm die religiöse und moralische Heilsbotschaft Gottes an alle Menschen stets Mittelpunkt seiner Studien. Im Text der Evangelien erkannte er sowohl die göttliche Offenbarung wie zugleich das menschliche Werk der Überlieferung. Die hieraus im Laufe der Jahrhunderte sich ergebenden vielen Möglichkeiten einer Textverfälschung bildeten den Ausgangspunkt seiner Bemühungen um Wiederherstellung des ursprünglichen Textes. Hierzu griff er auf die kritischen Editionsmethoden der Kollation, der Rezension und der Emendation zurück, rekurrierte auf die Überlieferung von Textstellen in der patristischen Literatur und

---

99 *Paraclesis id est adhortatio ad christianae philosophiae studium*, Basel: Froben, 1519 (Februar und April); etliche Folgedrucke auch durch andere Offizinen; 1520 erschienen drei deutsche Ausgaben.

100 Später als *Ratio seu methodus compendio perveniendi ad veram theologiam* ebenfalls gesondert gedruckt: (Leuven: Dirk Martens, 1518), Leuven 52; Basel: Froben, 1519, 1520 und zahlreiche andere Ausgaben.

101 Vgl. Stupperich, a.a.O., 120.

102 Später ebenfalls gesondert gedruckt als *Novum Testamentum ... Annotationes* Basel: Froben, 1519; Leuven 53. — Die nach zwei Jahrzehnten des Ergänzens, Ausmerzens und Revidierens durch Erasmus veranstaltete definitive Ausgabe von 1535 liegt neuerdings als kritisch kommentierte Faksimileausgabe vor: *Erasmus' Annotations on the New Testament. The Gospels. Facsimile of the final Latin Text with all earlier variants*, ed. Anne Reeve, intro. by M.A. Screech, London 1986. Vgl. Jerry H. Bentley, "Erasmus' 'Annotations in Novum Testamentum' and the Textual Criticism of the Gospels", in *Archiv für Reformationsgeschichte* LXVII (1976), 33–53; ders., *Humanists and Holy Writ*, Princeton, 1983; Erika Rummel, *Erasmus' Annotations on the New Testament: From Philologist to Theologian*, Toronto 1986.

nutzte sowohl stilistische Argumente wie auch das Prinzip der selteneren Lesart.

Seine lateinische Übersetzung hielt sich ohne sklavische Ängstlichkeit möglichst nahe an den griechischen Text; im Zweifelsfall gab er das griechische Wort eher sinngemäß als buchstabengetreu wieder. In seinen *Annotationes* wahrte er den Hauptsinn der religiösen Botschaft. Seine Exegese fragte hauptsächlich nach dem Wortsinn der Schrift, wobei er vornehmlich auf historische und philologische Erklärungen zurückgriff. Zwar duldete er gelegentlich allegorische Auslegungen, verwarf jedoch — hierin Colet folgend — spekulative Deutungen ebenso wie gewagte komplizierte Konstruktionen.

Sein *Novum Instrumentum*, in einer Erstauflage von 1200 Exemplaren sehr schnell und über ganz Europa hin verbreitet, markiert mit seinem erstmals im Druck erschienenen kritischen griechischen Text, mit seiner parallelen, gereinigten lateinischen Neuübersetzung, seiner einführenden Methodenlehre und seinen begleitenden sprachlichen und sachlichen Anmerkungen den Beginn der modernen Bibelwissenschaft überhaupt. Sein NT war der beste Text seiner Zeit und schuf zugleich die Voraussetzungen für die biblisch begründete Reformation.

Rezeption

Erasmus' NT hat für das Zeitalter der Reformation eine kaum zu überschätzende Bedeutung, da ohne diese Grundlage der 'Biblizismus' der Reformatoren kaum vorstellbar wäre. Sein griechischer Text behauptete sich über mehr als drei Jahrhunderte als *textus receptus* bis hin zu Fell, Mill(s), Bengel und Tischendorf und gab die Textgrundlage ab für zahlreiche landessprachliche Bibelübersetzungen. Die Hauptbedeutung seines NT liegt jedoch in der neuen kritischen lateinischen Übersetzung.

Sie fand bei Klerus und Volk vielfache Zustimmung, teils gar Begeisterung. Aus Brüssel berichtet er seinem Freunde Thomas More, sein NT billigten auch jene, von denen er scharfe Kritik erwartet habe; es gefalle den führenden Theologen, und nicht nur ihnen, sehr[103]. Bischof Richard Fox von Winchester erklärte vor illustrem Kreis,

103 "Nouum Testamentum et ab iis probatur quos arbitrabar maxime calumniaturos. Primariis theologis vehementer placet." Allen 412/22f; "caeterum aeditum (NT) mirum est quam probetur omnibus etiam theologis, vel eruditis vel integris et candidis ..." (u.a. Reischius, Ber, Capito, Michwael etc.), Allen 413/6–31; More: "Litteras tuas reddidi Veneto Oratori, qui videtur aequissimo animo fuisse recepturus Nouum Testamentum, quod intercepit Carmelianus." Allen 461/3–5.

Erasmus' NT sei ihm wegen der Erhellungen soviel wert wie zehn Kommentare[104]. Man hat sogar beobachtet, daß die lateinische NT-Übersetzung des Erasmus (nach der zweiten Auflage von 1519) neben der Vulgata und der *Biblia pauperum* Eingang fand in einige der von Boten getragenen Schriftrollen in den bunten Kirchenfenstern der *King's College Chapel* in Cambridge, die in jenen Jahren nach Anweisungen eben jenes Bischofs Fox ausgeführt wurden[105]. Der englische Ketzer Thomas Bilney erklärte 1527, das NT des Erasmus habe sein Leben verändert[106].

Indes, sein *Novum Instrumentum* fand keineswegs überall ungeteilte Zustimmung[107]. Die Korrespondenz des Erasmus ist voll der Auseinandersetzungen. Aus dem Chor der Kritiker seien wenigstens einige Namen genannt: Maarten van Dorp (1485–1525) mahnte generell zur Vorsicht bei Bibelkritik, erhob Bedenken hinsichtlich einer vorrangigen Autorität griechischer Handschriften[108], und bezweifelt die Kompetenz des "Nur-Grammatikers" Erasmus in der spätscholastischen Theologie[109]. John Batmanson (†1531) kritisierte sowohl

---

104 "Wintoniensis Episcopus, vir vt scis prudentissimus, in celeberrimo cetu magnatum quum de te ac tuis lucubrationibus indicisset sermo, testatus est omnibus approbantibus versionem tuam Noui Testamenti vice esse sibi commentatoriorum decem, tantum affere lucis; eadem ademptis figuris Graecis Latine dici, etiam si nihil aliud in editione Vulgata fuisset mendae quod mutaretur." Allen 502/19–24.

105 Vgl. Einführung zu Brief 384, *CWE*,III,S.200; Hilary Wayment, *The Windows of King's College Chapel, Cambridge* (Corpus vitrearum medii aevi, Great Britain, Supplementary Volume 1), London 1973, 35.

106 So jedenfalls nach der polemisch-antikatholischen Darstellung von John Foxe, *Actes and Monuments of the English Church*, London 1563, 468.

107 "Nouum Testamentum plurimos amicos mihi conciliauit vbique, tametsi nonnulli strenue reclamarint, praesertim initio; sed hi in absentem tantum et ferme tales vt nec legerint opus meum et, si legerent, non intellecturi", Allen 457/48–51.

108 Allen 304/92ff, 125ff. Vgl. Bludau, a.a.O.; Heinz Holeczek, *Humanistische Bibelphilologie als Reformproblem bei Erasmus ... More und ... Tyndale* (Studies in the History of Christian Thought, IX), Leiden 1975; Uwe Baumann, "Dorp, Erasmus, More: Humanistische Aspekte einer literarischen Kontroverse", in *Jahrbuch der Thomas-Morus-Gesellschaft*, 2 (1982), besonders 142–47; *In Defense of Humanism*, ed. Daniel Kinney (The Yale Edition of the Complete Works of St. Thomas More, 15), New Haven/London 1986.

109 Allen 347/265ff. Unberücksichtigt bleibt hier, daß Dorp im Sommer 1516 in seinen Vorlesungen über die Paulusbriefe von dieser Position wieder abrückt, die Nützlichkeit hebräischer und griechischer Sprachkenntnisse anerkennt, seine eigene Unkenntnis des Griechischen bedauert, Textkritik an der Vulgata begrüßt und sogar die NT-Arbeiten des Erasmus lobt.

Leben wie Werk des Erasmus[110], oder Jacques Lefèvre d'Etaples (ca. 1460–1536) führte einen langen Federkrieg mit Erasmus über Hebr.2.7 und über fundamentale Gegensätze der Christologie[111]. Später, nach ihrem Bruch, gesellte sich auch Luther hinzu. Er zweifelte an Erasmus' Glauben und kritisierte seine Schriften, besonders das NT. Auch hieraus entwickelte sich ein Federkrieg.

Revidierte Folgeausgaben

Die infolge von Hast entstandenen Mängel der Erstausgabe waren unübersehbar. Erasmus selbst war nicht mit ihr zufrieden und begann fast unmittelbar nach ihrem Erscheinen mit einer gründlichen Korrektur. Er tilgte die zahlreichen Druckfehler, zog neue Handschriften heran, darunter den lateinischen *Codex aureus* der Evangelien aus dem 11. Jahrhundert[112] und einen griechischen Text des 12. Jahrhunderts aus dem griechisch-byzantinischen Skriptorium der Abtei Grottaferrata[113] und vermehrte seine Anmerkungen weiter kräftig. Um der möglichst ungestörten Verbreitung des Wortes Gottes willen zog er zugleich einige seiner gewagtesten Übersetzungen (etwa "Gemeinde" statt "Kirche") zurück, unter anderem änderte er das vielfach kritisierte *Instrumentum* in das seit Tertullian gebräuchliche *Testamentum* und brachte das sogenannte *Comma Johanneum* zurück ins Johannes-Evangelium (Jo 5.7)[114].

Frobens Zweitauflage des NT von 1519[115] war eher ein noch stärkerer Erfolg, der allein zwischen 1519 und 1525 rund 100 weitere Drucke nach sich zog. '1519' diente (durch Robert Estiennes 3. Auflage von 1550, die erste mit kritischem Apparat) als griechischer Basistext für die Ausgaben von Théodore Beza (1565) oder Elzevier (1633). Luther legte sie seiner Wartburg-Übersetzung zugrunde, Tyn-

110 Vgl. David Knowles OSB, *The Religious Orders in England*, Cambridge 1948–59, III, 469; Batmansons Schrift "Contra annotationes Erasmi Roterodami" ist nicht erhalten. Vgl. Allen 1099/17 und Anm., 1113/9; Rogers 83.

111 U.a. Allen 597, 659, 680A (Toronto-Ausgabe), 778, 814.

112 Aus der Corvinus-Bibliothek, damals seit kurzem im Besitz der Statthalterin Margarethe von Österreich zu Mecheln und heute im Escorial, Madrid, Biblioteca del Monasterio de San Lorenzo El Real. Rotterdam 194. Vgl. Allen 373/Einleitung.

113 Damals im Augustinerkloster Korssendonk bei Turnhout, heute in Wien, Österreichische Nationalbibliothek, MS Suppl. gr. 52. Die Handschrift trägt noch in der Hand des Erasmus den Vermerk: "Hoc exemplar sum usus in editione secunda Novi Testamenti ...", Rotterdam 193.

114 Vgl. H.J. de Jonge, "Erasmus and the Comma Johanneum" in *Ephemerides Theologicae Lovanienses* LVI (1980), 381–9.

115 *Novum Testamentum omne, multo quam antehac diligentius ab Erasmo Roterodamo recognitum ...*, Basel, März 1519, 2°.

dale benutzte beide (Erasmus und Luther) für seine englische Übersetzung, die 1525 in Köln bei Peter Quentel oder H. Fuchs in Quart begonnen[116], aber unterdrückt wurde und dann 1526 im handlichen Oktavformat in Worms (bei P. Schöffer?) erschien[117]. Über die revolutionierende Wirkung von Luthers NT[118], das 1533 bereits in der 22. Auflage erschien, bedarf es hier keiner Ausführungen. Tyndales Übersetzung fand über Coverdale[119] und andere Zwischenstufen[120] in großen Teilen Eingang in die englische *King James Bible* oder *Authorized Version* von 1611[121], die bis ins 19. Jahrhundert fast unverändert blieb. Die frühen Auswanderer nahmen sie aus England mit nach Nordamerika und in die anderen britischen Kolonien, wo sie, von den *Pilgrim Fathers* bis zum Manchestertum, nicht nur den religiösen Habitus und das moralische Gewissen, sondern über ihre Sprache auch das Denken und politische Handeln auf fast einem Viertel der Erdoberfläche über Jahrhunderte hinweg geprägt hat und noch heute fortwirkt.

Erasmus' dritte Ausgabe der NT erschien 1522, die vierte (mit griechischem, Vulgata- und Erasmus-Text parallel) im März 1527, eine fünfte (mit nur kleinen Änderungen) im März 1529, die 'definitive' schließlich 1535. Sie alle bezeugen des Rotterdamers unablässiges Bemühen, die Frohbotschaft Gottes von der Erlösung den Menschen nahe zu bringen.

V. Das Exemplar der Universitätsbibliothek Düsseldorf

Unter ihren Cimelien besitzt die Universitätsbibliothek Düsseldorf ein Exemplar dieser Erstausgabe des NT von 1516[122]. Der braune Kalbslederband der Zeit ist mit sechs Doppelbünden auf Holzdeckel gebunden. In konservativ-spätgotischer Weise zeigt er verschiedene runde und rautenförmige Einzelstempel und diagonale Doppelfileten innerhalb eines ähnlich gebildeten Rahmens in Blindprägung. Möglicherweise handelt es sich um einen Werdener Einband. Auf den

116 Nur die Lagen A-K. Pollard & Redgrave, *A Short-Title Catalogue of Books Printed in England ... 1475-1640*, I, London ²1986, Nr. 2823; zitiert als STC mit Nr.

117 *STC* Nr. 2824.

118 *Das Newe Testament Deutzsch*, Wittenberg: M. Lotther d.J. 1522.

119 *STC* Nr. 2063.

120 'Matthew Bible', 1537, *STC* Nr. 2066; 'Great Bible', 1539, *STC* Nr. 2068; 'Geneva Bible', 1560, *STC* Nr. 2093; 'Bishops' Bible', 1569, *STC* Nr. 2105.

121 *STC* Nr. 2216.

122 2° Bibl.Th.I.A.83 Rara. Vgl. *Kostbarkeiten aus der Universitätsbibliothek Düsseldorf: Mittelalterliche Handschriften und Alte Drucke*, hgg. v. Günter Gattermann (Katalog zur Ausstellung in der Düsseldorfer Stadt-Sparkasse März 1989), Wiesbaden 1989, Nr. 44.

Deckeln erkennt man Spuren zweier heute verlorener Metallschliessen und vermutlich von sechs Beschlagnägeln. Der Einband wurde vor einigen Jahren von Heinz Petersen in Düsseldorf-Kaiserswerth restauriert und befindet sich heute in gutem Zustand. Auf die exakte bibliographische Analyse der Lagen brauchen wir hier nicht einzugehen.

Die Provenienz des Düsseldorfer Bandes läßt sich lückenlos nachweisen. Die wohl (wie andere Seiten auch) von der Hand des Johannes Cincinnius kolorierte Titelseite trägt am Fuß als Autograph den Kaufvermerk:

Liber Joannis Cincinnij Lippien*sis* chr*isti* sacerdotis
Monasterij Werdinen*sis* Vicarij: ac eode*m* p*er*petuj do=
mesticj et alumnj IK. A⁰ Dni. 1516[123],

und auf der Versoseite unten präziser:

XII Calendas Apriles venit hic
liber ad manus mej Joan=
nis Cincinnij Lippi=
ensis de Coloni=
a Werdena
Empt*us*
.ij. aureis tribusq*ue* marc*is*,
Colon*iensis*,

ebenfalls in seiner Hand. Cincinnius hat demnach das NT für 2 Goldgulden und 3 Kölner Mark sogleich bei Erscheinen am Karfreitag (21. März) 1516 erworben[124].

---

123 Die 5 der Jahreszahl möchte heutigen Augen wie eine 7 erscheinen.

124 Dies ist einer der frühesten Kaufvermerke dieser Ausgabe: Budé erhielt den Band am 26. Apr. 1516, François Deloynes besaß ihn ebenfalls bereits am 27. Apr. (Allen 403/27f, 51f); Konrad Pellican fand das Buch am 4. Mai im Pariser Buchhandel (Allen 403/281 Anm.), und Reuchlin bestätigt den Erhalt eines Exemplars von der Frankfurter Messe am 5. Juni (Allen 418/1).

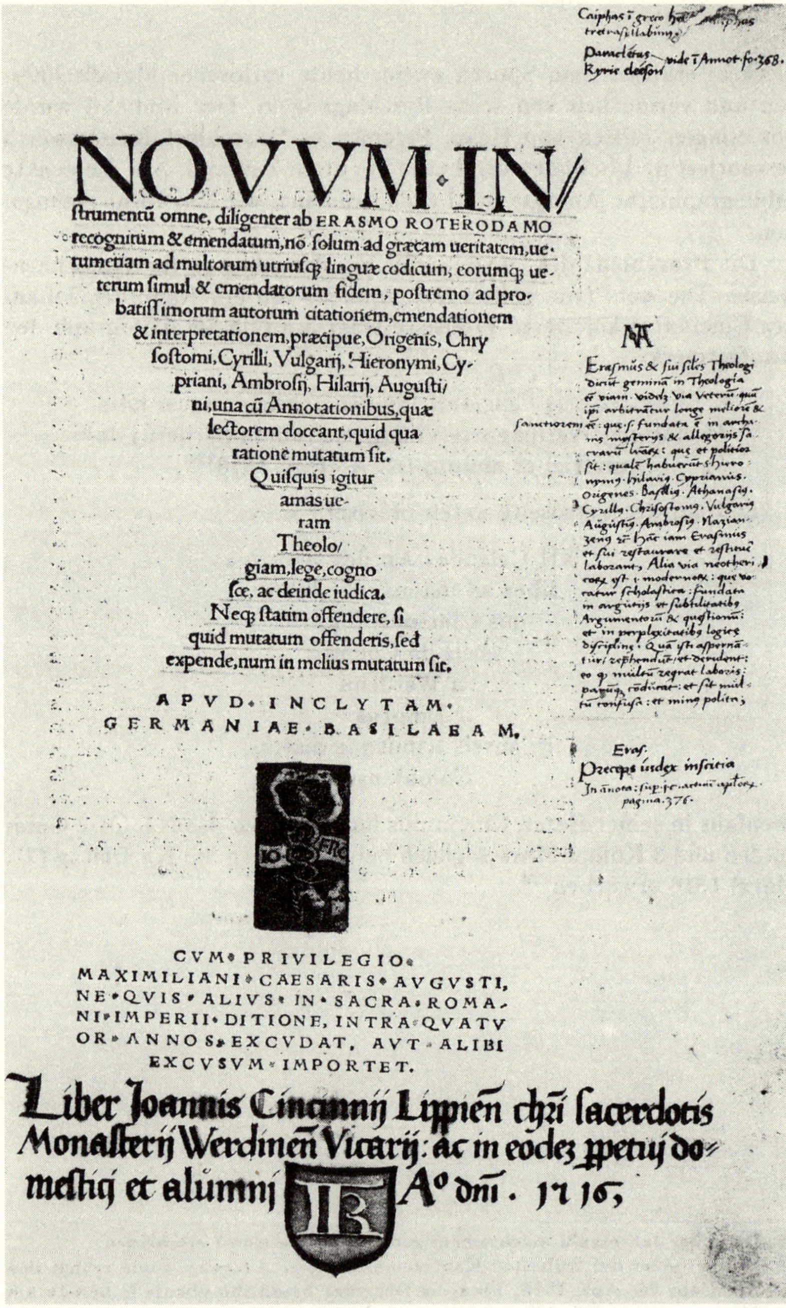

NOVVM INSTRUMENTŪ omne, diligenter ab ERASMO ROTERODAMO recognitum & emendatum, nō solum ad græcam ueritatem, uerumetiam ad multorum utriusq; linguæ codicum, eorumq; ueterum simul & emendatorum fidem, postremo ad probatissimorum autorum citationem, emendationem & interpretationem, præcipue, Origenis, Chrysostomi, Cyrilli, Vulgarij, Hieronymi, Cypriani, Ambrosij, Hilarij, Augustini, una cū Annotationibus, quæ lectorem doceant, quid qua ratione mutatum sit.

Quisquis igitur amas ueram Theologiam, lege, cognosce, ac deinde iudica.

Neq; statim offendere, si quid mutatum offenderis, sed expende, num in melius mutatum sit.

APVD INCLYTAM GERMANIAE BASILAEAM.

CVM PRIVILEGIO MAXIMILIANI CAESARIS AVGVSTI, NE QVIS ALIVS IN SACRA ROMANI IMPERII DITIONE, INTRA QVATVOR ANNOS EXCVDAT, AVT ALIBI EXCVSVM IMPORTET.

Liber Joannis Cincinnij Lippien chri sacerdotis Monasterij Werdinen Vicarij: ac in eodez ppetuij domestiq et alumnij Ao dni . 1516,

Abb. 2: Titelseite des Düsseldorfer Exemplars

XII Calendas Apriles venit hic
Liber ad manus mei Joan=
nis Cincinnj Lippi=
ensis de Colon=
a Werdena,
Emptus
.ij.
aureis

Abb 3: Titelblatt des Düsseldorfer Exemplars, verso

Wer war dieser Cincinnius?[125] Johannes Kruyshaer (IK), nach Humanistenart latinisiert Cincinnius, aus Lippstadt gebürtig, 1502 an der Artistenfakultät in Köln immatrikuliert[126], ist ab 1506 als Schreiber an der Reichsabtei St-Ludgerus in Werden an der Ruhr nachweisbar, wo sich seine zierliche Minuskelhandschrift in zahlreichen Klosterdokumenten findet. Er selbst war nicht Mitglied des dortigen Benediktinerkonvents, sondern ab 1516 Vikar des Abtes (zunächst seines Landsmanns Anton Grimhold, 1484–1517; alsdann der beiden Nachfolger: Johann von Groningen, 1517–1540, und Hermann van Holten, 1540–1572) und dem Benedictus-Altar zugeordnet, wie er im Altargemälde des Hochaltars von 1512 als St-Ludgerus-Kaplan dargestellt wird. Ihm verdanken wir Viten des Klostergründers, des hl. Liudger[127] und der hl. Ida[128] wie auch die erste deutsche Schrift über die Varus-Schlacht unter Benutzung der humanistischen Editionen der klassischen Quellen (Velleius Paterculus, Livius, Strabo, Florus, Sueton und Tacitus), geschrieben für seine westfälischen Landsleute[129], sowie die Neuordnung der Werdener Bibliothek[130]. Seine humanistische Aufgeschlosssenheit bezeugen auch seine Bucherwerbungen, darunter die *Cornucopia* des Nicolaus Perotti, Venedig 1513, 1515 für zwei Goldgulden erworben (Düsseldorf, UB:

---

125 Vgl. Aloys Bömer, "Johannes Cincinnius", in *Westfälische Lebensbilder*, ed. A. Bömer & J. Bauermann, V, Münster 1937, 208–22; Wilhelm Stüwer, "'Pro libraria et scriptoria.' Aus der Bibliotheksgeschichte der Abtei Werden", in *200 Jahre Landes- und Stadtbibliothek Düsseldorf*, Düsseldorf 1970, 99–108; ders., *Die Reichsabtei Werden an der Ruhr* (Germania sacra, N.F. 12: Das Erzbistum Köln, 3), Berlin 1980, 520ff.; Heinz Finger, "Die Reichsabtei St. Ludger und der Humanismus am Beispiel zweier in den Werdener Buchbestand eingegliederter Humanistenbibliotheken", in Günter Gattermann (Hrsg.), *Kostbarkeiten aus der Bibliothek der ehemaligen Reichsabtei Werden*, kleiner Katalog zur Ausstellung der Universitätsbibliothek Düsseldorf in der ehemaligen Abtei Werden, Mai 1988 (unpaginiert).

126 Vgl. H. Keussen, *Die Matrikel der Universität Köln* (Publikationen der Gesellschaft für rheinische Geschichtskunde, 8), Bonn 1919, II, 453, Nr. 39.

127 *Vita diui Ludgeri Mimigardeuordensis ecclesie prothoepiscopi*, Köln: Quentell 1515; Auszüge in W. Diekamp, *Die Vitae Sancti Liudgeri* (Geschichtsquellen des Bistums Münster, 4), Münster 1881, 256ff. 1512 auch in niederdeutscher Übersetzung von seiner Hand: Altertumsverein Münster, Hs. 137; Auszüge ebenfalls bei Diekamp.

128 Vgl. Erhard in (Westfälische) *Zeitschrift für vaterländische Geschichte*, 6 (1843), 285.

129 *Van Niderlage drier Legionen* ..., Köln: Quentel, 1539 (Exemplar in der UB Düsseldorf). Conrad Borchling & Bruno Claussen, *Niederdeutsche Bibliographie*, III, Neumünster 1936, Nr. 1302A. Vgl. Gerhard Rudolph, "Johann Cincinnius, von der Niederlage des Varus", *200 Jahre Landes- und Stadtbibliothek Düsseldorf*, Düsseldorf 1970, 109–20.

130 *Historia monasterii Werthinensis*, ed. O. Schantz, Köln 1939.

Ling.208.Ink.), die Basler Theophylact-Ausgabe von 1523, die ihm vom Pastor der Werdener Klemenskirche in Born am Pastorratsberg geschenkt wurde, oder die mit ihr zusammengebundene Kölner Hegesippus-Ausgabe von 1525 (Düsseldorf, UB: Bibl.Th.III.A.84). Als "der große Anreger des Werdener Geisteslebens im 16. Jahrhundert" (Stüwer) selbst zu einem bekannten Humanisten wurde, erwarb er um 1545 die Bibliothek des Kölner Humanisten und Arztes Gisbert Longolius' von dessen Witwe, Marie, geb. Buchholtz, und vereinigte sie mit seinen eigenen Beständen[131]. 1555 hinterließ er seine gesamte Bibliothek testamentarisch der Ludgerus-Abtei Werden und starb noch im gleichen Jahr[132]. "Dies bedeutete für die Werdener Abtei eine äusserst wertvolle Bereicherung an zeitgenössischen philologischen Spezialuntersuchungen wie an seltenen medizinischen Werken (u.a. 12 Galenausgaben)"[133].

Als 1803 die Abtei Werden durch den Reichsdeputationshauptschluß mit den anderen rechtsrheinischen Klöstern "säkularisiert" wird, um die weltlichen Fürsten für den Verlust ihrer linksrheinischen Gebiete durch die im Frieden von Lunéville erzwungene Abtretung an Frankreich zu entschädigen, gelangte auch ihr Buchbestand in den folgenden Jahren in die großherzoglich-bergische Bibliothek, die Vorgängerin der königlich-preußischen Landesbibliothek Düsseldorf, die seit 1904 Landes- und Stadtbibliothek, seit 1970 Universitätsbibliothek Düsseldorf ist. Einzelwerke der Cincinnius-Bibliothek (heute zumeist in Münster und Düsseldorf) sind seit Jahren bekannt, die Zusammensetzung seiner Bibliothek ist noch unerforscht, ihre Katalogisierung bleibt dringliches Desiderat.

Autographe Marginalien des Cincinnius

Die zierlichen handschriftlichen Eintragungen des Werdener Bibliothekars beschränken sich aber keineswegs auf seine Besitzervermerke, sie finden sich allenthalben als Marginalien. In der Hauptsache geht es dabei um stichwortartige Inhaltsanalysen. So vermerkt er beispielsweise bei Mt 2: *Magorum trium oblatio*, bei Mt 3: *Christi baptisma*, bei Mt 4: *Vocatio Petri Andreae Jacobi et Joannis*, bei Mt 5: *Incipit sermo Domini in monte qui durat usque ad capitulum vij.*

---

131 Vgl. Heinz Finger und Anita Benger, *Der Kölner Professor Gisbert Longolius — Leibarzt Erzbischof Hermanns von Wied — und Reste seiner Bibliothek in der Universitätsbibliothek Düsseldorf* (Schriften der Universitätsbibliothek Düsseldorf, 3), Düsseldorf 1987.

132 Auf dem vorderen Einbanddeckel sind Titel- und Signaturzettel der Abteibibliothek noch erhalten.

133 Finger. "Die Reichsabtei ..." (s. Anm. 125).

Die die Evangelien begleitenden Bemerkungen zeigen, daß Cincinnius im NT zu Hause war. Sie erleichterten den täglichen Gebrauch des Bandes als Lehr- und Lesebuch in der Abtei. Seine Anmerkungen begleiten indes nur die vier Evangelien, *nicht* jedoch die Apostelgeschichte, die Briefe und die Geheime Offenbarung und beginnen erst wieder bei den *Adnotationes* des Erasmus. Am Ende gibt er einen synoptischen *Ordo & numerus* der Paulusbriefe. Text- und inhaltskritische Anmerkungen zum NT selbst habe ich nicht gefunden.

Den sog. "Prolog" hat Cincinnius genau durchgearbeitet. Die Widmung an Leo X. begleiten zahlreiche analytische, die *Paraclesis* daneben auch wissenschaftsreflektive (vor allem auf dem Gebiet der Rhetorik), gelegentlich auch zeitkritische Marginalien. So vermerkt er: *Quod sacra scriptura a pluribus et christianis ridetur; neglegitur; a paucis tractatur; et frigide*[134].

Schließlich findet sich zwischen den Seiten 224 und 225 ein eingeklebtes Blatt Büttenpapier, auf dessen Versoseite (recto leer) Cincinnius unter der Überschrift "Ex nonnullis D. Erasmi Epi*stu*lis ante hui*us* operis editiones emissis: *In quibus sic de hoc opere promittit*" drei Erasmus-Briefstellen exzerpiert: eine aus dem bereits zitierten Brief an Kardinal Grimani[135] und zwei aus einem Brief an Martin Dorp[136].

Das Düsseldorfer Exemplar der Erstausgabe des *Novum Instrumentum* bekundet somit zunächst ganz allgemein das Interesse des geistlichen Käufers am biblischen Text. Durch das festgehaltene Kaufdatum bezeugt es außerdem eine bemerkenswerte Aufgeschlossenheit des Cincinnius für allerneueste Erzeugnisse auf diesem Sektor des Buchmarkts. Sein Interesse galt nicht schlichtweg irgend einem biblischen Text, sondern der neuesten wissenschaftlichen Ausgabe zum kritischen Studium des gereinigten griechischen und lateinischen Textes und ihrem kritischen Vergleich mit der kanonischen *Vulgata*-Fassung (die man hinzunehmen muß), wozu die umfangreichen *Annotationes* des Erasmus das philologisch-rationale "Instrument" liefern. Die zahllosen handschriftlichen Eintragungen des Cincinnius dokumentieren neben seinem intensiven Studium der Evangelien und der Kommentare sowie der wissenschaftstheoretischen Argumentation dieser Pionierleistung des Erasmus zugleich auch eine beachtliche Bildung des Werdener Bibliothekars.

---

134 Sig.aaa3^{v}.

135 Allen 334/164-70. Cincinnius zugänglich in Janus Damianus, *Ad Leonem decimum de expeditione in Turcas elegia* (Roma: Beplin 1515?), Sig.G4^{v}ff.

136 Allen 337/831-4 und 862-74. Ebenfalls in Damianus, Sig.I4^{v}ff.

Darüber hinaus bezeugt der Düsseldorfer Band in bemerkenswerter Weise für einen Geistlichen der Reichsabtei Werden ein genuines persönliches wie auch zum klösterlichen Lehrgebrauch bestimmtes kritisches Bibelstudium, das einem verbreiteten Klischee von genereller Unbildung und biblischer Unkenntnis der Klöster am Vorabend der Reformation widerspricht.

Ludwig Schrader

Bibelkommentierung im französischen Frühhumanismus

Jacques Lefèvre d'Étaples und seine Commentarii in Epistolas Pauli apostoli[1]

I.

Der folgende Beitrag schließt in gewisser Weise an denjenigen von Herrn Kollegen Schulte Herbrüggen an: es geht um die Kommentierung und Edition der Bibel im frühen 16. Jahrhundert, und es geht, wie auch bei den Beiträgen der Herren Semmler und Schadewaldt, um ein Exemplar, das sich im Besitz unserer Universitätsbibliothek befindet. Und es geht wieder um eine Werbung: mit meiner Vorstellung der kommentierten Paulus-Ausgabe von Lefèvre d'Étaples — oder: Faber Stapulensis —, die 1512 in Paris in der Offizin des Humanisten Henri Estienne erschien und wenigstens sechs weitere Auflagen erlebte[2] — mit meiner Vorstellung dieses Buches über das Buch der Bücher werbe ich für die notwendige Restaurierung. Unser Exemplar der Erstausgabe ist einer der kostbaren, aber bedrohten Bände der Universitätsbibliothek[3]. Er liegt hier vor Ihnen, kann besichtigt —

1 Entsprechend dem Zweck des Vortrages — Vorstellung und Einordnung eines restaurierungsbedürftigen Bandes — wurde für den Druck die mündliche Form weitgehend beibehalten.

2 Nach Guy Bedouelle, *Lefèvre d'Étaples et l'intelligence des Écritures*, Genève 1976 (Travaux d'Humanisme et Renaissance. 152), S. 78, S. 139.

3 Vgl. die Beschreibung in Hubertus Schulte Herbrüggen und Günter Gattermann (Hgg.), *Buchpaten gesucht. Ein Aufruf des Forschungsinstituts für Mittelalter und Renaissance.* Auswahl und Beschreibung: Gerhard Karpp (Handschriften), Heinz Finger (Alte Drucke), Düsseldorf (Universitätsbibliothek) 1989, Nr. 21. Noch ausführlicher die unten im Anhang wiedergegebene Charakterisierung des Bandes durch Anita Benger und Heinz Finger, die zum Vortrag verteilt wurde.

und muß also so schnell wie möglich repariert werden. Es versteht sich von selbst, und ich hoffe, es später noch deutlicher machen zu können, daß es sich wie bei den Beiträgen meiner Kollegen nicht um ein beliebiges Werk eines beliebigen Autors handelt, sondern um die für den Autor und seine Epoche sehr bezeichnende Arbeit eines der bedeutendsten Gelehrten, die der französische Humanismus hervorgebracht hat. Strittig ist eigentlich nur, welche Gründe ihn für die Nachwelt in den Schatten anderer, namentlich des Erasmus, haben treten lassen. In einem Aufsatz von 1955 schrieb Augustin Renaudet:

> Es fehlte ihm der Luther, dessen Melanchthon er hätte sein können. Er hat nicht lange genug gelebt, um ein solches Amt bei Calvin zu versehen; und im übrigen brauchte Calvin eine solche Mitwirkung nicht, er hätte sie schlecht ertragen[4].

Dies mag als Aperçu stimmen; wichtiger ist aber wohl etwas anderes, worauf Renaudet ebenfalls hinweist: ich meine die ungewöhnliche Heterogenität des ungewöhnlich ausgedehnten Werkes von Lefèvre, in dem Bibelkommentierung und Bibelübersetzung nur eine von vielen Abteilungen darstellen[5]. Lefèvre — 1460 bis 1536; er starb im selben Jahr wie Erasmus — ist schwer auf eine sein Gesamtwerk kennzeichnende Formel festzulegen. Er begann als Herausgeber des Aristoteles, wofür er sich das Rüstzeug, nach Studien und Lehrtätigkeit in Paris, auf seiner 1492 begonnenen ersten Italien-Reise holte[6]; eine zweite fand 1500 statt — Italien war das Ursprungsland des Humanismus, also der neuen, philologischen Beschäftigung mit den antiken Autoren und mit der Bibel, das Mekka, zu dem nur wenige nicht pilgerten.

Für Lefèvres Aristoteles-Ausgaben und -Kommentare war Hermolao Barbaro, mit dem er in Rom zusammentraf, wichtig. Aber er lernte auch den Neuplatoniker Marsilio Ficino kennen, und er trat in Verbindung mit Pico della Mirandola. Grob ausgedrückt, war er gleichzeitig auf beiden Seiten des Spektrums tätig, auf der rational-naturwissenschaftlichen und ebenso auf der religiös-mystischen. Dafür mögen noch einige Daten stehen. Im Jahre 1492 erschienen Lefèvres *In Aristotelis octo physicos libros paraphrases*, 1494 seine *Introductio in diversos metaphysicorum libros Aristotelis* — und in der Folge weitere Aristoteles-Publikationen. 1493 aber

4 Augustin Renaudet, "Un problème historique: La pensée religieuse de J. Lefèvre d'Étaples" [1955], in ders., *Humanisme et Renaissance*, Genève 1958 (Traveaux d'Humanisme et Renaissance. 30), S. 202; alle Übersetzungen, soweit nicht anders gekennzeichnet, von mir.

5 Vgl. Renaudet, a.a.O., S. 203ff.

6 Die folgenden Angaben im wesentlichen nach Bedouelle, a.a.O., S. 11ff.; zu den Aristoteles-Ausgaben S. 28ff.

verfaßte er auch einen Traktat *De magia naturali*, 1494 kam sein *Poimandres* heraus, also der dem Hermes Trismegistos zugeschriebene *Liber de sapientia et potestate dei*; 1512 edierte er Ruusbroecs *Zierde der geistlichen Hochzeit*, 1513 brachte er im Bande *Liber trium virorum et trium spiritualium virginum* unter anderem Hildegard von Bingens (1098–1179) *Scivias* heraus.

Was ich hier in Kürze zitiere, ist sozusagen nur die Spitze des Eisberges; diese Titel mögen immerhin einen Eindruck von dem vermitteln, was vorangegangen war oder noch stattfand, als Lefèvre 1512 die uns jetzt gleich beschäftigenden *Commentarii in Epistolas Pauli Apostoli* — eben unser Restaurierungs-Objekt — drucken ließ. (Es ist übrigens nicht das einzige Werk Lefèvres, das unsere Universitätsbibliothek besitzt, wir sind überraschend gut sortiert.) Mit dieser Schrift — weitere Arbeiten Lefèvres zur Bibel, sein *Quincuplex psalterium* von 1509, seinen Evangelien-Kommentar von 1523, vor allem seine ebenfalls 1523 erschienene Übersetzung des Neuen Testamentes ins Französische, die "erste humanistisch geprägte Version" in dieser Sprache, wie Heinimann soeben bestätigt[7], die 1530 publizierte Gesamt-Übersetzung der Bibel müssen wir hier fast ganz beiseite lassen —, mit dem Paulus-Kommentar also ist Lefèvre ein Erbe des Lorenzo Valla, dessen *In latinam Novi Testamenti interpretationem ex collatione Graecorum exemplarium adnotationes apprime utiles* Erasmus 1505 herausgebracht hatte[8] — auch dieses Werk ist übrigens hier vorhanden. Nicht erst die moderne Forschung nennt Lefèvre in einem Atem mit Valla, Reuchlin und Erasmus[9], sondern schon seine Zeitgenossen sahen in ihm einen der Großen, manche einen der großen Gefährlichen. Er kannte außer italienischen Humanisten wie den oben Genannten persönlich auch Calvin und wohl

7 Siegfried Heinimann (Hg.), *Oratio dominica romanice. Das Vaterunser in den romanischen Sprachen von den Anfängen bis zum 16. Jahrhundert [...]*, Tübingen 1988, S. 114.

8 Paris, Jodocus Badius. Zu Valla vgl. Franco Gaeta, *Lorenzo Valla. Filologia e storia nell'umanesimo italiano*, Napoli 1955; Hanna-Barbara Gerl, *Rhetorik als Philosophie. Lorenzo Valla*, München 1974 (Humanistische Bibliothek. I,13); Convegno internazionale di studi umanistici "Lorenzo Valla e l'Umanesimo italiano", Parma 18–19–20 ottobre 1984", Bericht in *Wolfenbütteler Renaissance Mitteilungen* IX,2 (1985), S. 92ff.

9 Vgl. Bedouelle, a.a.O. S. 80ff.; Heinz Holeczek, *Humanistische Bibelphilologie als Reformproblem bei Erasmus von Rotterdam, Thomas More und William Tyndale*, Leiden 1975 (Studies in the History of Christian Thought. 9), S. 115, S. 141. — Bei aller Bedeutung Lefèvres waren seine Griechisch-Kenntnisse möglicherweise nicht perfekt; einige Anmerkungen dazu bei Bedouelle, a.a.O., S. 83 und Anm. 13.

Erasmus[10]. Mit Erasmus gab es zwischen 1516 und 1518 eine Auseinandersetzung wegen *Hebräer* II,7: 'Du hast ihn [Christus] eine kleine Zeit niedriger sein lassen denn die Engel' (Luther) — Erasmus hatte sich dieser Vulgata-Version angeschlossen, Lefèvre dagegen 'niedriger sein lassen denn Gott' (*"paulominus a deo minoratus"*) vorgezogen, mit längerem Kommentar: Paulus werde anders falsch übersetzt[11]. Gleichwohl nahm ihn Erasmus 1525 entschieden und respektvoll in Schutz, als er, Erasmus, sich mit Sutor und dessen Angriffen gegen moderne Bibel-Philologie und gegen Bibelübertragungen in die Volkssprachen auseinandersetzte. Sutor hatte Erasmus und Lefèvre gemeinsam angegriffen und sie für die *"tragoedia Lutherana"* verantwortlich gemacht[12].

Dies alles bedeutet nicht, daß Lefèvre tatsächlich eine Art lutherischer Reformator gewesen wäre. Er war "évangélique" im engeren französischen Sinne des Wortes, das heißt, daß die humanistische Bemühung um einen von falschen Lesarten gereinigten Bibeltext, die Wiederanknüpfung an das frühe Christentum und eine ans Mystische reichende Frömmigkeit ohne die Idee einer Abspaltung von der römischen Kirche praktiziert wurden. "Le *Saint-Paul* de Lefèvre est d'un spirituel et non d'un reformateur" — 'Der *Paulus* von Lefèvre ist das Buch eines aufs Geistliche, nicht aufs Reformatorische Gerichteten'[13]. Zwei Namen stehen für diese durchaus innerkirchliche Reformhaltung, die gleichwohl alles andere als ungefährlich war: Guillaume Briçonnet (1472–1534) und Marguerite de Navarre (1492–1549). Der erste lud Lefèvre 1508 in das Kloster Saint-Germain-des-Prés ein, dessen Abt er war, und 1521 nach vorherigen Aufenthalten endgültig

10 Vgl. Renaudet, a.a.O., S. 215.

11 Die Luthersche Übersetzung nach dem revidierten Text von 1512; anders 1545: vgl. *Die gantze Heilige Schrifft Deudsch. Wittemberg 1545.* Letzte zu Luthers Lebzeiten erschienene Ausgabe. Hg. Hans Volz unter Mitarbeit von Heinz Blanke, Textredaktion Friedrich Kur, 2 Bde., München bzw. Darmstadt 1972: 'Du hast jn eine kleine zeit der Engel mangeln lassen'. Lefèvres Paulus-Ausgabe mit Kommentar hat keinen Titel im modernen Sinne (vgl. Abb. 1). Wir zitieren das Werk, in Anlehnung an Bedouelle, a.a.O., S. 139, und an die Anm. 2 zitierten bibliothekarischen Beschreibungen, wie oben als *Commentarii in Epistolas Pauli Apostoli*, nach dem Erstdruck Paris 1512, und kürzen zu *Commentarii*; es gibt einen Nachdruck unter dem ebenfalls sekundären Titel *S. Pauli epistolae XIV ex Vulgata, adiecta intelligentia ex graeco, cum commentariis.* Faksimile-Nachdruck der Ausgabe Paris 1512, Stuttgart-Bad Cannstatt 1978. Die Stelle *Hebräer* II,7 (bzw. 6): *Commentarii*, f° 58v° (Text) und f° 233v° (Kommentar). Zum Streit und zur Stelle vgl. Renaudet, a.a.O., S. 212, sowie Bedouelle, a.a.O., S. 83 und besonders S. 218ff.

12 Holeczek, a.a.O., S. 203ff., S. 224f., S. 235ff.

13 Renaudet, a.a.O., S. 210.

nach Meaux, das heißt ins Zentrum der Diözese, deren Bischof er 1515 geworden war. An beiden Stellen entfalteten Briçonnet und Lefèvre, offensichtlich eng verbunden, ihre "evangelische" Tätigkeit im angedeuteten Sinne; in Meaux bildete sich ein regelrechter "cénacle" um Lefèvre, zu dem unter anderen Guillaume Farel gehörte, der spätere Schweizer Reformator[14]. Und Marguerite de Navarre, die Schwester des Königs Franz I., holte Lefèvre 1530 nach Nérac, in die Hauptstadt ihres kleinen Königreiches Navarra[15]. Sie ist selbst eine der bedeutendsten religiös-mystischen Schriftstellerinnen Frankreichs, sie stand in enger Verbindung mit Briçonnet, und ihr Hof in Nérac, an dem Lefèvre bis zu seinem Tode lebte, war Refugium für bedrängte Reformer unterschiedlichster Observanz. Wir spielten schon auf Anfeindungen und Bedrohungen an; hinsichtlich der letzten Jahre in Nérac hat man von einem "versteckten" Lefèvre gesprochen[16]; Erasmus schreibt 1530, Lefèvre sei "wie Henoch" hinweggenommen worden und der französische König habe "verboten, über oder für ihn zu schreiben"[17]. Die Verhältnisse waren kompliziert: Franz I., im Prinzip ein Förderer des Humanismus, befand sich in einer schwierigen Lage zwischen der extrem konservativen Theologischen Fakultät in Paris, der Sorbonne, und den ausgerechnet von seiner eigenen Schwester vertretenen Reformbestrebungen.

II.

Nun zu Lefèvres Paulus-Kommentar. Die erste Seite (Abb. 1) ist gleichzeitig und vor allem Inhaltsverzeichnis — das erste Titelblatt im heutigen Sinne stammt von 1484; die Einrichtung scheint sich nicht sofort durchgesetzt zu haben[18]. Druckort, Druckernamen sowie das Druckdatum finden wir — wie häufig — am Ende des Bandes[19], den Namen des Autors in der Überschrift zur Widmung (Abb. 2) — und die richtet sich, in nun nicht mehr sehr überraschender Weise, an Briçonnet, der damals noch Bischof von Lodève war. Man erkennt auch die Anstriche einer unmittelbar zeitgenössischen Hand, kann also Rezeptionsforschung in einem sehr konkreten Sinne betreiben und feststellen, daß jener christlich-spirituelle Humanismus auch un-

---

14 Bedouelle, a.a.O., S. 58f., S. 94ff.

15 Ebda., S. 120.

16 Ebda., S. 134.

17 Erasmus an Christoph von Stadion, 11. August 1530, in P.S. Allen (Hg.), *Opus epistolarum*, Bd. IX, Oxford 1938, Nachdruck 1963, Nr. 2362, S. 10; zitiert bei Bedouelle, a.a.O., S. 121, Anm. 4.

18 Lt. Albert Kapr, *Schrift- und Buchkunst. Aufsätze, Reden und künstlerische Arbeiten*, Leipzig 1982, S. 14.

19 F° 262r°.

Abb. 1: Lefèvre d'Étaples, *Commentarii*, "Titelblatt"

Abb. 2: Lefèvre d'Étaples, *Commentarii*, f° a I v°: Widmung an Briçonnet

seren damaligen Leser interessiert hat. Lefèvre möchte seinen Adressaten, den er als "sapientissime" und als "humanissime pater" anredet[20], und alle künftigen Leser inständig gebeten sehen,

> daß sie nicht so sehr auf Paulus selbst achten als auf die Paulus zuteil gewordene Gnade und auf den Spender der Gnade.

Und nun kommt das Unterstrichene:

> Et tanto minus cum commentarios forte quoscunque legunt: humanos attendere debent authores si spiritualis vitæ / verique animi pastus percipient indicia. sed intellegere debebunt desuper ima fœcundantem virtutem: verumque agnoscere authorem agnitumque sequi / quanta valebunt animi puritate atque pietate. ad eum enim his solis acceditur passibus: qui omnia operatur in omnibus[21].

Übersetzt heißt das ungefähr dieses:

> Und das [nämlich: nur auf Paulus achten] umso weniger, wenn sie [die Leser] irgendwelche Kommentare lesen; sie müssen die menschlich-ethisch vorbildlichen Autoren beachten, wenn sie die Zeichen des geistlichen Lebens und der wahren Speise des Geistes wahrnehmen. Aber sie müssen auch die von oben her das Niedere befruchtende Kraft begreifen; und sie müssen den wahren Autor erkennen und dem Erkannten Folge leisten mit soviel Reinheit des Herzens und Frömmigkeit, wie sie vermögen. Zu ihm nämlich kommt man nur auf diesem Wege: zu ihm, der alles in allen bewirkt.

Hier haben wir den christlichen Humanisten Lefèvre: vor allem auf den Spender der Gnade schauen — vorbildliche antike Autoren beachten — den wahren Autor aller Dinge erkennen. Wir werden diese Haltung an anderen Stellen, die wir uns anschauen wollen, wiederfinden. Zunächst aber ein weiterer Blick auf die Anlage des Buches. Ich übergehe Lefèvres *Apologia* (Rechtfertigung), "daß die alte Übersetzung der Briefe Pauli nicht von Hieronymus stammt"[22] und die *Canones* (Regeln), eine Art Résumé der Paulinischen Briefe mit Indices[23], um zu den beiden Hauptteilen des Werkes zu kommen, dem Textteil und dem Kommentar. Lefèvre d'Étaples gibt (Abb. 3) jeweils außen den *Vulgata*-Text — mit der interessanten Hyperkorrektur *AEDITIO* statt *Editio* — und jeweils innen seine *Intelligentia ex graeco*, das heißt eine an griechischen Manuskripten kontrollierte lateinische Version. Wie bei Valla, wie bei Erasums ist das Mißtrauen

20 Diese rhetorische Übertreibung ist etwas Geläufiges; vgl. den Brief, den François Rabelais 1532 an Erasmus richtete: "pater mi humanissime", "pater amantissime", "veritatis propugnator invictissime", z.B. in Pierre Jourda (Hg.), *Œuvres complètes*, Bd. 2, Paris 1962, S. 497f.

21 Lefèvre d'Étaples, *Commentarii*, f° a.I.v°; Kürzungen werden aufgelöst.

22 Ebda., f° a.II.v° ff.

23 Ebda., f° a.[V]r° ff.

I Ro.

¶ INTELLIGENTIA EX GRAICO. ¶ EPISTOLA BEATISSIMI PAVLI APOSTOLI AD ROMANOS.

Aulus
seruus
IHESV
CHRI-
STI vo-
catus aplus
segrega-
tus i euā
geliū
dei: qd
pmise-
rat per
pphetas
suos in
scripturis
sāctis de
filio suo / facto ex semine Dauid
secundum carnem / definito filio
dei in potestate per spiritum san-
ctitatis ex resurrectione a mor-
tuis IHESV CHRISTO domi-
no nostro: per quē accepimus gra-
tiā & apostolatū pro nomine eius
ad obedientiam fidei in omnibus
gētibus in quibus estis & vos vo-
cati IHESV CHRISTI: omni-
bus qui estis Romae / dilectis dei /
vocatis sāctis: gratia vobis & pax
a deo patre nostro & dño IHESV
2 CHRISTO. ¶ Primum quidem
gratias ago deo meo per IHE-
SVM CHRISTVM pro omnibus
vobis: quia fides vestra annūciat
in vniuerso mūdo. testis enim est
michi deus quē colo i spiritu meo
in euāgelio filij eius / q sine inter-
missione memoriā vestri facio sē-
per in orationibus meis: rogās si
quopacto tandē aliquādo prosper-
rer in volūtate dei vt veniam ad
vos. desydero enim videre vos: vt
aliqd spirituale donum vobis im-
partiar / ad confirmādos vos: hoc
est vt consoler vobiscum per mu-
tuam fidē vestramq atq meam.
3 ¶ Non velim autē vos latere fra-
tres: q frequēter proposui pficisci
ad vos: & hucusq phibitus sum /
proficisci inquā ad vos vt aliquē
etiā fructū habeā i vobis quēad-
modū & ceteris gentibus: & grae-
cis & barbaris, tā sapiētibus q in-
sipiētibus debitor sum: adeo vt &
in me promptitudo sit vobis qui
4 Romae estis euangelizare. ¶ Non

¶ VVLGATA AEDITIO.
¶ EPISTOLA BEATISSIMI PAV
LI APOSTOLI AD ROMANOS. A

Aulus ser-
uus IHV I
CHRI-
STI / voca
tus aposto
lus / segre-
gatus in e-
uāgelium
dei: qd āte
pmiserat
p prophe-
tas suos in
scripturis sāctis de filio suo / qui factus ē ei ex
semine Dauid secūdū carnē / qui prędestina-
tus est filius dei i virtute secūdū spiritū sācti-
ficationis ex resurrectione mortuorū IESV
CHRISTI domini nostri / p quē accepim⁹
gratiā & apostolatū ad obediēdū fidei i oi-
bus gētibus pro nomine eius / in qbus estis &
vos vocati IHESV CHRISTI oibus qui
sūt Romae dilectis dei vocatis sānctis: gratia
vobis & pax a deo pře & dño nřo IHESV
CRHISTO. Primū quidē gratias ago deo
meo per IHESVM CHRISTVM pro
omnibus vobis: quia fides vestra annūciatur
in vniuerso mūdo. Testis eni michi est deus /
cui seruio in spiritu meo i euāgelio filij eius:
q sine itermissione memoriā vestri facio sē-
per in orationibus meis obsecrās si quomo-
do tandē aliquando psperū iter habeā in
voluntate dei veniēdi ad vos. Desydero eni B
videre vos vt aliquid ipartiar vobis gratiae
spiritualis: ad confirmādos vos / id est simul
consolari in vobis per eā que inuicē est fidē
vestrā atq meā. Nolo autem vos ignorare
fratres: quia saepe pposui venire ad vos: &
prohibitus sū vsq adhuc / vt aliquē fructum
habeā i vobis sicut & i ceteris gētibus. Grę-
cis ac barbaris / sapientibus & insipiētibus
debitor sum. itaq quod in me promptum
ē: & vobis qui Romae estis euāgelizare. Nō

a.i.

Abb. 3: Lefèvre d'Étaples, *Commentarii*, f° 1 r°

gegen die *Vulgata*, also gegen die im Prinzip auf Hieronymus zurückgehende lateinische Bibel, groß. Erasmus in seiner Ausgabe des Neuen Testamentes von 1516 wird sich auf Valla und Lefèvre beziehen[24]. Die philologische Akribie, mit der diese Humanisten zu Werke gingen, erlaubt es sicher, sie als unsere Vorfahren zu betrachten, auch wenn ihre Möglichkeiten, ihr Corpus an Manuskripten, bescheiden waren. Mit Holeczek halte ich es für richtig, zunächst einmal, vor der sicher berechtigten Kritik an mancherlei Oberflächlichkeiten und Eigenwilligkeiten der Humanisten, Verständnis dafür aufzubringen, "unter welch miserablen Bedingungen Reuchlin, Erasmus, Léfevre [sic] d'Étaples und andere Gelehrte die einfachsten, allerersten Grundlagen der Textkritik zu legen begannen"[25].

Wie nah diese Gelehrten uns noch stehen, sei an einem Beispiel erläutert, das *Römer* X,17 zu finden ist:

Ergo fides ex auditu: auditus autem per verbum CHRISTI

— so Lefèvres *Vulgata*–Version. In seiner eigenen Übersetzung lesen wir:

Ergo fides: ex auditu. Auditus autem: per verbum dei[26].

Luther hat, dem entsprechend:

So kompt der Glaube aus der Predigt / Das Predigen aber durch das Wort Gottes[27].

Lefèvre beruft sich in seinem Kommentar, und zwar in dessen philologischem Teil — der regelmäßigen *EXAMINATIO nonnullorum circa literam*, also der *Durchsicht einiger Stellen hinsichtlich des Wortlautes* —, auf den griechischen Text (Abb. 4):

Legendum per verbum dei. Paulus. ἡ δὲ ἀχοὴ διὰ ῥήματος θεοῦ [28].

Die moderne kritische Ausgabe des Neuen Testamentes von Nestle–Aland hat sich in ihrem eigentlichen Text für die von Lefèvre abgelehnte Version διὰ ῥήματος Χριστοῦ entschieden, aber Θεοῦ in

---

24 Erasmus, *Apologia (Rechtfertigung)*, in einem Bande mit dem Neuen Testament von 1516 (und öfter); gut zugänglich in der zweisprachigen Ausgabe von Gerhard B. Winkler (Hg.), *In Novum Testamentum praefationes. Vorreden zum Neuen Testament [...] (Ausgewählte Schriften*, Hg. Werner Welzig, Bd. 3), Darmstadt 1967, vgl. S. 114f.; Hinweis auf die Stelle bei Bedouelle, a.a.O., S. 81.

25 Holeczek, a.a.O., S. 115; zu Lefèvres philologischen Schwächen vgl. etwa Eugene F. Rice Jr., "The Humanist Idea of Christian Antiquity: Lefèvre d'Étaples and his Circle", in *Studies in the Renaissance* 9 (1962), S. 140.

26 F° 8r°.

27 Luther, *Die gantze Heilige Schrifft Deudsch*, 1545; ἀχοή wird nicht immer mit 'Predigt' übersetzt, sondern auch, wörtlicher, mit 'Gehörtes', z.B. in *La Saint Bible traduite sur les textes originaux hébreu et grec*. Nouvelle édition d'après la traduction de Louis Segond, Genève o.J.: "Ainsi la foi vient de ce qu'on entend, et ce qu'on entend vient de la parole de Dieu".

28 F° 93 v°.

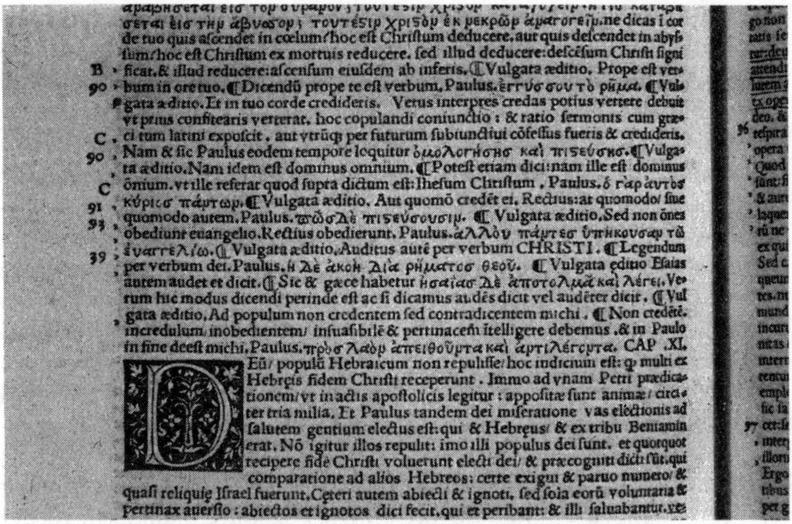
ἀναβήσεται εἰς τὸν οὐρανόν; τοῦτ᾽ ἔστιν χριστὸν καταγαγεῖν· ἢ τίς καταβή-
σεται εἰς τὴν ἄβυσσον; τοῦτ᾽ ἔστιν χριστὸν ἐκ νεκρῶν ἀναγαγεῖν. ne dicas ĩ cor
de tuo quis ascendet in cœlum? hoc est Christum deducere. aut quis descendet in abys-
sum? hoc est Christum ex mortuis reducere. sed illud deducere: descẽsum Christi signi
B ficat. & illud reducere: ascensum eiusdem ab inferis. ¶ Vulgata æditio. Prope est ver-
90 bum in ore tuo. ¶ Dicendũ prope te est verbum. Paulus. ἐγγύς σου τὸ ῥῆμα. ¶ Vul-
gata æditio. Et in tuo corde credideris. Verus interpres credas potius vertere debuit
vt prius confitearis verterat. hoc copulandi coniunctio: & ratio sermonis cum græ-
C ci tum latini exposcit, aut vtrũq; per futurum subiunctiui cõfessus fueris & credideris.
90 Nam & sic Paulus eodem tempore loquitur ὁμολογήσῃς καὶ πιστεύσῃς. ¶ Vulga-
ta æditio. Nam idem est dominus omnium. ¶ Potest etiam dici: nam ille est dominus
C õnium. vt ille referat quod supra dictum est: Ihesum Christum. Paulus. ὁ γὰρ αὐτὸς
91 κύριος πάντων. ¶ Vulgata æditio. Aut quomõ credẽt ei. Rectius: at quomodo/ siue
93 quomodo autem. Paulus. πῶς δὲ πιστεύσουσιν. ¶ Vulgata æditio. Sed non õnes
obediunt euangelio. Rectius obedierunt. Paulus. ἀλλ᾽ οὐ πάντες ὑπήκουσαν τῷ
39 εὐαγγελίῳ. ¶ Vulgata æditio. Auditus autẽ per verbum CHRISTI. ¶ Legendum
per verbum dei. Paulus. ἡ δὲ ἀκοὴ διὰ ῥήματος θεοῦ. ¶ Vulgata ędítio Esaias
autem audet et dicit. ¶ Sic & græce habetur ἠσαΐας δὲ ἀποτολμᾷ καὶ λέγει. Ve-
rum hic modus dicendi perinde est ac si dicamus audẽs dicit vel audẽter dicit. ¶ Vul
gata æditio. Ad populum non credentem sed contradicentem michi. ¶ Non credẽtẽ.
incredulum/ inobedientem/ insuasibilẽ & pertinacẽm ĩtelligere debemus. & in Paulo
in fine deest michi. Paulus. πρὸς λαὸν ἀπειθοῦντα καὶ ἀντιλέγοντα. CAP. XI.
D Eũ/ populũ Hebraicum non repulisse/ hoc indicium est: q multi ex
Hebręis fidem Christi receperunt. Immo ad vnam Petri prædica-
tionem/ vt in actis apostolicis legitur: appositæ sunt animæ/ circi-
ter tria milia. Et Paulus tandem dei miseratione vas electionis ad
salutem gentium electus est: qui & Hebręus/ & ex tribu Beniamin
erat. Nõ igitur illos repulit: imo illi populus dei sunt. et quotquot
recipere fidẽ Christi voluerunt electi dei/ & præcogniti dicti sũt. qui
comparatione ad alios Hebreos: certe exigui & paruo numero/ &
quasi reliquię Israel fuerunt. Cęteri autem abiecti & ignoti. sed sola eorũ voluntaria &
pertinax auersio: abiectos et ignotos dici fecit. qui et peribant: & illi saluabantur. xe-

Abb. 4: Lefèvre d'Étaples, *Commentarii*, f° 93 v°

den Variantenapparat aufgenommen, weil diese Fassung in ernstzunehmenden Handschriften begegnet[29]. Lefèvres (und seiner Zeitgenossen) Problem besteht offenbar weiter.

Ich äußere mich nicht zur theologischen Tragweite der Differenz 'Wort Gottes' — 'Wort Christi', möglicherweise ist sie nicht erheblich. Lefèvre kommentiert gänzlich grammatisch-trocken, aber gerade dieses Bemühen um Genauigkeit ist charakteristisch: die schönste Spiritualität will eben die Grammatik keineswegs ausschließen.

Dies sollte ein Beispiel dafür sein, wie jene Philologen des Renaissance-Humanismus wohl doch als unsere Vorfahren gelten können. Dabei möge keiner glauben, die Varianten-Bewertung sei eine Sache allein der klassischen und der Bibel-Philologie. Das Problem begegnet auch in unseren Tagen bei modernen Autoren, und man kann geradezu Abenteuer erleben. Zum Beispiel, wenn man einen mexikanischen Erzähler wie Juan Rulfo hier zu einem Vortrag hat und das tut, was in der Lage jeder tut: ihm eines seiner Bücher vorlegt und um eine Widmung bittet. Die bekommt man auch; vorher aber schlägt der Autor mit automatischer Sicherheit Seite 12 seines Romans *Pedro Páramo* auf, um in Zeile 1 das Wort "capitana" durch "gobernadora" zu ersetzen — mit Tinte. Das Wort bezeichnet übrigens an dieser Stelle keine weibliche Person, sondern eine Pflanze, es wird ein Mexikanismus durch einen anderen ersetzt[30].

III.

Man sieht, daß die Gewinnung eines zuverlässigen Textes gar nicht so einfach ist. Was "gilt" denn nun im Falle Rulfos, die Änderung oder die fast 30 Jahre lang gedruckte frühere Fassung? Um wieviel brisanter wird die Sache, wenn es sich um den vom Heiligen Geist eingegebenen Bibeltext handelt, um wieviel brisanter wird die Sache, wenn es sich um dessen Erklärung handelt. Muß er denn überhaupt erklärt werden? Hat nicht Luther recht, wenn er in seiner Vorrede zum *Römerbrief* schreibt:

> Darumb ich auch meinen Dienst dazu thun wil / vnd durch diese Vorrede einen Eingang dazu bereiten / so viel mir Gott verliehen hat / Damit sie [die Epistel an die Römer] deste bas [besser] von jederman verstanden werde / Denn sie bisher mit glosen und mancherley geschwetz vbel verfinstert ist / die doch an jr selbs ein helles Liecht ist / fast genugsam / die ganze Schrift zuerleuchten.
>
> AVffs erste / müssen wir der Sprache kündig werden / vnd wissen was S. Paulus meinet / durch diese wort / Gesetz / Sünde / Gnade /

29 Eberhard Nestle et Kurt Aland (Hgg.), *Novum Testamentum graece*, Stuttgart [25]1963.

30 Juan Rulfo, *Pedro Páramo*, México, D.F., [12]1971 (Colección popular. 58), S. 12. Eintrag am 14. November 1984.

Glaube/ Gerechtigkeit / Fleisch / Geist / vnd dergleichen / Sonst ist kein lesen nütz dar an[31].

Die Originalsprache kennen, die Absicht des Verfassers kennen — die *intentio auctoris* —, "Glossen" und andere Verfinsterungen entfernen, die das angeblich dunkle Mittelalter hinzugefügt hat — dann könnte der Römerbrief selbst leuchten und Licht auf die übrige Bibel werfen. Ein logisch begründeter, einleuchtender, optimistischer Vorschlag, dem freilich mancherlei Probleme entgegenstehen. Es sind mindestens drei, alle drei sind soeben oder früher schon genannt worden: im philologischen Bereich der gerade angesprochene Gewinn eines authentischen Bibeltextes; im praktisch-politischen Bereich die Bewahrung des eigenen Lebens; im hermeneutischen Bereich der Gewinn des rechten Sinnes, der sich leider so selbstverständlich ja nicht einstellt. Zu jedem der drei Punkte noch einige Anmerkungen:

1) Lefèvre setzt also die mit Vallas *Adnotationes* begonnene Linie der — jedenfalls der Absicht nach — genauen Textkonstitution fort. Wenn er, wie zitiert, "legendum", 'man lese': "per verbum dei" (und nicht: "Christi") schreibt, dann entspricht das dem ebenfalls leicht schulmeisterlich wirkenden Stil Vallas, bei dem es nur so wimmelt von Wendungen wie "Cur non potius", "Ego dixissem", "Quare ego dixissem", "Graece est non pius sed sanctus ἅγιος "[32]. Bei Lefèvre finden wir Ähnliches natürlich auch außerhalb unseres Paulus-Kommentars. Im Evangelien-Kommentar von 1523 wird, bei aller Betonung, Christi Evangelium sei nicht zum Verstehen da, sondern zum Glauben, dann eben doch von der "purgatio", "illuminatio" und "perfectio" des Textes gehandelt, die ohne rechte Sprachkenntnisse nicht möglich seien[33].

Zur Übersetzung des Neuen Testamentes ins Französische erklärt Lefèvre im selben Jahr — im Anschluß an *Matthäus* XXVIII,20: "Und lehret sie halten alles, was ich euch befohlen habe" (Luther) — das Folgende:

> Et comment prescheront ilz leuangile a toute creature / comment enseigneront ilz a garder toutes choses que Jesuchrist a commande: se ilz ne veullent point que le simple peuple voye et lise en sa langue leuangile de dieu: De ce fauldra il rendre compte deuant le tribunal du grant iuge au iour du iugement —

31 Luther, *Die gantze Heilige Schrifft Deudsch*, 1545.

32 Lorenzo (Laurentius) Valla, *In Latinam Novi testamenti interpretationem ex collatione Grecorum Adnotationes apprime utiles*, Paris 1505; vgl. f° 36r°, 42r°, 43r°, 45r°.

33 Lefèvre d'Étaples, *Commentarii initiatorii in quatuor evangelia [...]*, Basel 1523, f° a. 2v° ff.

> Und wie soll man aller Kreatur das Evangelium predigen, wie soll man lehren, alles zu bewahren, was Christus befohlen hat, wenn man nicht will, daß das einfache Volk in seiner Sprache das Evangelium Gottes sieht und liest. Darüber wird man am Jüngsten Tage vor dem Gericht des großen Richters Rechenschaft ablegen müssen[34].

Dieses Postulat hat wiederum philologische Konsequenzen. Lefèvre setzt sich auch sonst in seinem Vorwort mit Argumenten gegen die Übersetzung auseinander — die Bibel dürfe nur lateinisch gelesen werden, Evangelien seien in jener Fassung 'feiner' ("plus elegantes") — und nimmt für sich die Genauigkeit seiner Übersetzung in Anspruch: er habe, wo irgend möglich, die Paraphrase, also die kommentierende Umschreibung, vermieden "aus Furcht, einen anderen Sinn zu bieten, als der Heilige Geist ihn den Evangelisten eingab"[35].

Man hat, was diese "Genauigkeit" angeht, für damalige Verhältnisse merkwürdige Dinge entdeckt. Der Vorrang, den Lefèvre dem Griechischen gab, führte zum Beispiel dazu, daß er — oder seine Schüler und Mitarbeiter — *Matthäus* III,2 — "Tut Buße" (Luther)— aus dem Griechischen μετανοεῖτε "nur" mit "Retournez vous" — "kehrt um" — übersetzten und damit, so drückt es Screech aus, "die traditionelle Vorstellung von Buße, die die 'évangéliques' zurückweisen", konsequent in den Hintergrund treten ließen[36].

2) Derartiges konnte nicht jedermann gefallen, und wir sind beim zweiten Risiko–Faktor: dem Widerstand, den nicht nur die Sorbonne sowohl dem Rückgriff auf das Griechische für das Neue und das Hebräische für das Alte Testament als auch der Übertragung gar ins Französische entgegensetzte. Holeczek hat plastisch dargestellt, wie der Löwener Theologe Marten Dorp Erasmus davon abzubringen suchte, seine revidierte Fassung des Neuen Testamentes zu publizieren:

> es sei dem Willen Gottes zuzuschreiben, daß nur die Vulgata erhalten blieb, während alle anderen lateinischen Übersetzungen verlorengingen. Gott habe es so eingerichtet, damit die Gläubigen nicht durch mehrere, voneinander abweichende Übersetzungen verwirrt werden[37].

Massiver waren die Angriffe Nöel Bedas von der Pariser Sorbonne, der 1526 gleichzeitig gegen Erasmus und Lefèvre als "humanistae theologizantes" zu Felde zog und ihnen ihre Orientierung an den Anfängen der Bibeldeutung, das heißt an den Kirchenvätern, zum

---

34 Lefèvre d'Étaples, *Le Nouveau Testament.* Fac–similé de la première édition Simon de Colines, 1523 [Introduction par M.A. Screech], *Epistre exhortatoire*, Bd. 1, S. [a.VII.r°].

35 Ebda., S. [a.V.r°].

36 M.A. Screech, ebda., S. XVII.

37 Holeczek, a.a.O., S. 140.

Vorwurf machte[38]. Er sprach sich auch — wie seine Fakultät— deutlichst gegen französische Bibelfassungen aus[39]. Diese Streitigkeiten blieben nicht rein theoretisch, sie wurden nicht mehr oder weniger friedlich auf Kongressen ausgetragen. 1525, als Franz I. nach der verlorenen Schlacht von Pavia als Gefangener Karls V. in Madrid festgehalten wurde, stand es besonders schlecht um die von ihm sonst halbwegs beschützten "évangéliques". Lefèvre und seine Schüler fliehen vor dem von der Sorbonne in Bewegung gesetzten weltlichen Arm nach Straßburg, also in kaiserliches Gebiet, gegen Briçonnet wird ein - für ihn glimpflich ausgehender — Häresie-Prozeß angestrengt. Ende 1525 verdammt die Sorbonne Lefèvres *Épitres & Évangiles pour les cinquante & deux sepmaines de l'an*, unter anderem, weil Lefèvre zu *Galater* III, bes. v. 16, einen dem Text eigentlich eng entsprechenden Kommentar mit starker Betonung des Glaubens — "la seule foi" — geschrieben hatte. Die Sorbonne:

> Haec propositio [die die Hilfe der Heiligen und die Befolgung der göttlichen Gebote als Heilsbedingungen ausschließt] solum ponens fidem seu confidentiam in Christum necessariam, in Spiritum sanctum qui per Paulum locutus est, blasphemia est & haeretica —
>
> Diese These [...], die Glauben oder Vertrauen als notwendig allein auf Christus gerichtet ansieht, auf den Heiligen Geist, der durch Paulus gesprochen hat, ist Gotteslästerung und ketzerisch[40].

Die Zeiten waren also nicht ungefährlich — daß Lefèvre von 1530 an in Nérac in einer Art Exil lebte, erwähnten wir schon. Denken wir auch an die Prozesse der Sorbonne gegen den Erasmisten Louis de Berquin, der wegen Ketzerei verurteilt und 1529 erdrosselt und verbrannt wurde — Franz I. war wieder gerade nicht in Paris. Denken wir auch, um aus Frankreich einmal herauszuschauen, an den spanischen Augustiner Fray Luis de León (1527–1591), Theologe und Dichter, dem seine Hebräisch-Kenntnisse, seine Übersetzungen aus dem Alten Testament, seine Bibel-Kommentare und seine angebliche Bevorzugung des Glaubens vor der kirchlichen Tradition fast zum Verhängnis geworden wären: er saß viereinhalb Jahre im Gefängnis der Inquisition, die ihn endlich freiließ[41]. Schauen wir aber auch aus

38 Rice (wie Anm. 25), a.a.O., S. 136.

39 Screech, a.a.O., S. XVIIIf.

40 Lefèvre d'Étaples et ses disciples, *Épistres & Évangiles pour les cinquante & deux sepmaines de l'an*. Fac-similé de la première éditon Simon du Bois, Hg. M.A. Screech, Genève 1964 (Travaux d'Humanisme et Renaissance. 63), S. 50.

41 Vgl. Karl Hölz, "Im Banne des Dogmas. Fray Luis de León und der spanische Humanismus", in *Spanische Forschungen der Görresgesellschaft*. Erste Reihe (im Druck); Fray Luis de León, *Ausgewählte Gedichte. Spanisch und deutsch*.

dem katholischen Bereich hinaus: die Gegenseite war ihrerseits gerade kein Hort der Toleranz, wie man aus der Verbrennung Miguel Servetos, der die Trinität leugnete, 1553 in Genf zu schließen hat.

3) Der dritte Problemkreis, dem wir uns noch kurz zuwenden müssen, heißt Bibel-Kommentierung, Bibel-Hermeneutik. Wir müssen uns mindestens an die im Neuen Testament angelegte, von den Kirchenvätern entwickelte und vom Mittelalter ausgebaute Lehre vom mehrfachen Schriftsinn erinnern, wie sie zum Beispiel von Ohly, de Lubac und soeben von Pépin und Hoheisel im ausgezeichneten Artikel *Hermeneutik* des Reallexikons für Antike und Christentum dargestellt worden ist[42]. Diese Lehre beruht auf einer Überzeugung, die Origenes (185–254) im IV. Buch von *De principiis* so ausdrückt:

> Die Ursache der falschen Meinungen und Gottlosigkeiten oder der einfältigen Reden von Gott dürfte [...] keine andere sein als die, daß die Schrift nicht geistlich — κατὰ τὰ πνευματικὰ — verstanden, sondern nach dem bloßen Buchstaben — πρὸς τὸ ψιλὸν γράμμα — aufgefaßt wird[43].

Er kommt zu einem analog zu "Leib", "Seele" und "Geist" gedachten dreifachen Schriftsinn, wobei der erste, wörtliche, den Einfältigen reichen muß und die beiden anderen den Fortgeschrittenen vorbehalten sind[44]. Im Mittelalter werden in der Regel vier Schriftsinne unterschieden: der historische oder Literalsinn, der "allegorische" — womit die Vorausdeutung des Alten auf das Neue Testament gemeint ist, nicht die Allegorie als Redefigur —, der tropologische oder moralische, schließlich der anagogische, "nach oben führende".

> Ein im Mittelalter immer wieder angeführtes Musterbeispiel ist das Wort Jerusalem: geschichtlich eine Stadt auf Erden, allegorisch die Kirche, tropologisch die Seele des Gläubigen, anagogisch die himmlische Gottesstadt[45].

Die Präzision dieser Theorie von den vier sauber zu trennenden Schriftsinnen täuscht über ein Problem hinweg: wann sie nämlich, die

---

Übertragung von Ernst-Edmund Keil. Mit einer Einführung und Anmerkungen von Ludwig Schrader, Düsseldorf 1989 (Studia humaniora. Series minor. 2).

42 Friedrich Ohly, "Vom geistigen Sinn des Wortes im Mittelalter", in *Zeitschrift für deutsches Altertum* 89 (1958/59), S. 1ff.; Henri de Lubac, *Exégèse médiévale. Les quatre sens de l'Écriture*, 2 Bde., Paris 1959 (Théologie. 41); Jean Pépin (Übs. Alois Kehl) — Karl Hoheisel, "Hermeneutik", in *Reallexikon für Antike und Christentum* XIV, 108/109 (1988), Sp. 722ff.

43 Origenes, *De principiis libri IV — Vier Bücher von den Prinzipien*. Hgg. Herwig Görgemanns — Heinrich Karpp, Darmstadt 1976 (Texte zur Forschung.24), IV, 2, 2, S. 701.

44 Ebda. IV, 2, 4, S. 709.

45 Ohly, a.a.O.

Theorie, komplett und wann sie teilweise anzuwenden ist. Origenes ist — sehr optimistisch — der Ansicht, der richtige "Weg zum Umgang mit den Schriften und zum Verständnsis ihres Sinnes" lasse sich "in den Schriftworten selber aufspüren"; es gebe Stellen ohne wörtlichen Sinn, dort müsse man "gleichsam allein die 'Seele' und den 'Geist' der Schrift suchen"[46]. Kein Geringerer als Erasmus in der langen Vorrede zu seiner zweiten Ausgabe des Neuen Testamentes (1519) bescheinigt Origenes, er sei "in tractandis allegoriis felicissimus artifex" — 'in der Behandlung der Allegorie [...] der glücklichste Künstler' —, Ambrosius sei dagegen in diesem Punkte "mehr fleißig als erfolgreich". Aber gleich danach heißt es über beide:

> nisi quod uterque immodicus est ac plerumque iniquior historico sensui quam par est —
>
> abgesehen davon, daß beide sich zu wenig mäßigen und dem historischen Sinn meistens abgeneigter sind, als es sich gebührte[47].

Das ist ein Ausdruck ziemlicher Skepsis — Lob und Tadel für Origenes! — hinsichtlich jener oberhalb des historischen Sinnes angesiedelten Schriftsinne, das heißt: ihrer Auffindung. Erasmus lehnt den nicht-wörtlichen Schriftsinn natürlich nicht ab, im Gegenteil, aber er verlangt, was wir "Methodenbewußtsein" nennen würden:

> verum etiam considerandum erit, in singulis horum qui gradus sint, quae differentiae, quae tractandi ratio —

bei der Interpretation nach den vier Schriftsinnen also müsse man

> aber auch beachten, welche Abstufungen es dann im einzelnen gibt, welche Unterschiede, und wie die Vorgangsweise sein muß[48].

Erfrischend deutlicher wird Erasmus, wenn er ins Einzelne geht und in beißender Satire den "ineptum allegorismum", den 'läppischen Allegorismus' angreift, der sich um die biblischen Gleichnisse angehäuft hat:

> Satis est ea, quae reperiuntur in sacris litteris, ad allegoriam accommodare, si res ita postulet, ut ipsi nihil affingamus. Audivi quendam theologum Parisiensem, qui de filio prodigo parabolam in quadraginta dies protraxit, ut aequaret quadragesimae numerum, affingens iter abeuntis ac redeuntis, quasi nunc in diversorio vesceretur artocrea e linguis confecta, nunc praeteriret molam aquatilem, nunc luderet alea, nunc cessaret in ganea, nunc aliud atque aliud ageret, et ad eiusmodi confictas naenias prophetarum et euangeliorum verba detorquebat.
>
> Es ist genug, wenn wir das, was sich in den heiligen Schriften findet, allegorisch anwenden, falls es die Sache so erfordert; wir brauchen da

---

46 Origenes, a.a.O., IV, 2, 4, S. 709; IV, 2, 5, S. 713.

47 Erasmus, *Ratio seu methodus* [...] — Theologische Methodenlehre [...], a.a.O. (wie Anm. 23), S. 430f.; vgl. S. 418f.

48 Ebda., S. 430f.

selbst nichts hinzuzudichten. Ich hörte von einem Pariser Theologen, der die Parabel vom verlorenen Sohn auf vierzig Tage auseinanderzog, damit er die Zahl Quadragesima [gemeint wohl: die Fastenzeit als Zeit der "Umkehr"] erreiche, indem er sich den Weg des Fortgehenden und des Heimkehrenden ausmalte, wie er nun in der Schenke aus Zunge zubereitete Fleischpastetchen schmauste, dann an einer Wassermühle vorbeiwanderte, nun Würfel spielte, dann in einer Kneipe faulenzte, dann wieder das eine und das andere tat. Ammenmärchen dieser Art dachte er sich aus und dazu verdrehte er die Worte der Propheten und der Evangelien[49].

"Falls die Sache es erfordert": hier eben liegt das Problem. Es ist den Humanisten sehr bewußt, wie es Origenes bewußt war: kein Wunder, hatte doch der christliche Humanismus ein enges Verhältnis zur Patristik überhaupt, und lebte er doch, auf Grund der tatsächlichen oder beabsichtigten "Wiederherstellung" der alten Sprachen, von einem gut entwickelten Gefühl der Überlegenheit über das Mittelalter. Bedouelle hat ausgeführt, welche große Rolle derartige Sorgen bei Lefèvre d'Étaples gespielt haben, und er hat in diesem Zusammenhang auf einen Begriff aufmerksam gemacht, der neben die vier Schriftsinne tritt, eine starke Affinität zu ihnen hat, aber nicht mit ihnen identisch ist: es ist der "wahre Wortsinn", der sich durch eine "geistliche", die Intention des Heiligen Geistes erschließende und von ihm geleitete Lektüre einstellt. Auch dieser Begriff läßt sich auf Origenes zurückführen. Bei Lefèvre fallen im Evangelien-Kommentar diese Formulierungen — anläßlich von *Matthäus* XIII,52: "Darum ein jeglicher Schriftgelehrter, zum Himmelreich gelehrt, ist gleich einem Hausvater, der aus seinem Schatz Neues und Altes hervorträgt" (Luther) —:

> Thesaurus: scripturae divinae. Nova: spiritus, vetera: litera; et id sive in novo sive in veteri testamento [...] ut spiritalis sine literaria non possit, nisi forte literaria et spiritalis eadem sint atque coincidant ut pene tota Joannis litera, sed literaria sine spiritalis possit —
> Schatz [bedeutet] die Heiligen Schriften. Neues: der Geist; Altes: der Buchstabe; und dies im Neuen wie im Alten Testament, so daß das Geistliche ohne das Buchstäbliche nicht gilt, wenn nicht letzten Endes *Buchstäbliches und Geistliches dasselbe sind und zusammenfallen* wie fast der gesamte Buchstabe bei Johannes, aber das Buchstäbliche kann ohne das Geistliche gelten[50].

49 Ebda., S. 422ff.

50 Vgl. Bedouelle, a.a.O., S. 184 und Anm. 16; meine Hervorhebung.

Auch Luther und Erasmus[51] kennen dieses Modell vom "mystischen", Geist und Buchstaben verbindenden Schriftsinn. Es ist, wenig verwunderlich, später in Schwärmerkreisen gepflegt worden[52].

IV.

Diese Anmerkungen haben uns von Lefèvres Paulus-Kommentar wieder etwas weggeführt, aber ich denke, daß sie nötig waren. Sie mögen als Skizzierung des Hintergrundes dienen, vor dem die beiden jetzt zu betrachtenden Beispiele aus diesem Kommentar zu sehen sind. Vorhin, beim ersten Blick auf Lefèvres Buch, sprachen wir vor allem von der Text-Konstitution, von den Varianten; jetzt beschäftigen uns der Kommentar und Lefèvres Reflexion über ihn. Wir werfen einen Blick auf den Kommentar zu *Römer* III,28 (Abb. 5):

> So halten wir nun dafür, daß der Mensch gerecht werde ohne des Gesetzes Werke, allein durch den Glauben (Luther).

Wie Sie aus dem Faksimile sehen, war unser Leser aus dem 16. Jahrhundert wieder recht fleißig, und wir wollen uns diese Stelle kurz anschauen. Weiter oberhalb des Unterstrichenen haben wir "solam fidem Christi habentes", "sola fide", "firma fide"; die später von der Sorbonne beanstandete, nach Luther klingende Formel kommt also ständig vor. Der Zeitgenosse unterstrich Folgendes:

> sed ex fide iustificamur quemadmodum ex operibus: ex his remotius/ ex illa vicinius, haec minus: illa magis necessaria. Nam ex operibus sine fide: nunquam quis iustificatur. At contra ex fide sine operibus: iustificatur quis / vt tam ostensum est. Neque fides / neque opera iustificant: sed praeparant ad iustificationem. quandoquidem vnus est deus qui iustificat circuncisionem ex fide. [...]
>
> Opera igitur sunt vt praeparantia / & purgantia viam: fides autem vt terminus & aditus quidam diuini ingressus —
>
> aus dem Glauben aber werden wir gerechtfertigt so wie aus den Werken: aus diesen auf mehr mittelbare, aus jenem auf direktere Weise, diese sind weniger, jener ist in größerem Maße nötig. Denn aus den Werken, ohne Glaube, wird nie einer gerechtfertigt. Umgekehrt aber kann jemand aus dem Glauben ohne Werke gerechtfertigt werden, wie es so deutlich am Tage liegt. Weder der Glaube noch die Werke rechtfertigen: sondern sie bereiten auf die Rechtfertigung vor. Denn Gott ist

51 Ebda., Anm. 13 und 15.

52 Vgl. Ludwig Schrader, "L'interprétation de la Bible dans les *Colloques chrestiens de 1548*", in *Intersignes nantais. Mélanges de littérature offerts à Madame de la Garanderie [...]*, Hg. Madeleine Le Merrer, Nantes 1987 (Textes et langages. 14), S. 215.

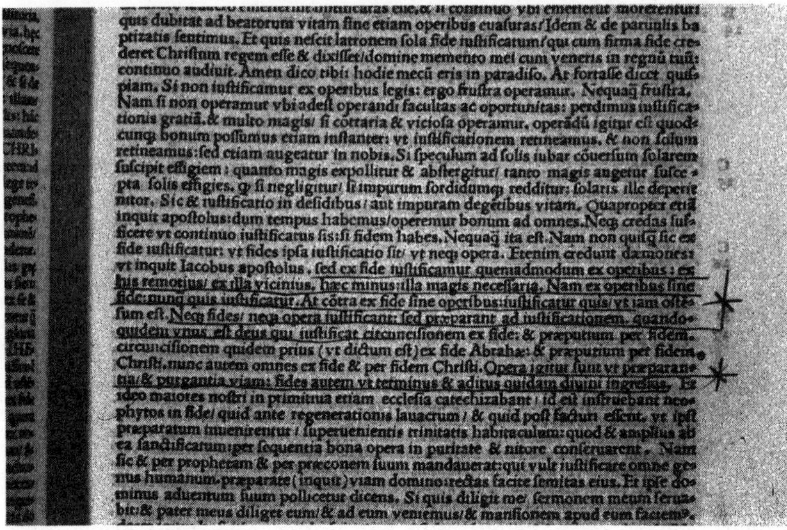
quis dubitat ad beatorum vitam sine etiam operibus euasuras/Idem & de paruulis ba
ptizatis sentimus. Et quis nescit latronem sola fide iustificatum/qui cum firma fide cre-
deret Christum regem esse & dixisset/domine memento mei cum veneris in regnū tuū:
continuo audiuit. Amen dico tibi: hodie mecū eris in paradiso. At fortasse dicet quis-
piam. Si non iustificamur ex operibus legis: ergo frustra operamur. Nequaq̄ frustra.
Nam si non operamur vbi adest operandi facultas ac oportunitas: perdimus iustifica-
tionis gratiā. & multo magis/ si cōtraria & viciosa operamur. operādū igitur est quod-
cunq; bonum possumus etiam instanter: vt iustificationem retineamus. & non solum
retineamus: sed etiam augeatur in nobis. Si speculum ad solis iubar cōuersum solarem
suscipit effigiem: quanto magis expollitur & abstergitur/ tanto magis augetur susce-
pta solis effigies. q̄ si negligitur/ si impurum sordidumq; redditur: solaris ille deperit
nitor. Sic & iustificatio in desidibus/ aut impuram degētibus vitam. Quapropter etiā
inquit apostolus: dum tempus habemus/operemur bonum ad omnes. Neq; credas suf-
ficere vt continuo iustificatus sis: si fidem habes. Nequaq̄ ita est. Nam non quisq̄ sic ex
fide iustificatur: vt fides ipsa iustificatio sit/ vt neq; opera. Etenim credunt dæmones:
vt inquit Iacobus apostolus. sed ex fide iustificamur quemadmodum ex operibus: ex
his remotius/ ex illa vicinius. hæc minus: illa magis necessaria. Nam ex operibus sine
fide: nunq̄ quis iustificatur. At cōtra ex fide sine operibus: iustificatur quis/ vt iam oste-
sum est. Neq; fides/ neq; opera iustificant: sed præparant ad iustificationem. quando-
quidem vnus est deus qui iustificat circuncisionem ex fide: & præputium per fidem.
circuncisionem quidem prius (vt dictum est) ex fide Abrahæ: & præputium per fidem
Christi. nunc autem omnes ex fide & per fidem Christi. Opera igitur sunt vt præparan-
tia/ & purgantia viam: fides autem vt terminus & aditus quidam diuini ingressus. Et
ideo maiores nostri in primitiua etiam ecclesia catechizabant/ id est instruebant neo-
phytos in fide/ quid ante regenerationis lauacrum/ & quid post facturi essent. vt ipsi
præparatum inuenirentur/ superuenientis trinitatis habitaculum: quod & amplius ab
ea sanctificatum: per sequentia bona opera in puritate & nitore conseruarent. Nam
sic & per prophetam & per præconem suum mandauerat: qui vult iustificare omne ge-
nus humanum. præparate (inquit) viam domino: rectas facite semitas eius. Et ipse do-
minus aduentum suum pollicetur dicens. Si quis diligit me/ sermonem meum serua-
bit: & pater meus diliget eum/ & ad eum veniemus/ & mansionem apud eum faciem9.

Abb. 5: Lefèvre d'Étaples, *Commentarii*, f° 75 r°

nun einmal der einzige, der die Beschneidung aus dem Glauben rechtfertigt. [...]

Die Werke also sind wie etwas, was den Weg vorbereitet und reinigt: der Glaube aber ist wie eine Art Wegmarke und Anfang des Einganges Gottes[53].

Bei den letzten Worten — "divini ingressus", die ich so wörtlich wie möglich wiedergebe — schwingt meines Erachtens eine mystische Note mit — das "Einfallen" Gottes in die Seele —, wie sie bei einem Freunde Briçonnets und Herausgeber mystischer Texte nichts Überraschendes hat. — Im übrigen muß man für eine Stelle wie diese wohl nicht unbedingt Fachtheologe sein, um sich ihrer Brisanz bewußt zu werden.

Da ich erneut auf Unterstreichungen in unserem Text zu sprechen gekommen bin, will ich hier noch ein Parallelbeispiel einfügen, das Ihnen erneut zeigen mag, wie die Gelehrten des 16. Jahrhunderts sozusagen auch im Alltäglichen unsere direkten Vorfahren waren. Die erste Seite eines 1563 in Poitiers gedruckten Exemplars der *Epitome [...]*, des *Abrisses aller Kriege aus 700 Jahren*, von Lucius Annaeus Florus (2. Jahrhundert n. Chr.) — der mit seiner Parallelisierung der Geschichte von Staaten mit den Perioden des menschlichen Lebens, von der Kindheit bis zum Verfall, bekannt geblieben ist — demonstriert, wie fleißig der damalige Kollege gelesen und Anmerkungen gemacht hat (Abb. 6). Das hat er auf zwei weiteren Seiten ebenso fleißig fortgesetzt, bis — als er auf Seite 4 war (Abb. 7) — etwas Dringendes, vielleicht eine Fakultätssitzung, ihn abrief. Von hier an fehlen bis zum Ende des Bandes irgendwelche weitere Eintragungen, und die Schwierigkeit wird einem wieder bewußt, herauszufinden, ob einer, der ein Buch besitzt, es auch wirklich ganz gelesen hat...

Auch in unserem Paulus-Kommentar ist nicht so viel unterstrichen, wie man erwarten könnte. Zum Beispiel wundert man sich, keine Anstriche zu einer für Lefèvres Auffassung vom Sinn des Bibeltextes sehr charakteristischen Stelle zu finden. Es ist eine Bibelstelle, die zu einem hermeneutisch-theoretischen Kommentar geradezu einlädt, weil nämlich Paulus selber explizit als Interpret auftritt: *Galater* IV,24. Paulus hat gerade von Abraham gesprochen und davon, daß der zwei Söhne hatte,

einen [Ismael] von der Magd [Hagar], einen [Isaak] von der Freien [Sara] (IV,22; Luther),

53 F° 75r°.

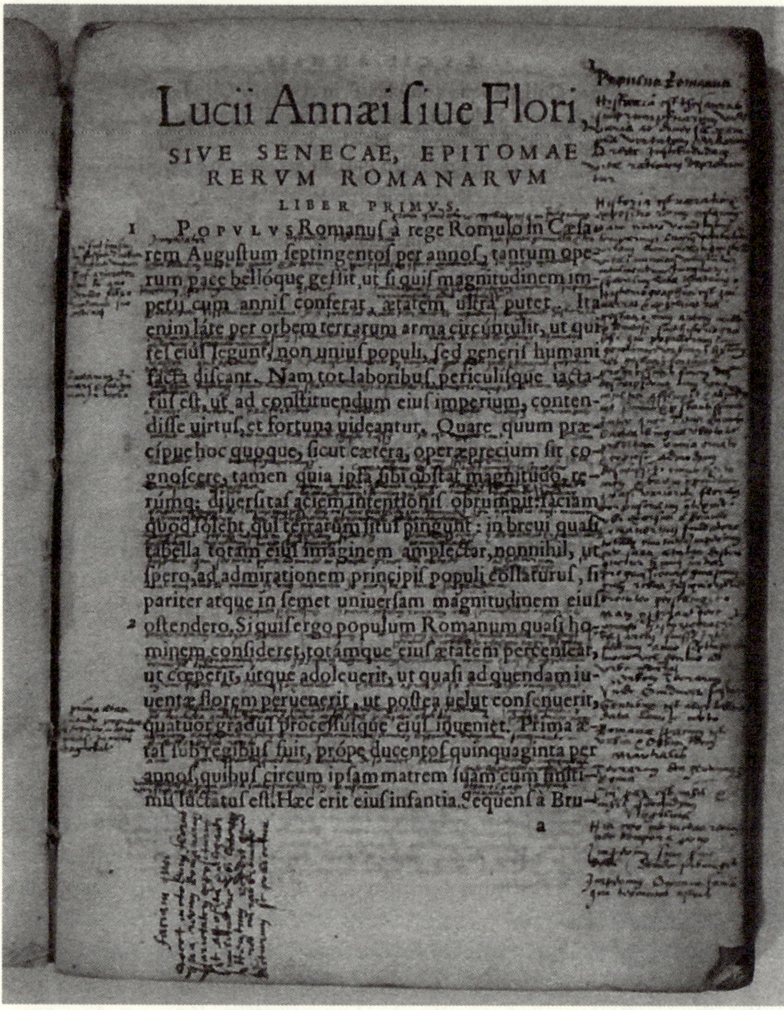

Lucii Annæi siue Flori,

SIVE SENECAE, EPITOMAE
RERVM ROMANARVM

LIBER PRIMVS.

1 POPVLVS Romanus à rege Romulo in Cæsarem Augustum septingentos per annos, tantum operum pace belloque gessit, ut si quis magnitudinem imperii cum annis conferat, ætatem ultra putet. Ita enim late per orbem terrarum arma circumtulit, ut qui res eius legunt, non unius populi, sed generis humani facta discant. Nam tot laboribus, periculisque iactatus est, ut ad constituendum eius imperium, contendisse uirtus, et fortuna uideantur. Quare quum præcipue hoc quoque, sicut cætera, operæprecium sit cognoscere, tamen quia ipsa sibi obstat magnitudo, rerumque diuersitas aciem intentionis obrumpit: faciam quod solent, qui terrarum situs pingunt: in breui quasi tabella totam eius imaginem amplectar, nonnihil, ut spero, ad admirationem principis populi collaturus, si pariter atque in semet uniuersam magnitudinem eius
2 ostendero. Si quis ergo populum Romanum quasi hominem consideret, totamque eius ætatem percenseat, ut cœperit, utque adoleuerit, ut quasi ad quendam iuuentæ florem peruenerit, ut postea uelut consenuerit, quatuor gradus processusque eius inueniet. Prima ætas sub regibus fuit, propè ducentos quinquaginta per annos, quibus circum ipsam matrem suam cum finitimis luctatus est. Hæc erit eius infantia. Sequens à Bru-

a

Abb. 6: Lucius Annaeus Florus, *Epitome*, Poitiers 1563, S. 1

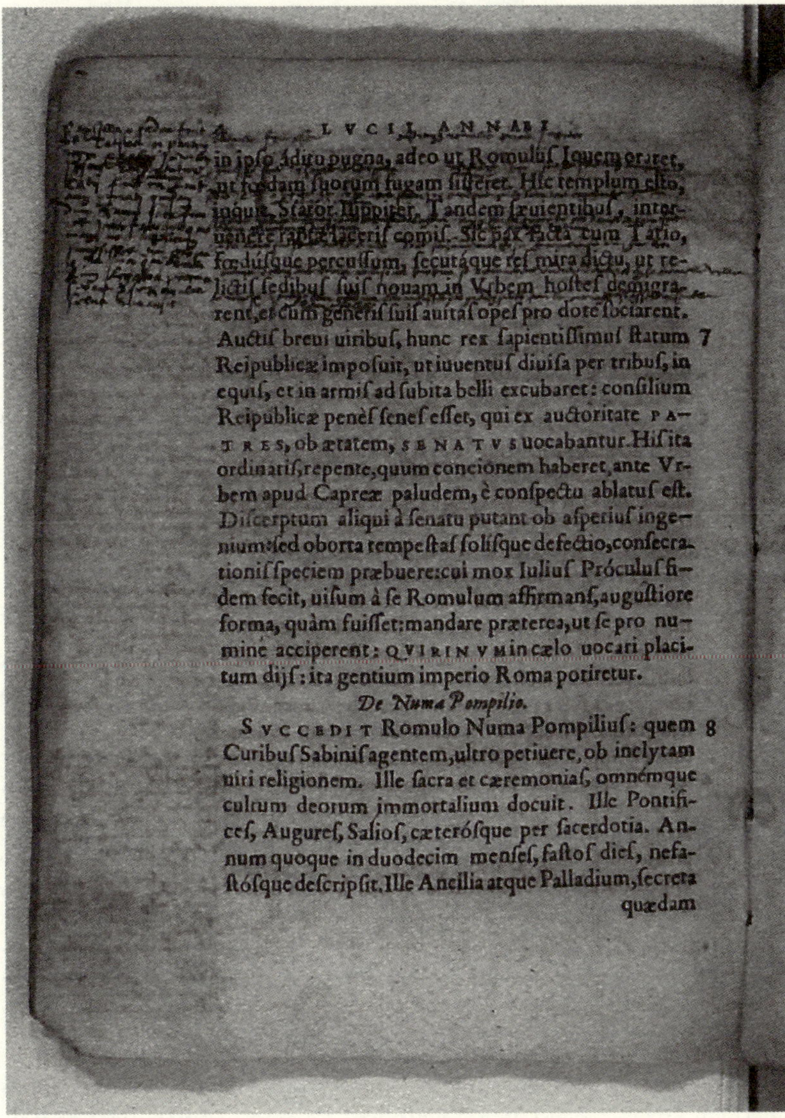

L V C I I. A N N A E I

in ipſo aditu pugna, adeo ut Romuluſ Iouem oraret, ut fœdam ſuorum fugam ſiſteret. Hic templum eſto, inquit, Stator Iuppiter. Tandem ſæuientibuſ, interuenere raptæ laceriſ comiſ. Sic pax facta cum Tatio, fœduſque percuſſum, ſecutáque reſ mira dictu, ut relictiſ ſedibuſ ſuiſ nouam in Vrbem hoſteſ demigrarent, et cum generiſ ſuiſ auitaſ opeſ pro dote ſociarent.

Auctiſ breui uiribuſ, hunc rex ſapientiſſimuſ ſtatum Reipublicæ impoſuit, ut iuuentuſ diuiſa per tribuſ, in equiſ, et in armiſ ad ſubita belli excubaret: conſilium Reipublicæ penèſ ſeneſ eſſet, qui ex auctoritate P A T R E S, ob ætatem, S E N A T V S uocabantur. Hiſ ita ordinatiſ, repente, quum concionem haberet, ante Vrbem apud Capreæ paludem, è conſpectu ablatuſ eſt. Diſcerptum aliqui à ſenatu putant ob aſperiuſ ingenium: ſed oborta tempeſtaſ ſoliſque defectio, conſecrationiſ ſpeciem præbuere: cui mox Iuliuſ Próculuſ fidem fecit, uiſum à ſe Romulum affirmanſ, auguſtiore forma, quàm fuiſſet: mandare præterea, ut ſe pro numine acciperent: Q V I R I N V M in cælo uocari placitum dijſ: ita gentium imperio Roma potiretur. 7

De Numa Pompilio.

S V C C E D I T Romulo Numa Pompiliuſ: quem Curibuſ Sabiniſ agentem, ultro petiuere, ob inclytam uiri religionem. Ille ſacra et cæremoniaſ, omnémque cultum deorum immortalium docuit. Ille Pontificeſ, Augureſ, Salioſ, cæteróſque per ſacerdotia. Annum quoque in duodecim menſeſ, faſtoſ dieſ, nefaſtóſque deſcripſit. Ille Ancilia atque Palladium, ſecreta quædam 8

Abb. 7: Lucius Annaeus Florus, *Epitome*, Poitiers 1563, S. 4

um nun zu erklären (Lefèvre hat hier am Vulgata–Text nichts auszusetzen):

Quae sunt per allegoriam dicta[54].

Luthers Fassung "Die Worte bedeuten etwas" vermeidet, wohl aus Gründen der Zugänglichkeit für jedermann, den Terminus Allegorie, den auch das griechische Neue Testament hat: ἅτινά ἐστιν ἀλληγορούμενα [55]. Bei Luther geht aber verloren, daß Paulus den Ausdruck so verwendet, wie er dann beim zweiten der vier Schriftsinne benutzt wird, nämlich "typologisch": das Alte weist auf das Neue Testament voraus[56]. Die beiden Söhne Abrahams bedeuten "duo testamenta", die beiden Mütter das alte und das neue Jerusalem:

So sind wir nun, liebe Brüder, nicht der Magd Kinder, sondern der Freien (IV,31; Luther).

In seinem Kommentar behandelt Lefèvre d'Étaples des längeren diese Stelle. Ich beschränke mich auf das, was er zum Stichwort "allegoria" sagt; es ist eine wiederum bezeichnende Äußerung. Lefèvre geht von der Definition des Hieronymus aus:

Allegoria est (inquit Hieronymus) quae aliud praetendit in verbis / aliud significat in sensu —

Allegorie ist (nach Hieronymus), was in den Worten das eine vorgibt, im Sinn das andere bedeutet.

Dies könnte noch die ganz allgemeine rhetorische Bedeutung sein — ἀλληγωρέω 'übertragen interpretieren', 'figürlich reden' —, Lefèvre kommt aber sofort auf den zweiten Schriftsinn:

Quae traduntur in typo & figura: allegorica sunt. quae non traduntur in figura: allegorica non sunt / neque alium sensum requirunt quam qui exprimitur / & quem author intendit / qui vt plurimum est spiritus sanctus. qui & literalis sensus appellatur: quia sine typo & figura est.—

Was durch Typus und Figura überliefert ist [also als "Vorprägung", "frühe Gestalt"; beide Termini, "typus" und "figura", bedeuten dasselbe], das ist allegorisch. Was nicht durch eine "figura" überliefert ist, ist nicht allegorisch / und verlangt nach keinem anderen Sinn als dem, der ausgedrückt wird / und den der Autor beabsichtigt / [der Autor], der eben allermeist der Heilige Geist ist. Man nennt ihn auch den wörtlichen Sinn: weil er ohne Typus und Figura ist.

Und nun bitte ich um besondere Aufmerksamkeit für den folgenden geistigen Sprung, den Lefèvre vollführt. Es geht nämlich nicht so weiter, daß er nun gleich auf die übrigen Schriftsinne zu sprechen käme, sondern er fährt unvermittelt fort, jener Wortsinn sei

sed & idem spiritualis —

---

54 F° 34v°.

55 *Novum Testamentum graece*, a.a.O.

56 Vgl. zu dieser Stelle Pépin–Hoheisel, a.a.O., Sp. 766.

sei

aber auch selbst der geistliche.

Begründung:

Quomodo enim spiritualis sensus non esset: cuius author est spiritus? Quapropter qui alio modo scripta intelligunt / & alii applicant quam intendit spiritus prophetae: non est sensus literalis / nisi Iudaicus / carnalis / & letifer. & est litera quae occidit.

Also:

Wie nämlich wäre es kein geistlicher Sinn, wenn sein Autor doch der Geist ist? Deshalb ist es so: [wenn] diejenigen, die die Schrift auf andere Weise verstehen / und sie einer anderen Verstehensweise zuführen, als der Geist des Propheten beabsichtigte, [dann] ist es nicht der Wortsinn, es sei denn der judäische, fleischliche / und tödliche. Und es ist der Buchstabe, der tötet.

Hier haben wir also erneut die früher schon angekündigte Vorstellung vom Zusammenfall des wahren Wortsinnes mit dem geistlichen. So deutlich sich Lefèvre ausdrückt, so merkwürdig bleibt es, daß er kurz darauf ganz friedlich die Lehre von den vier Schriftsinnen referiert:

Et notaverunt sancti patres quatuor in sacris literis reperiri sensus —

Und es konstatierten die Kirchenväter, daß in den heiligen Schriften vier Sinne zu finden sind[57].

Die werden sauber aufgezählt, und zwar mit der Überzeugung, man könne je nach Stelle den einen oder den anderen oder mehrere dieser Schriftsinne ablesen — es ist dieselbe Überzeugung, die wir vorher aus Origenes belegten: die Schrift selbst gibt die nötigen Hinweise. Zwischen dem wahren, "geistlichen" Wortsinn von eben und den vier Schriftsinnen bleibt aber einiger Abstand. Bedouelle, der die Stelle ausführlich kommentiert, schreibt mit Recht:

Die Kohärenz dieses Textes von Lefèvre ist nicht vollkommen, denn er versucht, seine eigene Vorstellung vom wörtlich-geistlichen Sinn der klassischen Unterscheidung der vier Schriftsinne überzustülpen.

In der Tat ist der — mystische — Gedanke, der Wortsinn sei immer auch der geistliche, nicht dasselbe wie die von Lefèvre angedeutete Möglichkeit der Addition: für Abraham und seine Söhne soll dann auf einmal gelten:

hic enim spiritus: & historiam intendit & allegoriam —

hier meint der Heilige Geist sowohl das Wörtlich-Historische als auch das Allegorische[58].

---

57 F° 159r°.

58 Bedouelle, a.a.O., S. 184.

Wir sind damit nahe am Schluß. Ich lasse den zuletzt charakterisierten Widerspruch mit Bedouelle offen und sehe ihn in einem Zusammenhang stehen mit der eingangs beschriebenen doppelten Orientierung Lefèvres: sie ist rationalistisch und spirituell zugleich.

*

Wir wollen uns aber nicht trennen, meine Damen und Herren, ohne daß ich Ihnen die Anwendung eines fünften Schriftsinnes nochmals ans Herz lege: es ist der "sensus pecuniarius simplex", und er ist weniger trivial, als er klingt. Auch das geistlichste, auch das humanistischste Buch muß als Buch weiter existieren. Der Paulus-Kommentar von Lefèvre d'Étaples sollte weiteren Jahrhunderten erhalten bleiben, und dafür wird Geld gebraucht. Wir nehmen auch Schecks.

Anhang

Anita Benger — Heinz Finger

ÄUSSERE FORM DES DRUCKES UND BESONDERHEITEN DES EXEMPLARS DER UNIVERSITÄTSBIBLIOTHEK DÜSSELDORF

Le Fèvre d'Étaples, Jacques (Jacobus Faber Stapulensis): Epistola ad Romanos ... [Commentarii in Epistolas Pauli Apostoli = bibl. Text nebst Kommentar]. Editio princeps. Paris: Henricus (I.) Stephanus (H. Estienne) 1512. [22], 268 Bl. 2°

Signatur: 20 Bibl.Th.III.A.100

Universität Düsseldorf / Abteilung "Alte Drucke":

Buchschmuck

Ornamentale Holzschnitt-Titeleinfassung mit der Heiliggeist-Taube und den Figuren der Apostelfürsten. Dieser Holzschnitt findet sich noch einmal auf Bl. 262v (als Titel zu "Linus Episcopus, De passione Petri et Pauli"). — Auch die Kanontafeln sind durch ornamentale Holzschnittrahmen eingefaßt. — Zahlreiche große Initialen in Schrotschnittmanier zieren die einzelnen Kapitelanfänge.

Einband

Brauner Lederband (Kalbleder über Holzdeckel gezogen, auf vier Doppelbünde geheftet), etwa aus dem dritten Jahrzehnt des 16. Jahrhunderts. Der Dekor des in Blindpressung verzierten Einbandes weist zwei verschiedene Stilelemente auf: im Mittelfeld eine traditionelle spätgotische Rautenrankenplatte, in der Umrahmung zwei Rollen der neuzeitlicheren Art mit Renaissanceornamenten wie Vasen, Perlschnüre, Delphine. — Der Buchblock ist mit kleinen hervorstehenden Pergament-"Registern" versehen, die das Auffinden der Paulusbriefe erleichtern sollten. Die Reihe der Register für die Textanfänge ist mit schwarzer Tinte, die der Kommentare mit roter Tinte von Hand beschriftet. — Von den ursprünglich vorhandenen beiden Schließen sind nur noch ein Schließenbeschlag und die beiden hinteren Haften erhalten.

Einbandfragment

Im Vorder- und Hinterdeckel sind als Spiegel zwei Blätter einer Pergamenthandschrift eingeklebt. Es handelt sich dabei um ein Fragment aus einem in Textura geschriebenen Antiphonar des frühen Spätmittelalters. Auf den hier erhaltenen Seiten stehen Hymnen und Antiphonen der Passionszeit, die zum Officium, nicht zur Messe gehören. Die Notation mit den im ganzen nördlichen Europa verbreiteten Hufnagelneumen ist so weit wie notwendig angegeben, d.h. ohne Wiederholungen, so daß wenige Notenzeilen genügen. Die Melodie des Hymnus "Vexilla regis" (im Vorderdeckel) entspricht, wie nicht anders zu erwarten, wesentlich der heute üblichen. Weder Schrift noch Notation lassen — aufgrund ihrer sehr weiten Verbreitung — eine Lokalisierung zu. Liturgisches Sondergut (weniger wahrscheinlich bei Texten der Passionszeit) ist auf den beiden Seiten nicht zu erkennen.

Provenienz (Vorbesitzer des Düsseldorfer Exemplars)

Der Band hat handschriftliche Eintragungen verschiedener Zeit. Die umfangreichsten stammen von einer Hand des 16. Jahrhunderts (1. Hälfte) und liegen als Marginalglossen mit einige Male längerem, zusammenhängendem Text vor. Sie deuten auf einen gebildeten Vorbesitzer, den man wohl als jüngeren Zeitgenossen des Verfassers ansprechen kann. Die übrigen Eintragungen rühren wohl von anderen, späteren Vorbesitzern her. — Aus dem Einband lassen sich folgende, unsichere Erkenntnisse über den Erstbesitzer gewinnnen. Der schlichte, aber für die Zeit charakteristische Blinddruckband, der gewiß dem bibliophilen Geschmack seines humanistisch gebildeten Besitzers entsprach, läßt sich seiner Entstehung nach der westdeutschen Region zuordnen. Sehr deutliche Ähnlichkeiten mit Kölner und Utrechter Rollen sprechen dafür. Mit allergrößter Vorsicht kann ein niederrheinischer oder niederländischer Säkularkleriker (wahrscheinlich kein Regularklerikerstift — sicher kein Mönchskloster oder Mendikantenkonvent) als Erstbesitzer vermutet werden. — Der Erstbesitzer könnte sehr wohl mit dem Schreiber der umfangreicheren Glossen unter den Vorbesitzern identisch sein.

Marcella Roddewig

Eine erste deutsche *Paradiso*–Übersetzung unter dem Einfluß des Protestantismus

Die Frage nach der rechten Kirchengläubigkeit Dantes wurde schon früh und mit Nachdruck gestellt. Der zornige Mut des florentinischen Dichters und gestürzten Politikers, fünf Päpste in der Jenseitsvision seiner *Commedia* in die Hölle zu verbannen, darunter zwei im Jahr 1300 noch lebende Päpste sowie zahlreiche Würdenträger der Kirche und Orden, hatte Folgen. Den Dominikanern wurde die Lektüre seines Werks 1330 verboten, 9 Jahre nach seinem Tod. Schon ein Jahr zuvor stieß sein politischer Traktat, die *Monarchia*, auf päpstliche Kritik. In dieser Schrift hatte Alighieri mit Vehemenz die nicht eben neue Auffassung vertreten, daß das Kaisertum gleichrangig mit dem Papsttum und der Kaiser daher dem Papst nicht untergeordnet sei. Kardinal Poggetto ließ die Schrift in Bologna öffentlich verbrennen. Auch die Gebeine Dantes wären nach dem Zeugnis des zeitgenössischen Rechtshistorikers *Bartolo da Sassoferrato* (1313/14–1357) und *Boccaccio*'s verbrannt worden, hätten nicht zwei einflußreiche Florentiner (Ostagio da Polenta und Pino della Tosa) sowie die Franziskaner in Ravenna sich mit Wort und Tat eingesetzt. Es ist darum nicht erstaunlich, daß man auch in den frühen, häufig kommentierten Handschriften am Ende der *Commedia* die Versicherung des Schreibers oder Kommentators lesen kann, alles, was in diesem Text nicht mit dem wahren Glauben der heiligen Mutter Kirche vereinbar sei, ginge auf Kosten des Autors, nicht des Erklärers oder Kopisten[1]. Selbst an kritischen und empörten Randbemerkun-

1 Häufig und insbesondere in Codices, die den zwischen 1324 und 1328 entstandenen *Commedia*–Kommentar von Jacopo della Lana enthalten, sind solche Distanzerklärungen zu Dantes kirchlichen Auslegungen zu finden, die unter der Bezeichnung *Professione di fede* oft dem sog. *Credo di Dante* vorausgehen. Vgl. M. Roddewig, *Dante Alighieri, Die göttliche Komödie, Vergleichende Bestandsaufnahme der Commedia–Handschriften*, (Hiersemann bi-

gen moralischer oder dogmatischer Natur fehlt es nicht in den Dante-Handschriften des Trecento und noch des Quattrocento.

Der Text der italienischen und lateinischen Werke des *"poeta theologus et philosophus"* beruht auf Abschriften, die frühestens ab 1330 datierbar sind. Von der Hand Dantes keine einzige Zeile, nicht einmal eine Unterschrift. Dies ist umso merkwürdiger, als von *Boccaccio* und *Petrarca* viele Autographen erhalten sind, von Boccaccio sogar drei eigenhändige *Commedia*-Abschriften in kalligraphischen Lettern. Ob die authentischen Urhandschriften von der Inquisition heimlich beseitigt oder von seinen Söhnen allzu gut versteckt wurden oder namenlosen Zufällen anheimfielen, wissen wir nicht. Jedenfalls wurden sie abgeschrieben, insbesondere die Commedia, ebenso von Wollwebern, Geflügelverkäufern auf dem Ponte Vecchio, adligen und nichtadligen Gefängnisinsassen wie von Berufskopisten, Klerikern, Gelehrten und Politikern. Noch heute sind wir im Besitz von mehr als 1000 Dante-Handschriften und es gibt keine Kultursprache, in welcher die Göttliche Komödie nicht meist in mehreren Übertragungen vorläge.

Aber wie gelangte Dante nach Deutschland? Zum Verständnis der entscheidenden Rolle des Protestantismus hierfür im 16. Jahrhundert, aus dem eine erste Übersetzung aus dem *Paradiso* stammt, ist ein kurzer Überblick dienlich. In England war Dante schon Ende des 14. Jahrhunderts bekannt, wie Übernahmen aus der *Commedia* in den *Canterbury Tales* von *Chaucer* beweisen[2]. Ebenso in Spanien, wo dann auch 1428 eine kastilische[3] und eine katalanische[4] Übersetzung entstanden. Die Aufnahme in Frankreich war zögernd, wozu die verächtlichen Worte Dantes über die Capetinger und die französischen Könige (Purg. XX 40–93) beigetragen haben mögen. Immerhin hatte François *Bergaigne* um 1520 einige Paradiso-Gesänge übertra-

---

bliographische Handbücher. 4) Stuttgart 1984, S. 449 (Credo di Dante), und *Enciclopedia Dantesca* I, S. 552–553; II, S. 255–256.

2 Vgl. P. Boitani (ed.), *Chaucer and the Italian Trecento*, Cambridge 1983 und H.H. Schless, *Chaucer and Dante*. A Revaluation. Norman/Okl., 1984.

3 Die kastilische Teilübersetzung in Prosa von Enrique de Villena aus dem Hause Aragon, 1427/28 verfaßt, befindet sich in der Biblioteca Nacional in Madrid, Nr. 10186. Sie ist nur in Teilauszügen veröffentlicht. Literatur bei Roddewig Nr. 424, S. 175/176.

4 *La Comedia de Dant Allighier traslatada de rims vulgars toscans en rims vulgars cathalans* per N'Andreu Febrer, ed. C. Vidal y Valenciano, Barcellona 1878. Diese erstaunlich textnahe u. von der kastilischen Version unabhängige Übersetzung ist das erste Beispiel für eine Terzinenübertragung in eine andere Sprache, s. Enciclopedia Dantesca II, S. 818/819.

gen und um 1528 wie in der Jahrhundertmitte entstanden zwei relativ vollständige französische *Commedia*-Übersetzungen[5].

Für Deutschland war zunächst Prag von Bedeutung. Schon für 1368 ist eine *Commedia*-Handschrift in Prag nachweisbar, die der berühmte Kanzler Kaiser Karls IV. besaß. *Johannes von Neumarkt*, Bischof von Olmütz, hatte 1354 der Begegnung Petrarca's mit dem Kaiser in Mantua beigewohnt und sich auf seinen häufigen Italienreisen mit namhaften Frühhumanisten wie *Bartolo da Sassoferrato* und *Coluccio Salutati* befreundet. In Prag war damals für alle höheren Beamten die Kenntnis von 3 Fremdsprachen Pflicht: Italienisch, Französisch, Slawisch, neben dem selbstverständlichen Latein und Deutsch[6]. Von Prag, aber auch von Budapest, d.h. Ungarn aus, das seit dem 13. Jh. politisch und kulturell eng mit Italien verbunden war, breitete sich der Frühhumanismus mit seiner Bewunderung für die an der Antike geschulten italienischen Philologen, Historiker und Philosophen im Quattrocento nach Deutschland aus. Unter den Humanisten bevorzugte man die toskanischen Platoniker *Marsilio Ficino, Pico della Mirandola und Cristoforo Landino.* Zentren waren die Städte am Oberrhein, auch Wien und Erfurt, vor allem Basel, Straßburg, Frankfurt, Nürnberg. In Konstanz war schon 1416/17 während des dortigen Konzils eine der ersten lateinischen Prosaübersetzungen mit ausführlichem Kommentar entstanden. Der Verfasser war Franziskaner, *Giovanni da Serravalle*, Bischof von Fermo. Im Franziskanerkonvent von Konstanz wurden für die auf dem Konzil anwesenden Kirchenfürsten aller Länder die ersten Dante-Lesungen gehalten, in lateinischer Sprache auf deutschem Boden vermutlich auch zum letzten Mal. Ein Exemplar der Serravalle-Übersetzung erhielt als erster der Sohn von Karl IV., Sigismund, damals König von Ungarn und Deutschland, später Kaiser[7].

Gegen Ende des Jahrhunderts, 1493, erscheint in Nürnberg die *Weltchronik* von *Hartmut Schedel*, lateinisch und deutsch, mit einem Absatz über Dante, beide Ausgaben in unserer Düsseldorfer Universitätsbibliothek vorhanden. Schedel besaß eine *Commedia*-Inkunabel von 1497 mit dem italienischen Kommentar von *Cristoforo Landino*,

---

5 S. C. Morel, *Les plus anciennes traductions françaises de la Divine Comédie*, Paris 1897, 2 Bde.

6 Vgl. H. Grauert, "Dante in Deutschland", in *Historisch-politische Blätter für das katholische Deutschland*, 120 (1897), S. 95-99.

7 Die Ausgabe von Giovanni Bertoldi da Serravalle (ca. 1350-1445): Fratris Johannis de Serravalle Ord. Min. Episcopi et Principis Firmiani *translatio et comentum totius libri Dantis Alagherii*, cum textu italico fratris Bartholomaei a Colle ejusdem ordinis, nunc primum edita, a cura di M. da Civezza e T. Domenichelli, Prato 1891, 2 Bde.

deren *Commedia*-Text übrigens weit besser ist als der florentinische Erstdruck von 1481[8]. Wie viele Nordländer hatte H. Schedel in Italien studiert, d.h. 3 Jahre lang humanistische und medizinische Studien betrieben. 7 Studienjahre hatte der musische Dürer-Freund *Willibald Pirkheimer* in Padua und Pavia verbracht. Er war im Besitz einer noch kostbareren *Commedia*-Inkunabel, der 1472 in Mantua von 2 deutschen Druckern, den Magistern Georg und Paul Michaeli, besorgten Ausgabe[9]. Jedoch nicht Dante, sondern *Petrarca* war der bei uns bevorzugte Poet Italiens, auch von Pirkheimer über alles geliebt. Dem gebildeten Bürgertum war Dante ein Name, den man in enzyklopädischen Werken allenfalls nachschlagen konnte. Böse Zungen behaupten, dies verhielte sich heute ähnlich, trotz der auffallenden Zunahme an neuen und neugedruckten Übersetzungen und des höllenfreudigen Einzugs Dantes auf der Bühne, in den Massenmedien und in einer vorwiegend links orientierten Literatur der Nachkriegszeit.

Im 16. Jh. trat die unerwartete Wendung zu Dante hin bei uns durch das Tridentinische Konzil ein, das sich von 1545 bis 1563 hinzog und den Vorrang des Papsttums gegenüber den neuen reformatorischen Lehren zementierte. Von protestantischer Seite greift man nun auf Dante zurück, um die Rechtmäßigkeit der Reformation zu beweisen, nicht *Luther* selbst, aber seine Helfer, vor allem *Matthias Flacius* und *Peter Paul Vergerius*. Den Historikern und Theologen ist Flacius als Freund und zeitweise Nachfolger Luthers bekannt.

Der 1520 in dem damals italienischen Istrien (Labin) geborene Slawe begann seine Studien in Venedig. Auf Rat seines Onkels *Baldus Lupetinus* hin, eines der Reformation zugeneigten Franziskaners, beendete er seine historischen und theologischen Studien in Wittenberg, wo er mit 24 Jahren eine Professur für hebräische Sprachen erhielt und später als Neutestamentler in Magdeburg und Jena wirkte. Er genoß *Luthers* volles Vertrauen. Nach dessen Tod, 1546, hielt er sich im Streit mit *Melanchthon* streng und unduldsam an die Lehre Luthers. Sein Fanatismus gegen die katholische Kirche erscheint insofern begreiflich, als der von ihm verehrte Onkel Baldus Lupetinus von

8 *Comento di Christophoro Landino Fiorentino sopra la Comedia di Danthe Alighieri Poeta Fiorentino* ..., impresso in Firenze per Nicholo di Lorenzo Della Magna a di XXX dagosto MCCCCLXXXI. — *La Comedia col commento del Landino rivista da Maestro Piero da Figino* ..., Impressa in Venetia per Piero da Zuanne di Quarengii da Palazago Bergamasco. Del MCCCCLXXXXVII. Adi XI Octubrio.

9 *Dantis Aligerii poetae Florentini Inferni* ... ELFINE MCCCCLXXII Magister georgius et magister paulus teutonici hoc opvs mantuae impresservnt adiuuante Colvmbino ueronensi. Vgl. G. Mambelli, *Gli annali delle edizioni dantesche*, Bologna 1931, S. 7.

der venezianischen Inquisition verfolgt und nach 20 Jahren Kerkerhaft in Venedig ertränkt wurde. Ob seiner stupenden Gelehrsamkeit und Streitbarkeit gefürchtet, wurde der unbequeme Lutheraner 1561 abgesetzt und mit Frau und 7 Kindern aus Regensburg und später Straßburg vertrieben. Arm und vereinsamt fand er 1573 Zuflucht im Weißfrauenkloster in Frankfurt, das damals unter der Leitung der protestantischen Priorin Katharina von Meerfeld ein Heim für Angehörige verdienter Bürger war. Hier starb er 1575[10].

Der Fünfundfünfzigjährige hinterließ ein riesiges Werk[11]. Unter den ca. 265 Veröffentlichungen sind hervorzuheben: sein kirchenhistorisches Werk, die *Magdeburger Zenturien* (1556), eine Bibelexegese *Clavis scripturae sacrae* (1567) und die erstmalige Herausgabe (1571) eines der bedeutendsten althochdeutschen Sprachdenkmäler, des Evangelienbuches *Otfrieds von Weißenburg*, bis 1725 die einzige Druckausgabe. Kein Theologe nach Luther und Melanchthon hat auf die deutsche Kirche des Jahrhunderts größeren Einfluß gehabt als Flacius. Seine populärste Schrift aber wurde jener *Catalogus testium veritatis* von 1556, in dem auch Dante als erklärter Gegner des Papsttums aufgeführt ist[12]. Ziel dieses umfangreichen kirchengeschichtlichen Werkes war es, mit der Darstellung von mehr als 300 Wahrheitszeugen die Kontinuität derer herzustellen, die gegen die Päpste geschrieben und die reine biblische Wahrheit bezeugt haben. Wie auch in den *Magdeburger Zenturien* wollte Flacius historisch beweisen, daß die wahre Kirche von der falschen überfremdet worden sei.

Sein Interesse an Dante als Wahrheitszeugen war so groß, daß er schon 1552 in einem Schreiben an den Wiener Diplomaten *Caspar von Nidbruck* Dantes *Monarchia* erbat, welche begreiflicherweise in keinem katholischen Land gedruckt worden war, auch nur in wenigen Handschriften, meist ohne Namen des Autors, vorhanden war[13].

---

10 Vgl. W. Preger, *M. Flacius Illyricus und seine Zeit*, Erlangen 1859/60, 2 Bde. Weitere Literatur zu Flacius bei J. Massner, *Kirchliche Überlieferung und Autorität im Flacius-Kreis*, Berlin-Hamburg 1964. Ferner H. Scheible, *Die Entstehung der Magdeburger Zenturien*, Gütersloh 1966; M. Mirković, *Mattija Vlačić-Ilirik*, Pula-Rijeka, 1980, 2 Bde.

11 *The National Union Catalog Pre-1956 Imprints*, S. 423–430.

12 *Catalogus testium veritatis*, qui ante nostram aetatem reclamarunt Papae, cum praefatione *Mathiae Flacii Illyrici*, qua operis huius & ratio & usus exponitur, Basileae, per Joannem Oporinum, 1556, S. 868 der Artikel "DANTHES".

13 Dantes *Monarchia* liegt heute in nur noch 18 Handschriften vor, vgl. D.A., *Monarchia*, a cura di P.G. Ricci, Milano 1965, S. 7–19. Die Datierung des Werkes — entweder 1312/13 oder 1317 — bleibt umstritten, s. P. Shaw, "Sul testo della Monarchia", in *Studi Danteschi* 53 (1981), S. 187–217. Die heutige Forschung neigt mehr zu einer Datierung aus den letzten Lebensjahren

Ein Jahr später teilte er Nidbruck mit, er habe die venezianischen Bibliotheken durchsucht, auch einige Männer gefunden, die ihm die Beschaffung der *Monarchia* versprochen, aber sie vorerst noch nicht zugesandt hätten[14]. Flacius verfügte damals über Hilfskräfte aus ganz Europa, welche Klosterbibliotheken nach Material für Wahrheitszeugen durchsuchten, selbst türkische Privatbibliotheken wurden konsultiert. Humanistischer Eifer verband sich mit theologischem. Außerdem kam einer Reihe von Fürsten dies bis dahin meist unbekannte Beweismaterial gegen die Vormacht der Päpste gelegen; so etwa dem in der Jugend mehr lutherisch gesinnten *Maximilian II.*, wenn man sich auch später von Flacius distanzierte, als dieser in Ungnade gefallen war.

Der auf den ausdrücklichen Befehl *Luthers* hin entstandene *Catalogus* von 1556 erschien bei dem gelehrten Drucker *Oporinus* im protestantischen Basel, drei Jahre vor dem Erstdruck der *Monarchia* beim gleichen Verleger. In dem Absatz über Dante nennt Flacius die *Monarchia* als Beweis dafür, daß der Papst nicht über dem Kaiser stehe, mit entsprechenden Zitaten aus Par. XXIX 94–97, 103–107 und Par. IX 132–135 in lateinischer Version. Am Ende des Passus erwähnt er Dantes *Convivio amatorio*, in dem der Dichter "irgendwo" ("alicubi") die Ehe dem Zölibat gleichstelle. Gemeint ist *Convivio*, Buch IV, Kapitel XXVIII, Satz 9, wo Dante von der Möglichkeit eines wirklich religiösen Lebens auch in der Ehe spricht, da Gott nur ein religiöses Herz von uns haben will (*a buona e vera religione si può tornare in matrimonio stando, ché Dio non volse religioso di noi se non lo cuore*)[15]. Alighieri hat jedoch nicht den Zölibat der Ehe gleichgestellt, auch nirgends die Aufhebung des Zölibats erwogen. Aus dem Passus geht lediglich hervor, daß es ihm mehr um das religiöse Herz als um den Zölibat geht. Hinzu kommt, daß schon seit dem 13. Jh. im weltlichen Zweig des Minoritenordens für ältere Ehepaare die Möglichkeit des freiwilligen Zölibats gegeben war. Wahrscheinlich hat Dante diesem heute noch bestehenden Dritten Orden (Terziarier) in

---

Dantes, vgl. auch: D.A., *Monarchia*, Lateinisch/Deutsch, Reclam 1989, Einleitung, Übersetzung u. Kommentar von R. Imbach u. Chr. Flüeler, S. 364.

14 Vgl. V. Bibl, "Der Briefwechsel zwischen Flacius u. Nidbruck" in "Jahrbuch d. Gesellschaft für d. Geschichte des Protestantismus in Österreich", Wien u. Leipzig 1896–1899, Brief Nr. 1 vom 1.11.1552 u. Brief Nr. 5 vom 28.11.1553.

15 Bisher konnte in den einschlägigen Arbeiten diese *Convivio*-Stelle nicht identifiziert werden. Vgl. G.A. *Scartazzini*, *Dante in Germania*, Milano 1881, II, S. 29/30; E. Sulger-Gebing, "Dante in der deutschen Literatur", in *Zeitschrift für vergleichende Litteraturgeschichte*, Neue Folge VIII (1895), S. 234; H. Grauert, a.a.O., S. 642; A. Schmitthenner, "Dante in d. konfessionellen Polemik des 16. u. 17. Jh.s." in *Die Grenzboten. Zs. f. Politik, Literatur und Kunst*, Leipzig 1904, S. 90.

Ravenna angehört, nach einem Leben, das bekanntlich mit Zölibat wenig zu tun hatte. Dante war kein Heiliger.

In der zweiten, von Flacius selbst erweiterten *Catalogus*-Ausgabe von 1562 (Straßburg) folgt ein Hinweis auf Dantes Ablehnung der Konstantinischen Schenkung, die erst 1440 durch den Humanisten *Lorenzo Valla* als gefälschte Urkunde aus dem 8. Jahrhundert erkannt worden war. Diese angebliche Schenkung vom Jahr 314 durch Konstantin den Großen, welche der päpstlichen Kirche die Herrschaft über Rom und das weströmische Reich zusichern sollte, hatte Dante als eines der größten Übel für Staat und Kirche erklärt[16]. Es folgen die Sätze 6–10 aus *Monarchia*, Buch III, im Wortlaut der editio princeps, und dann in italienischer Sprache und lateinischer Prosaversion *Par.* IX 126–142, XVIII 126–136, XXIX 88–126 und ein Prosaabschnitt, der ungenau auf *Purg.* XXXII 142–150 anspielt, ferner 3 Verbatimzitate aus der Schrift des *Jordanus von Osnabrück "Qualiter Romanum Imperium translatum sit ad Germanos"*. All diese von Flacius aus dem Zusammenhang gerissenen Zitate gehen jedoch noch mehr in biblizistische als nur in antipapistische Richtung[17].

Der Katalog der Wahrheitszeugen hatte ungewöhnliche Resonanz. Zwischen 1556 und 1708 wurde er zehnmal gedruckt, verschiedentlich erweitert, in den späteren Ausgaben jedoch der Verfasser Flacius nicht mehr genannt[18]. Einer seiner wütendsten Gegner, *Wilhelm Eysengreyn*, klagte darüber, daß die Schrift bei Gelehrten und Ungelehrten, selbst unter den ungebildeten Massen Verbreitung gefunden habe[19]. Eine deutsche Übersetzung erschien 1573 in Frankfurt in der Druckerei Johannes Schmidt[20]. Dieser Verdeutschung

---

16 Vgl. *Inf.* XIX 115–117, *Purg.* XXXII 124–129, *Par.* XX 55–60; *Mon.* II.XI 2, XII 8; III.X 1, 14, XIII 7, ferner *Enciclopedia Dantesca* II (Costantino), S. 236–239 u. *Donazione di Costantino*, S. 569–570.

17 In einer früheren Studie zu dem gleichen Thema wurde auf die verschiendenen Ausgaben des *Catalogus* wie deren späterer deutscher Übersetzung näher eingegangen, vgl. M. Roddewig, "Flacius, Vergerius, Foxe, Wolfius, Mornay u. der erste deutsche Übersetzungsversuch aus dem *Paradiso* vom Jahr 1573", *DDJ (= Deutsches Dante-Jahrbuch)* 44/45 (1967), S. 100–149; Details über die Jordanus-Chronik S. 103, Anm. 9.

18 1556 u. 1562 Basel, 1573 Frankfurt (deutsch), 1597 Lyon (vielleicht aber Genf), 1608 Genf, 1666 Frankfurt, 1666/67 Frankfurt, 1667 Cattopoli, 1672 Frankfurt, 1708 Genf.

19 L. Pfleger, "M. Eisengrein, Gegner des Flacius Illyricus", in *Historisches Jahrbuch* 25 (1909), S. 774.

20 *Catologus testium veritatis.* Historia der zeugen/Bekenner und Märterer/so Christum und die Evangelische wahrheit biß hieher/auch etwa mitten im Reich der finsternus/wahrhaftig bekennet/ ...Durch Conradum Lautenbach von Mutißlar/Pfarherrn zu Hunaweiler ...allen Lehrern/obergkeiten/Underthanen/und gemeinen Leyen/nicht weniger lustig

durch *Konrad Lautenbach* verdanken wir die älteste frühneuhochdeutsche Übersetzung aus dem *Paradiso*. Die 66 Dante-Verse umfassende Reimübertragung im Hans-Sachs-Stil der Zeit stellt bis zu A.W. *Schlegel's* Teilübertragung in Terzinen die umfangreichste metrische Commedia-Übersetzung in deutscher Sprache dar. Den Text von Lautenbach fand ich zufällig in einem Exemplar der Düsseldorfer Landesbibliothek, auf der Suche nach lutherischen Quellen für den Freundeskreis von *Hölderlin*, die hier fehlten. Die Übersetzung war wohl der Dante-Forschung entgangen, weil der Band sich in einem Folianten befindet, dessen 1. Teil die 9 Jahre später gedruckte Kirchenchronik des *Kaspar Hedion* enthält.

Wer war der erste *Paradiso*-Übersetzer[21]? *Konrad Lautenbach*, 1534 in dem thüringischen Dorf Mutislar, heute Motzlar, geboren, besuchte Schulen in Eisenach und Nordhausen und zog zunächst als fahrender "Bacchant" durch Deutschland, studierte aber schließlich in Straßburg Theologie und Philosophie und wurde Prediger und Pfarrer an mehreren Orten im Elsaß (Mundelheim, Neuweiler, Hunaweiler). In Hunaweiler übersetzte er die Bücher des *Flavius Josephus* und den Flacius-Katalog. 1580 wurde er von Kurfürst Ludwig VI. nach Heidelberg zur Neuordnung der Heiliggeist-Bibliothek berufen. Nach dessen Tod mußte er wegen veränderter Religionsauffassung Heidelberg verlassen, wurde dann aber als geschätzter Prediger an die Frankfurter Katharinenkirche berufen und starb nach 10 erfolgreichen Amtsjahren 1595 in Frankfurt, 20 Jahre nach Flacius[22]. Der nun längst vergessene Pfarrherr wird noch 1688 in der Literaturchronik von *Paul Freher*[23] mit den berühmtesten Dichtern der Weltliteratur verglichen; er habe, so Freher, "mit seiner Hand eine solche Menge von Bänden" geschrieben, "wie 4 Hände sie nicht hätten beschreiben können". Unter seinen in der Tat zahllosen theologischen wie volkstümlichen Schriften sei hier nur ein vergnüglicher Titel genannt (bei Feyerabend 1586 erschienen): "Im Frauenzimmer wirt vermelt

---

denn nützlich/zu sehen und zu lesen. Gedruckt zu Franckfurt am Mayn/Anno M.D.LXXIII.2. — 393 Blätter + Index. 20 unbezifferte Seiten für Widmung u. Praefatio. Druck von J. Schmidt.

21 Ein erster anonymer Übersetzungsversuch von *Inf.* III 1-3 u. 9, für 1479 datierbar, befindet sich in Cod. clm 23958 der Bayerischen Staatsbibliothek München, vgl. K. Bartsch, in *Zs. f. Romanische Philologie* VI (1882), S. 387 u. M.P. La Valva, *DDJ* 43 (1965), S. 97.

22 Vgl. M.J. Bopp, *Die evangelischen Geistlichen u. Theologen im Elsaß und Lothringen von d. Reformation bis zur Gegenwart*, Bd. XIV (1959), S.328, ferner *Allgem. Deutsche Biographie* XVIII (1883), S. 71ff. u. *Goedeke-Grundriß* Bd. II (1886), S. 319.

23 P. Pauli Freheri *Theatrum Virorum eruditione clarorum*, Noribergae 1688, S. 290/91, Porträt von K. Lautenbach S. 288.

von allerley schönen Kleidungen und Trachten der Weiber", eine Art Modejournal mit geistlichem Beistand, selbstverständlich in mehreren Auflagen.

Im Vorwort seiner Übersetzung erfahren wir, daß er auf Bitten des nicht genannten Autors Flacius (der schon seit Beginn der Sechzigerjahre in Verruf geraten war) diese Übertragung auf sich genommen habe und es ihm schwer gefallen sei, "das Pfeffische/Sophistische und verlogene Latein/deßgleichen die Bäpstischen/Sophistischen und außlendischen Terminos zu verdeutschen". Lautenbach übertrug die Terzinen nach der vermutlich von Flacius selbst stammenden Prosaübersetzung in Knittelverse, wobei er beredsam erweitert.

Da der protestantische Kontext dieser Übertragung wesentlicher für unsere Thematik erscheint als das Faktum der Übersetzung selbst[24], folgt hier eine Probe aus *Par.* XXIX 38–126. Wir befinden uns im höchsten Himmel, in der Himmelsrose der Seligen des Empyreums. Beatrice erklärt vor den Engelschören dem Jenseitswanderer Dante den Sturz des Luzifer und das Wesen der Engel, in denen sich Gott für alle Ewigkeit entfaltet hat. Trotz der Heiligkeit des Ortes bricht sie in eine heftige Anklage aus gegen den Vorwitz der Irrlehrer und die Eitelkeit der Prediger, die das Evangelium entstellen und Ablässe verkaufen. Zunächst die relativ wortgetreue Übersetzung von *Hermann Gmelin*[25].

88 Und doch wird dies hier oben noch ertragen
Mit mindrem Zorn, als wenn die heiligen Schriften
Hintangesetzt und mißgedeutet werden.

91 Man denkt nicht daran, wieviel Blut geflossen
Sie auszubreiten und wie es Gott gefällt,
Wer schlichten Sinnes ihr in Demut folgt.

94 Ein jeder müht sich, Eignes zu erfinden,
Nur um zu glänzen, jene läßt man liegen,
Und in der Predigt schweigt das Evangelium.

97 Der eine sagt, der Mond hat sich gewendet
Beim Tode Christi, und er trat dazwischen,
So daß das Sonnenlicht nicht war zu sehen.

24 Vollständiger lat. u. it. Text von *Par.* IX 126–142; XVIII 127–136; XXIX 88–126 nach der *Catalogus*-Ausg. von 1562, S. 505–507 u. vollständiger neuhochdeutscher Text nach dem *Catalogus* von 1573, Bl. CCCXXIIIv, CCCXXIIIIr, CCCXXIIIIv, CCCXXVr bei M. Roddewig, a.a.O. *DDJ* 44/45 (1967), S. 108–115; ebenda, S. 123–124 Lautenbachs Verdeutschung von *Mon.* III 6–10 und S. 127–128, die Wiedergabe von *Purg.* XXXII 142–150, nebst 3 Sätzen aus der Translationsschrift des Jordanus von Osnabrück.

25 D.A., *Die Göttliche Komödie*, Reclam 1954³, S. 406–407.

100 Ein andrer meint, das Licht hat sich von selber
Verborgen, daß die Spanier und die Inder
Den Juden gleich die Finsternis erlebten.
103 Florenz hat soviel Hinze nicht und Kunze,
Wie solche Fabeln man in jedem Jahre
An allen Orten ausruft von den Kanzeln;
106 So daß die armen Schäflein, die nichts wissen,
Mit Wind gefüttert von der Weide kommen,
Und daß sie die Verblendung nicht entschuldigt.
109 Christus sprach nicht zu seinen ersten Jüngern:
Geht hin und predigt Possen vor den Leuten;
Nein, er hat ihnen wahren Stoff gegeben.
112 Und der hat so in ihrem Mund geklungen,
Daß sie zum Kampf, den Glauben anzufeuern,
Sich Schild und Lanze aus der Botschaft machten.
115 Jetzt schreitet man mit Späßen und mit Witzen
Zur Predigt, und wenn alle Leute lachen,
Schwillt die Kapuze, mehr ist nicht vonnöten.
118 Jedoch im Zipfel nistet solcher Vogel,
Daß, wär das Volk nicht blind, es sehen könnte
Den Ablaß, den es hinnimmt voll Vertrauen.
121 Drob war so groß die Dummheit auf der Erde,
daß sie auch ohne irgendwelches Zeugnis
Bei jedem Angebot zusammenlaufen.
124 So wächst das Schwein des Heiligen Antonius
Und andre auch, die noch viel größre Schweine
Und die mit ungeprägter Münze zahlen.

Und nun *Konrad Lautenbach*[26]:

Das 29. Gesang ist ein Klaglied/daß die Predig Göttliches worts in lauter Fabelwerck vnd Menschentand verkehret sey/auff diese weyß:

88 Es ist kein feindseliger ding/
Dann wann man die Schrifft acht gering/
Und sie her zu zeucht mit dem Har/
91 Auch nicht bedenckt mit was gefahr
Sie ward bezeuget auff Erden/
Und wie lieb Gott der mag werden/
So die Schrift liset mit bedacht/
und derselbigen Recht nachtracht/

26 Anordnung der Verszeilen und Zeichensetzung wie im Text von 1573. Der leichteren Orientierung halber wurden die dem italienischen bzw. lateinischen Text ungefähr entsprechenden Verszeilen am Rand hinzugefügt. Lautenbach übersetzte nach der lateinischen, meist wörtlichen Version von 1562 mit wenigen Auslassungen, aber merklichen Erweiterungen.

94 Ein jeder bringet auff die bahn/
Was jm ein Namen machen kan/
Sie lehren jr eigen gedicht/
Gottes wort predigen sie nicht/
97 Einer darff sagen für gewiß/
Er hab die grosse Finsternuß
Im Passion zuwegen bracht.
100 Ein ander sagt ich habs gemacht
Daß Juden/Spanier vnd Jnden/
Kein Liecht mehr sehen köndten.
103 So viel Leut sind nicht zu Florentz/
Als solcher losen Alefentz/
Von den Cantzlen frey offenbar
Geprediget werden obers Jar/
106 Dauon die arm vnwissend Herd
Nicht lehrnet eines Nestels wehrt.
Doch mag sie jr vnwissenheit
Nicht entschüldigen allezeit/
109 Dann je die Göttlich Maiestat
Zun Jüngern nicht gesaget hat/
Gehet hinauß in alle Land/
Erzehlt den Leuten Menschentand/
Sondern befelcht jn die warheit/
112 Die sie predigen weit vnd breit/
Wann sie die Sünde antraffen/
So war Gottes wort jr Waffen/
Ihr Schild vnd Spieß darauff sie sich
Liessen/vnd wagtens Ritterlich.
115 Jetzund wann einer lehren will/
Erdenckt er ein gut Affenspil/
Damit er richt gelechter an/
Und sperret sich der Gugelmann
In seiner Kutten/vnd ist stoltz/
Daß jm gerathen ist der boltz.
118 Solt aber der gemeine Mann
Die sachen eigentlich verstan/
Und das Vogelgesang recht erkennen/
Er würde deß Teuffels stimm nennen/
Und auch hinfurt nicht trauwen mehr
Der falschen vngegründten Lehr.
121 Dann ist es nicht ein groß thorheit/
Daß man ist willig vnd bereit
Alles zu glauben zu der stund/
Ehe mans beweist mit gutem grund/

124 Damit wirdt die Thönger Saw fein
Gemestet/vnd sonst manches Schwein.
Wennn man jhn anthut grosse ehr/
Und gelt darzelet nach der schwer.

Der Übersetzer hat sich mit seinen achthebigen Knittelversen nicht schlecht aus der Schwierigkeit einer Umsetzung von lateinischer Prosa in fast ausnahmslos männlich ausklingende Reime gezogen, die auch noch 1615 von Messerschmid[27] als die damals gegebene Versform gebraucht wurden. Das Ohr ist wohl kaum musikalisch erfreut über Reime wie "ántraffen" und "Wáffen", "bedácht" und "náchtraccht", "thórheit" und "beréit", aber auch der von Goethe hochgeschätzte Hauptpoet der Zeit, *Hans Sachs*, reimt unter dem Einfluß des silbenzählenden französischen Verses "Ort" und "Spŕichwort". Der Sinn eines Verses wird durch diese Art von versifiziertem Sprechen deutlich zur Geltung gebracht, zu Ungunsten des musikalischen Elements. An lebendiger Drastik läßt die Verdeutschung nichts zu wünschen übrig. Die "Thönger Saw", d.h. das Antoniusschwein trifft die Sache, bezieht sich bei Dante auf das den Mönchen von Antoniusklöstern zugestandene päpstliche Privileg, ihre Schweine von der Öffentlichkeit füttern zu lassen. Vergleichbar unziemliche Bezeichnungen wie "Sau" kommen auch in der *Commedia* vor und wurden schon in Handschriften des Trecento gelegentlich durch diskrete Umschreibungen ersetzt, während namhafte Florentinerhumanisten wie *Niccolò Niccoli* sie zum Anlaß nahmen, das anstößige Volgare Dantes zu verachten.

Daß Lautenbach beim Thema der Geringachtung der Hl. Schrift und des Predigtstils seine Vorlage erweitert hat, erstaunt in den zu seiner Zeit konfessionell so heftig gespaltenen Zeiten nicht. Bei den eitlen Mönchspredigern strömt ihm die Zunge über, und Gottes Wort wird nun als Waffe gegen die Sünde wiedergegeben, statt als Waffe für den Glauben (Vers 112f.). Und schon vorher (Vers 93) wird die Ehrfurcht vor dem Gotteswort in eine Bedächtigkeit des Lesens verwandelt, die auf dem Recht der Hl. Schrift insistiert. Sein reformatorisches Ethos kommt besonders fühlbar zum Ausdruck, wenn er (Vers 114) von den für den Glauben kämpfenden Jüngern Christi, den Märtyrern, sagt: "Und wagtens Ritterlich". Der Gedanke, daß die Jünger, die nur das Wort Gottes als Waffe gebrauchen, dies ritterlich wagen, zeigt, daß auch für den Gesinnungsmut der damaligen Protestanten sich das Bild des Rittertums am wirksamsten

27 G.F. Messerschmid's Übertragung aus *Inf.* XX 115–118 u. *Purg.* X 121–129, in: Spelta, A.M., *Sapiens stultitia*, Straßburg 1615, vgl. H. Daffner, *DDJ* 9 (1925), S. 126.

anbot. Noch sind wir im Jahrhundert *Huttens* und *Dürers* "Ritter, Tod und Teufel". Aber auch in *Luthers* Lied "Komm, heiliger Geist, Herre Gott", heißt es:

O Herr, durch deine Kraft uns bereit
Und stärk des Fleisches Blödigkeit,
Daß wir hier ritterlich ringen,
Durch Tod und Leben zu dir dringen,
Alleluja!

Sind auch Lauterbachs Teilübersetzungen von historischem Interesse, so hinterließen sie doch keinen ablesbaren Einfluß auf das Dante-Bild in Deutschland, umso mehr der Flacius-Katalog von 1562. Die auch von Lautenbach übersetzte Stelle aus *Purg.* XXXII 142–150, wo Dante die entartete Kirche mit einer Dirne vergleicht, übernahm als erster der anglikanische Bischof *John Jewel*, der während der Regierungszeit von Maria Tudor (1553–1558) als Flüchtling in Frankfurt gelebt hatte, in seiner *Defense of the Apology of the Church of England* von 1567[28]. Mehr noch trug in Großbritannien der antipapistische Ruf Dantes durch *John Foxe* bei, der 1570 alle Flacius-Passagen in englischer Übersetzung brachte in einem Werk, das unter dem bekannteren Titel *Books of Martyrs* bis in unsere Zeit 30 mal gedruckt wurde[29]. Im Elisabethanischen England wurde diese Martyrologie neben der Bibel in den Kirchen aufgestellt und der Weltumsegler *Francis Drake* soll seinen Gefährten zur See daraus vorgelesen haben[30]. John Foxe war ein Freund von Flacius, von 1555 bis 1559 als Korrektor bei Oporinus in Basel tätig und er wird die Erstausgabe der *Monarchia* von 1559 noch unter der Presse gesehen haben[31].

Der ganze Flaciuskreis unterhielt rege Beziehungen zu Großbritannien und Frankreich. So kam es, daß auch der berühmte hugenottische Politiker und Publizist *Philippe de Mornay, Seigneur du Plessis-Marly* (1549–1623), Gründer der ersten protestantischen Akademie in Saumur, die Flacius-Passagen von 1562 in seiner antipapistischen Geschichte des Papsttums von 1611 in freier lateinischer Wie-

---

28 *The works of John Jewel*, ed. by the Parker Soc., Bd. IV, Cambridge 1848, S. 744: "Dantes, an italian poet, by express words calleth Rome the whore of Babylon" (zuerst zitiert von P. Toynbee, *Dante Studies*, Oxford 1921, S. 125.

29 John Foxe, *Actes and Monuments*, London, John Daye, 1570 (2. Ausgabe), fol. 485–486. Vollständige Wiedergabe bei M. Roddewig in *DDJ* (1967), S. 129–130.

30 J.F. Mozley, *John Foxe and his book*, London 1940, S. 147.

31 Vgl. P. Toynbee, a.a.O., S. 109–111.

dergabe aufführte[32]. Das Werk erschien im gleichen Jahr in französischer Sprache (*Le Mystère d'Iniquité*) in Saumur, 1612 in erweiterter Form in Genf, ebenfalls 1612 in englischer Übersetzung in London (*Mysterie of Iniquitie*, übersetzt von S. Lennard). Erst 1796/97 konnte in Pavia eine zweibändige italienische Ausgabe veröffentlicht werden (*La storia del papato*, übersetzt von P. Rivarola). Auch Mornay nennt Flacius nicht, hingegen den anderen, gleichfalls schon erwähnten Istrier *Peter Paul Vergerius den Jüngeren* (Capodistria 1492–Tübingen 1564), Nachfahre des gleichnamigen Humanisten und Petrarca-Biographen[33].

Vergerius, 22 Jahre jünger als Flacius, hatte nach Studien in Venedig an der päpstlichen Kurie und später als Nuntius in Venedig, Prag und Wien gewirkt, wurde schließlich Bischof von Capodistria, konvertierte jedoch 1540 zum Protestantismus. Drei Jahre lang verfolgt, fand er Zuflucht in Graubünden und wurde zum Rat von Herzog Christoph von Württemberg in Tübingen ernannt, wo er starb. Ebenso wie Flacius unterstützte er slawische Bibelübersetzungen, dabei immer bemüht, seine Kontakte in Europa zu erweitern. Auch in Italien kannte er, was Rang und Namen hatte, *Vittorio Colonna, Contarini, Bembo, Pietro Aretino, Fregoso*, auch *Margarete von Navarra*, eine große Danteverehrerin. Über Dante war er weit besser noch als Flacius orientiert und zählt in seiner Loreto-Schrift 46 italienische Dante-Kenner seiner Zeit auf, größerenteils der heutigen Dante-Forschung unbekannt.

In der 1554 in Tübingen erschienenen Loreto-Schrift steht ein Zitat von *Inf.* XIX 106–114, in lateinischer und italienischer Sprache[34]. Dieser Passus über die Geldgier der Priester soll beweisen, daß schon für Dante die römische Kurie identisch gewesen sei mit der Hure Babylon der Apokalypse. Allerdings räumt Vergerius ein, daß Alighieri nicht genügend vom Geiste Gottes erleuchtet gewesen sei und bedauerlicherweise nicht in der jetzigen Epoche der göttlichen und wahren Heilslehre gelebt habe. Im übrigen, fährt er fort, habe weder

---

32 Philippe de Mornay, Seigneur du Plessis-Marly, *Mysterium Iniquitatis, seu Historia Papatus ... adversus Bellarminium et Baronium Cardinales*, Salmurii 1911, weitere lat. Ausgaben 1612 und 1662.

33 Zu Vergerius vgl. u.a. F. Hubert, *Vergerio's publizistische Thätigkeit*, nebst einer bibliographischen Übersicht, Göttingen 1893; A. Schutte Jacobsen, *Pier Paolo Vergerio: The Making of an Italian Reformer* (Travaux d'Humanisme et Renaissance, Bd. 160), Genf, Droz, 1977; eine ausführliche Bibliographie neuerdings in dem Roman von Fulvio Tomizza, *Il Male viene dal nord, Il romanzo del vescovo Vergerio*, Milano 1984, S. 493–501.

34 P.P. Vergerius, *De idolo Laurentano*, Tübingen 1554, S. 52. Von dieser Loreto-Schrift gibt es 3 verschiedene deutsche Übersetzungen aus den Jahren 1554/55, 1589 u. 1667, vgl. F. Hubert a.a.O., S. 292.

Dante noch Petrarca noch Boccaccio jemals das Wunder des Heiligtums von Loreto erwähnt. Loreto in der Mark Ancona ist noch heute eine der wichtigsten Pilgerstätten Italiens, denn dort befindet sich das Geburtshaus der Mutter Gottes, das 1291 durch einen Engel zunächst nach Fiume im heutigen Jugoslawien, 3 Jahre später aber nach Loreto gebracht worden sei. Der Schluß des Vergerius, daß die Nichterwähnung von Loreto durch diese Dichter ein Beweis gegen ihre Wundergläubigkeit sei, erscheint fraglich, wenn auch keiner der italienischen Klassiker für diese Art Wunder sonderlich interessiert gewesen zu sein scheint. Dante drückt sich diesbezüglich deutlich aus in *Par.* XXIV 106–108, im Gespräch mit Beatrice:

"Se 'l mondo si rivolse al cristianesmo",
diss'io, "sanza miracoli, quest'uno
è tal, che li altri non sono il centesmo".

"Wenn sich die Welt zum Christentum bekehrte"
sprach ich, "auch ohne Wunder, ist dieses eine
so groß, daß alle andern nicht der hundertste Teil sind".

Es handelt sich also um keine Ablehnung von Wundern, aber Einschränkung ihrer Bedeutung. Der namhafte englische Theologe *Edward Stillingfleet*, Gegner von John Locke, zitiert darum auch 1662 diesen Vers in reformatorischer Absicht in dem 10 mal aufgelegten und auch ins Deutsche übersetzten Werk *Origines sacrae*, neben den Versen 88–102 des gleichen Gesangs[35]. Vergerius hatte schon 1549 eine Schmähschrift auf den Franz-von-Assisi-Kult in Umbrien und auf die Wundergläubigkeit der Fioretti-Legenden und 1554 den inoffiziellen Katalog der Häretiker römischer Version publiziert[36]. Im letzteren erscheinen neben den zeitgenössischen Reformatoren als Häretiker auch *Marsilio Ficino*[37], *Enea Silvio Piccolomini*, der spätere Papst Pius II. (wegen seiner Kommentare zum Basler Konzil), *Lorenzo Valla* (wegen seiner Schriften *De libero arbitrio* und *De falsa donatione Constantini*) und selbstverständlich der Verfasser der *Monarchia*. Auch hier verbreitet sich Vergerius in seiner dem Häretikerkatalog folgenden kritischen Betrachtung über die antipäpstlichen Stellen der *Commedia*, in denen "Dante manchmal in einer Terzine die römische Kirche wirksamer durchbohrt als Poggio (Bracciolini) in tutte

---

35 E. Stillingfleet, *Origines sacrae: Or a Rational Account of the Grounds of natural and Revealed Religion*, London 1662. Die deutsche Übersetzung nach dem Englischen: *Origines sacrae*, Bremen 1695.

36 F. Hubert, a.a.O., S. 281f.

37 Zur nicht eindeutig zu beantwortenden Frage der Rechtgläubikeit von Marsilio Ficino vgl. neuerdings P.O. Kristeller, "Marsilio Ficino and the Roman Curia", in *Humanistica Lovaniensia*, 34 (1985), S. 83–98.

le sue facetie"[38]. Nicht genug damit, empfiehlt der einstige Bischof, auch weitere Namen in den Ketzerkatalog künftig aufzunehmen, abgesehen von zahlreichen Zeitgenossen auch *Boccaccio* und vor allem *Petrarca*[39].

Fast gewinnt man in Bezug auf die *Commedia* den Eindruck, daß Flacius[40] und Vergerius selbst die Aufmerksamkeit der Inquisition erweckt hatten. Jedenfalls bleibt es aufschlußreich, daß von der Spanischen Inquisition um 1612 in Madrid, Valencia und Rom in 7 *Commedia*–Handschriften teilweise die gleichen Stellen unkenntlich gemacht wurden, welche die beiden Istrier zitiert hatten, meist in besonders kostbaren Codices[41].

Die umfangreichste Sammlung aber aller angeblich antipapistischen Äußerungen Dantes, Petrarcas und Boccaccios lieferte der Gegenreformation auf die Initiative *Mornay's* hin *François Perrot, Seigneur de Mézières*, in seiner anonymen Schrift von 1586 *Aviso piacevole / Dato alla Bella Italia da un nobile Francese* (Erfreuliche Mitteilung eines jungen französischen Adligen an das schöne Italien), angeblich gedruckt in München, in Wirklichkeit wohl in den Niederlanden[42]. 15 Seiten lang *Commedia*–Zitate gegen Dantes Rechtgläubikeit! Perrot hat auch als erster den von Dante mit "Veltro" und der Zahl 515 umschriebenen künftigen Welterretter, den sog. DUX, auf den Reformationsbeginn gedeutet, wie diesen auch noch im 19. Jh. ähnlich der Maler und Dichter *Dante Gabriele Rossetti* mit *Luther* gleichsetzte. Dantes Welterretter wurde dann in unserem Jahrhundert von einigen italienischen Gelehrten (*D. de Mini-*

38 "Vegasi Dante per prima non dico del libro della Monarchia, ma nelle sue rime, particolarmente in quelle che ho registrato nel fine del libro contro l'idolo Lauretano, egli vi trafigge più tal uolta in un terzetto solo che non fa Poggio in tutte le sue facetie", in: *Catalogo del Arcimboldo Arcivescovo di Melano* ... Con una risposta fattagli ... Nello Anno M.D.LIIII (Teil II, S. 32). Der Name des Herausgebers Vergerius fehlt, ebenso der Ort des Druckes, aber erschienen in Tübingen.

39 Es war vor allem Vergerius, der in der Loreto–Schrift wie in dem später noch öfter erschienenen Ketzerkatalog zahlreiche Stellen aus den Werken Boccaccios und Petrarcas zitiert, um diese ebenfalls als potentielle Häretiker zu kennzeichnen. Daraus entstand in den folgenden Jahrzehnten die zum Topos gewordene Vorstellung, daß die "Drei Kronen von Florenz" Gegner der römischen Kirche gewesen seien.

40 Auch Flacius ("Matthia illirico d'Albona") wird dem Mailänder Erzbischof Arcimboldo zur Aufnahme in den künftigen Ketzerkatalog von Vergerius empfohlen (Teil II, S. 19).

41 Vgl. M. Roddewig, *Vergleichende Bestandsaufnahme* (wie Anm. 1), S. 406–407.

42 Perrot's *"Aviso piacevole"* ist einzusehen in Paris, Bibliothèque Nationale, K. 404, art. 16, 2017.

cis, D. Venturini, G. Forte) mit *Mussolini* identifiziert, während der im übrigen verdiente deutsche Dante-Forscher *Alfred Bassermann* angesichts der deutsch-italienischen Freundschaft eine Teilung der Welterretter vornahm: Den "Veltro" (*Inf.* I 101) setzte er mit *Hitler* gleich, den DUX (dh. "un cinquecento diece e cinque" in *Purg.* XXXIII 43) mit *Mussolini*[43].

Gegen Perrot's *Aviso piacevole* verteidigte Dantes Rechtgläubigkeit einer der fähigsten Führer der Gegenreformation, *Roberto Bellarmin* (Montepulciano 1542-Rom 1621), Erzbischof von Capua und Kardinal, im Anhang des 1. Bandes seines Werkes *De Controversiis christianae fidei*[44]. Er entgegnet dem stürmischen jungen Edelmann, daß Dante nur die Moral von Kirche und Päpsten angreife, nie aber Glauben und Lehre, wofür Bellarmin, der auch kenntnisreich *Petrarca* und *Boccaccio* im gleichen Werk verteidigt, ebensoviele Textstellen aus der *Commedia* zitieren kann wie Perrot. Nur ein Beispiel: *Par.* V 73-78, in der Schreibweise Bellarmins.

Siate Christiani a mouerui piu tardi
Non siate come penne ad ogni vento.
Et non crediate, ch'ogni acqua vi laui.

Hauete il vechio e 'l nouo testamento
E 'l Pastor della Chiesa che vi guida
Questo vi basti a vostro saluamento.

Nehmt doch, ihr Christen, ernster den Entschluß:
Seid nicht so leicht, wie Federn sind im Winde,
glaubt nicht, daß euch ein jedes Wasser wasche.

Ihr habt das alte und das neue Testament
und habt den Kirchenhirten, der euch führet,
das laßt genügen euch zu euerem Heile.

Bellarmin[45] weist zu Recht auf die innige Marien- und Heiligenverehrung in der *Commedia* hin, auf die wichtige Rolle der Fürbitte für die

43 Vgl. *Enciclopedia Dantesca* V, S. 908-912. Da Alfred Bassermann 1935 in Heidelberg starb, hat er Kristallnacht u. Judenverfolgung nicht mehr erlebt. Seine Deutung von "Veltro" u. "Dux" stammt aus seinem letzten Lebensjahr.

44 R. Bellarmin, *De Controversiis christianae fidei adversus huius temporis Haereticos*, Ingolstadii 1601, Bd. I, Kap. XIV "De summo pontefice", S. 1258-1268.

45 Vgl. Alfredo M. De Biase, S.J., "Bellarmino e Dante, La difesa di Dante nella Risposta del Bellarmino ad un libello di F. Perrot", in *Gregorianum*, 1921, fasc. 4, S. 589-613. A. Jodice, "Un difensore dell'ortodossia di Dante: San Roberto Bellarmino", in: *Dante e l'Italia Meridionale*, Firenze 1966, S. 111-114.

Verstorbenen und die strikte Ablehnung jeglichen Schismas oder auch nur die Infragestellung des Papsttums. Er bringt ferner das unabweisbare Argument, daß Invektiven gegen die Habsucht des Klerus und die Verwilderung der Orden gerade bei jenen Kirchenvätern nachzulesen sind, die Dante vornehmlich verehrte: *Bernhard von Clairvaux, Thomas Becket* und *Petrus Damiani*. So wenig wie die frühen *Commedia*-Kommentatoren, aber auch die Protestanten seiner Zeit, kommt er auf die heikle Frage des Averroismus zu sprechen. Die Tatsache, daß *Siger von Brabant*, der eifrigste Vertreter des linken Aristotelismus und lateinischen Averroismus, von Dante mit dessen erklärtem Feind, *Thomas von Aquin*, im Sonnenhimmel (*Par.* X 134/135) versöhnt wird, wurde als häretische Komponente erst im 19. Jh. entdeckt und spielt in der neueren Forschung (*Bruno Nardi, Maria Corti*) eine beträchtliche Rolle. Dabei wird leicht vergessen, wie fluktuierend die Urteile über Häresie noch zur Zeit Dantes waren. Im Jahr 1277, 3 Jahre nach dem Tod des Aquinaten, wurden 27 seiner Thesen in Paris von *Etienne Tempier*, Bischof von Paris, und von *Robert Kilwardby*, Erzbischof von Canterbury, als ketzerisch verurteilt, was seiner Heiligsprechung im Jahr 1323 nicht im Wege stand. Zwischen Häresie und Kirchenspaltung hat auch Dante unterschieden. Schismatiker wie *Mohammed* und dessen Schwiegersohn *Ali*, auch *Fra Dolcino*, den Dante für einen Kirchenspalter hielt, unterliegen im 8. Höllenkreis (*Inf.* XXVIII) grauenhafteren Strafen als die Gottesleugner und Epikureer des 6. Kreises (*Inf.* VIII–XI). Die Aufwertung Fra Dolcinos in *Umberto Eco's* Roman *Il nome della rosa* hätte Dante entschieden abgelehnt, aber Mitgefühl mit der Verbrennung des Erzhäretikers ist auch bei ihm zu spüren (*Inf.* XXVIII 55–60).

Nicht auf Kosten Bellarmins geht im Jahr 1728 eine kastrierte römische *Commedia*-Ausgabe des Jesuiten *Carlo d'Aquino* in lateinischen Hexametern[46]. Hier wurden alle reformationsverdächtigen Stellen durch Punkte ersetzt, gelegentlich durch ganze Seiten voller Punkte; selbst Flacius, Vergerius und Perrot hätten sich über den Reichtum ihrer Saat gewundert. Umgekehrt hat ein nach Marseille geflüchteter katholikenfeindlicher Italiener, *Giuseppe Zacheroni*, eine kastrierte Kommentaredition der *Commedia* von 1838 auf dem Gewissen. Aus dem italienischen, um 1440 in Auftrag von Filippo Maria Visconti entstandenen *Inferno*-Kommentar von *Guiniforte Barzizza*

46 *La Commedia di D.A.*, trasportata in verso latino eroico da Carlo d'Aquino della Compagnia di Gesù, con l'aggiunta del Testo Italiano e di brevi annotazioni, Napoli, per Felice Mosca, 1728, 3 Bde (in Wirklichkeit in Rom gedruckt von Pietro Bernabò). Diese Edition ist auch Giuliano Mambelli entgangen in *Gli annali delle edizioni dantesche*, Bologna 1931.

ließ Zacheroni alles weg, was mit Theologie und seiner Meinung nach mit übertriebener Frömmigkeit zu tun hat, mehr als ein Drittel des umfangreichen Kommentars, eine beachtliche Fehlleistung[47].

Aber kehren wir zu den beiden "slawischen Austeißern" Flacius und Vergerius zurück, wie *Melanchthon* sie nannte. Denn an Lautenbachs erster Übersetzung aus dem *Paradiso* interessiert vor allem das zeitgeschichtliche und religiöse Umfeld, aus dem zunächst die Neugier auf Dante, im ausgehenden 18. und im 19. Jahrhundert die wachsende Neigung für den zwar polemischen, aber noch mehr das göttliche Universum preisenden Dichter erwuchs. *Vergerius* spricht schon 1554 von der baldigen Edition der *Monarchia*, und *Oporinus*, damals mit *Flacius* befreundet, druckt sie 1559 in Basel. Kurz zuvor ist Vergerius im stolzen Besitz der italienischen *Monarchia*-Übertragung durch *Marsilio Ficino*[48], die nur in ganz wenigen Exemplaren vorlag. Ebenfalls 1559 kann *Basilius Herold* seine Verdeutschung der *Monarchey* herausgeben, die er mehr nach der Ficino-Version als nach dem Originaltext vornahm[49]. 5 Jahre später figurierte die *Monarchia* im offiziellen Index verbotener Bücher, aus dem sie erst 1881 unter dem Pontifikat Leos XIII., verschwand. Oporinus hatte in der editio princeps Dante nicht genannt, vielmehr als Verfasser einen Gelehrten des Quattrocento erwähnt, mit dem er wohl *Ficino* meinte. Als künftiger Verleger der Erstausgabe der Werke Ficinos wollte er wahrscheinlich sowohl Ficino wie die *Monarchia* vor den Augen der Gegenreformation schützen. Herold hingegen, als protestantisch engagierter Übersetzer, nicht Verleger, nennt im Titel "Dantes Aligherius aus Florentz" und Ficino als italienischen Dolmetsch. Seine Verdeutschung widmet er evangelischen und antipäpstlichen Kurfürsten: *Friedrich III. von der Pfalz, August von Sachsen* und *Joachim von Brandenburg*.

Auch die erste holländische Teilübersetzung aus *Monarchia* und *Commedia* von *Boerave* aus dem Jahr 1633, das erste Dante-Zeugnis überhaupt in den Niederlanden, basiert auf dem Flacius-Katalog,

---

47 *Lo Inferno della Commedia di D.A.* col commento die Guiniforto delli Bargigi, tratto da due manoscritti inediti del secolo decimo quinto, con introduzione e note dell' avvocato Giuseppe Zacheroni, Marseille-Florenz 1838. Vgl. M. Roddewig, "Eine unbekannte Handschrift des Barzizza-Kommentars zu Dantes Inferno in Madrid", in *Festschrift für H.L. Scheel, Italia viva*, Tübingen 1983, S. 353-368.

48 Vgl. Grauert a.a.O., S. 645/646.

49 D.A., *Von der Monarchey*, deutsch von Basilius Johann Heroldt, Basel 1559, Nachdruck mit Nachwort von J. Oeschger, Basel/Stuttgart, Schwabe & Co, 1965.

erweitert um Zitate von Vergerius und Perrot[50]. Flacius wird immer noch nicht genannt. Selbst die erste Erwähnung Dantes in Amerika führt zum Katalog der Wahrheitszeugen zurück. In einem New Yorker Almanach von 1679 bringt ein evangelischer Geistlicher, John Clapp, *Paradiso*-Zitate nach Flacius und Vergerius[51].

Unleugbar haben die beiden Istrier, wie auch Foxe, Mornay, Perrot und noch viele hier nicht aufgeführte Protestanten im 16. und 17. Jh. erreicht, nicht nur die *Monarchia*, sondern auch die *Commedia* bei Katholiken mehr oder weniger suspekt erscheinen zu lassen. Wenn man jedoch bedenkt, daß das antipäpstliche und antikatholische Vorurteil in bezug auf Dante so vielen späteren Lesern und auf die Dauer auch Katholiken jenseits der Alpen — trotz des relativen Desinteresses unserer Klassiker — den Zugang zur *Divina Commedia* verschafft hat, kommt man zu dem Schluß, daß die Initiatoren, ungleich mehr als sie wollten, zur Versöhnung der Parteien beigetragen haben. Der Weltruhm Dantes beruht nicht zuletzt, wenn auch gewiß nicht ausschließlich, auf seiner Kirchenkritik.

Der erste Übersetzer, der die *Commedia* 1767 vollständig in deutsche Prosa übertrug, *Leberecht Bachenschwanz*, ebenfalls Protestant, wird kaum Näheres über die Dante–Kontroversen im Reformationszeitalter gewußt haben, auch wohl kaum den Flacius–Katalog in der Übertragung von Konrad Lautenbach gelesen haben. Der Schluß seines Vorberichtes zur *Hölle* aber erinnert an jene "streitigen" Zeiten, in denen der Katalog entstand. Bachenschwanz formuliert wörtlich: "Dante ist ein großer und nützlicher Zeuge der Wahrheit".

50 Vgl. M. Roddewig, "Die erste niederländische Übersetzung aus dem Werk Dantes vom Jahr 1633", in *Tijdschrift voor Nederlands en Afrikaans*, 2 (1983), S. 50–58.

51 Vgl. J.G. Fucilla, "The First Fragment of a Translation of the Divine Comedy, Printed in America", in *Studies and Notes (Istituto del Mezzogiorno)*, Napoli–Roma 1953, S. 13–16. Die Quellen Clapp's waren allerdings Fucilla nicht bekannt.

Christoph Strosetzki

Zwischen "Gut" und "Böse" in Welt und Buch im spanischen Siglo de Oro

Die Erfindung der Druckerpresse führte auch in Spanien seit dem 16. Jahrhundert zu einer deutlichen Vermehrung der gedruckten Erzeugnisse. Sie brachte so viele profane Bücher in Umlauf, daß man aus christlicher Sicht die Gefahr fürchtete, durch sie von der Lektüre der Bibel, des wichtigsten Buches, abgelenkt zu werden. Dieses Problem sieht schon sehr früh Pedro de Medina in seinem religiösen Buch *Libro de la verdad* (1555). Darin läßt er die allegorische Figur der Wahrheit eine ausführliche Auskunft über den Sinn der zahlreichen Bücher geben, die man nunmehr in Bibliotheken aufbewahrt. Zunächst bemerkt sie kritisch, daß Bücher als Schmuck des Geistes und nicht wie Tapeten oder Bilder als Schmuck der Wand zu dienen haben[1]. Eine große Menge von Büchern berge ebenso viele Gefahren in sich wie Vorzüge. Den einen mache sie weise, der andere verliere durch sie nur den Verstand. Als Vergleich zieht Pedro de Medina den menschlichen Magen heran, dem übermäßiger Genuß von Speisen eher schade als nütze. Daraus habe der Weise für sich den Schluß zu ziehen, nicht das Überflüssige und Schädliche, sondern das Nützliche und Gute auszuwählen.

Bibelhermeneutik

Die Bibel als das Buch der Bücher erschien als Paradigma wertvoller Lektüre überhaupt. Wie bei jeder Art sinnvollen Lesens soll auch bei der Bibel nach dem spanischen Bibelhermeneutiker Sebastián Pérez nicht nur der Zweck der Befriedigung bloßer Neugier erfüllt werden[2]. Sie soll überhaupt kein rein intellektuelles Unterfangen bleiben, sondern zur Praxis führen und moralischer Lebensführung die-

---

1 Pedro de Medina, *Libro de la verdad*, in *Obras*, Angel González Palencia (hg.), Madrid 1944, S. 286.

2 Sebastián Pérez, *Regulae de sensibus sacrae scripturae*, Burgos 1587, S. 105ff.

nen. Der ethische Sinn der Bibel sei nicht nur theoretisch zu deuten, sondern vom einzelnen Leser in die Praxis umzusetzen und auf den persönlichen Lebensbereich zu applizieren: "Ut quaecumque audieris vel legeris, omnia ad vitae institutionem, morumque compositionem convertas"[3]. Der praktische und moralische Nutzen steht trotz aller theoretischen Anstrengungen bei der Deutung der Bibel für den einzelnen im Vordergrund. Hier unterscheiden sich Pérez' Anleitungen für den Leser der Bibel nicht von den Vorstellungen, die humanistische Autoren vom Leser profaner Literatur haben: Auch er soll ja den Nutzen, insbesondere den moralischen, über die bloße Information oder die bloße Unterhaltung stellen.

Dies ist nicht die einzige Parallele zwischen Vorstellungen vom Bibelleser und dem Konzept des Lesers profaner Literatur. Hinzu kommt die Forderung nach enzyklopädischem Wissen, das dazu dient, dem Leser den Standort, die Einschätzungen zu vermitteln, die den Autor bei der Abfassung seines Werkes charakterisierten. Die Ähnlichkeit des Bibellesers mit dem allwissenden göttlichen Geist, der die Verfasser der Bibel inspirierte, kann jedoch nur durch die besondere Gnade erzielt werden, für die der Bibelleser auserwählt, würdig und vorbereitet sein muß. Dabei soll sich weder der Bibelleser, noch der Leser einer profanen Schrift mit dem bloßen theoretischen Verstehen des Gelesenen begnügen. Es genügt nicht, wenn er sich nur in den Autor hineinversetzt und sein Werk nachvollzieht. Pérez verlangt von den Bibellesern, wie die Humanisten von den Lesern profaner Werke, daß sie das Gelesene für ihre eigene persönliche Praxis nutzbar machen und daß sie einen moralischen Gewinn daraus ziehen. Diese Gemeinsamkeiten von Bibelhermeneutik und profaner Hermeneutik beruhen zu einem großen Teil auf der gemeinsamen Auseinandersetzung mit der rhetorischen Tradition.

Textkritik

Die profane Hermeneutik führte die Humanisten zu jener philologischen Arbeit, die ihnen eine direkte Konsequenz aus der Geschichte des Buches erschien. Denn die Druckerpresse hatte nicht nur eine leichtere und umfangreichere Verbreitung von Schriften ermöglicht, sondern auch die Neuedierung voneinander abweichender handschriftlicher Kopien erlaubt. Andererseits wurde von P. Mexía die Geschichte der Bibliotheken dafür verantwortlich gemacht, daß verschollene Texte aufgespürt und durch schlechte Aufbewahrung und unsachgemäße Behandlung beschädigte und verdorbene Texte restau-

3 Ebda., S. 204.

riert und korrigiert werden mußten. Saavedra Fajardo schreibt den Philologen die Behauptung zu, daß sich in die Bücher, die vor der Erfindung der Druckerpresse mit der Hand geschrieben worden waren, zahlreiche Fehler und Irrtümer eingeschlichen hätten. Mit der Absicht, diese zu korrigieren, gelänge es ihnen jedoch mit ihren Änderungen und Hinzufügungen nur, den Sinn völlig zu entstellen: *"les cortan los dedos, o las manos, diciendo que no son aquellas sus naturales, i les ponen otras! (...) se adelantan a adivinar los conceptos no imaginados, i, mudando las palabras, mudan los sentidos, i tarazean los libros"*[4]. Fajardo vergleicht daher die Philologen mit Chirurgen, die es zu ihrem Beruf gemacht hätten, an den Körpern der Autoren herumzuschneiden, um sie zu vervollkommnen und zu verbessern.

Textkritik gehörte jedoch nicht nur zu den Aufgaben des Humanisten: Im Siglo de Oro fand er Unterstützung und zugleich auch Konkurrenz durch den Zensor. Dies erklärt sich nicht zuletzt aus der Ähnlichkeit ihrer Aufgabe. Beide stellen einen Kanon von Büchern auf, beide haben eine ihnen eigene Methode der Textkritik. Die Zensur strich nämlich nicht nur einzelne Passagen, sondern veränderte sie auch. López de Montoya, der als calificador eng mit dem Inquisitionsrat zusammenarbeitete, zog es vor, zensierte Stellen abzuändern, anstatt sie bloß zu streichen. Auf den Vorwurf, damit würde der ursprüngliche Text entstellt, versicherte er, daß es auf die Wahrheit ankomme, die nicht verändert würde, und man im übrigen auch nur den Text herstelle, den die Autoren eigentlich selbst gewollt haben oder zumindest hätten wollen sollen[5].

Die Korrektur, darauf weist der Jesuit Gretser in seinem Werk *De iure et more prohibendi, expurgandi et abolendi libros haereticos et noxios* (1603) unter Rückgriff auf den Index des Papstes Clemens VIII. hin, hat sehr aufmerksam zu sein, und auch Scholien, Randbemerkungen, Vorworte und Widmungen genau zu berücksichtigen[6]. Gretser, der als Deutscher einen guten Überblick über die protestantischen Autoren hatte, war für Spanien von Bedeutung, da er von der spanischen Inquisition zur Mitarbeit am Index von 1612 verpflichtet wurde[7]. Nach Gretser braucht man zwar in den Büchern der Katho-

---

4 Saavedra Fajardo, *República literaria*, Vincente García de Diego (hg.), Madrid 1922², S. 91.

5 Virgilio Pinto Crespo, *Inquisición y control ideológico en la Espana del sigloXVI*, Madrid 1983, S. 263.

6 Jacob Gretser, *De iure et more prohibendi, expurgandi, et abolendi libros Haereticos et noxios*, Ingolstadt 1603; vgl. hier und im folgenden die dem Buch vorausgestellten Regeln "ex Indice Clementis IIX".

7 Zur Bedeutung von Gretser vgl. V. Pinto Crespo, "La justification doctrinal del Santo Oficio", in *Historia de la inquisición en Espana y América*, J. Pérez

liken vor 1515 nichts zu ändern. Dennoch sei eine kritische Haltung auch gegenüber diesen Texten erforderlich, denn durch Täuschung haben die Häretiker später etwas hinzufügen oder die Drucker durch Irrtum etwas Falsches aufnehmen können.

Sotomaior gibt in seinem Index genaue Regeln für die Expurgation und Korrektur an. In seiner Regel 16 heißt es: Korrigiert oder gestrichen werden sollen nicht nur häretische, sondern auch unklare Stellen, die gegen die katholische Tradition oder als verschlüsselte Angriffe auf Klerus und Fürsten gedeutet werden können. Als Kriterien des Zensors nennt er zudem *"las buenas costumbres"* und *"la disciplina christiana"*[8].

Kanonbildung

Moralische Belehrung wird auch von Humanisten, wie Morales, neben Sprachstil und Nützlichkeit zu einem Kriterium für die Aufnahme in den Kanon der lesenswerten Bücher erhoben. Die Zensoren dagegen stellten jene Bücher zusammen, die den Anforderungen von Moral und Nützlichkeit nicht genügten. Dieser Teil des Kanons der Zensoren ist also das Gegenstück zu jenem der Humanisten. Eine umfassende Regelsammlung stellte dem Zensor erstmalig der Index von Trient zur Verfügung. Der Trienter Index verbietet nicht nur Häresie und Magie, sondern in seiner 7. Regel auch Bücher, die die guten Sitten verderben[9]. Handelt es es sich dabei um antike Schriften, dann könne wegen der Eleganz der Darstellung ihre Lektüre durch Erwachsene gestattet werden, keinesfalls aber dürfe man sie beim Unterricht von jüngeren Leuten verwenden. Es zeigt sich also, daß die Regeln der Zensur einserseits den Glauben vor der Häresie, andererseits aber auch die Sittlichkeit vor der Unmoral verteidigen wollen. Daß die Zensoren bei der Auswahl der antiken Lektüre für den Schulunterricht zu Vorsicht mahnen, wie die siebente Regel zeigt, verbindet sie mit den humanistischen Grammatikern, die sorgfältig eine Auswahl sittlich vorbildlicher Texte zu treffen hatten.

Bevor der spanische Index von Quiroga 1583 veröffentlicht worden war, holte der oberste Inquisitionsrat bei verschiedenen Universitäten und Gelehrten Stellungnahmen zur Frage ein, in welcher Form

---

Villanueva und B. Escandell Bonet (hg.), Bd. 1: *El conocimiento científico y el proceso histórico de la Institución (1478–1834)*, Madrid (BAC) 1984, S. 880–886, hier S. 883.

8 Antonio de Sotomaior, *Index librorum prohibitorum et expurgatorum novissimus*, Madrid 1640, S. 13f.

9 Eine Auflistung der Regeln des Trienter Index findet sich bei Franz Heinrich Reusch, *Der Index der verbotenen Bücher*, 2 Bde., Bonn 1883, Bd. 1, S. 330ff.

die siebente Regel des Trienter Index übernommen werden sollte. So fragte man auch den Jesuiten Mariana, der an der Vorbereitung dieses Index maßgeblich mitbeteiligt war. Er riet 1579 zur Übernahme, Verschärfung und Konkretisierung der Regel. Vollständig sollten daher in der Volkssprache die *Celestina*, die *Diana* von Montemayor und die Ritterromane verboten werden, ebenso wie im Lateinischen Schriften von Vergil, Ovid, Martial, Catull, Tibull und Properz, die er nicht nur für Heranwachsende, sondern allgemein verbieten wollte.

Quiroga stimmte in dieser Frage Mariana nicht zu und nahm die siebente Regel nicht in seinen Index auf. Im Index von Sotomaior aus dem Jahr 1640 erscheint sie dann wieder. Verboten werden dort: *"los libros que tratan, cuentan, y enseñan cosas de propósito lascivas, de amores, o otras qualesquieras, como dañosas a las buenas costumbres de la Yglesia Christiana, aunque no se mezclen en ellos heregias, y errores en la Fé"*[10].

Es kommt also zum Gegensatz "heterodox und orthodox" ein weiterer hinzu: Die Zensoren haben auch zu entscheiden zwischen schädlichen und nützlichen Büchern. Die Gruppe der schädlichen Bücher ist umfangreicher als die der häretischen, die in ihr nur einen Teil bilden. Es kann vorkommen, daß es ausreicht, ein Buch als nicht nützlich einzustufen, um es bereits den schädlichen zugeordnet zu sehen[11]. Nicht zuletzt, um nicht in die Reihe der schädlichen Bücher eingeordnet zu werden, betonen zahlreiche Buchautoren in ihren Vorworten eindringlich die Nützlichkeit ihres Werkes für Moral und Leben[12].

Humanist und Zensor

So sehr sich Humanist und Zensor in ihren Bemühungen um einen Kanon — trotz gegensätzlicher Einschätzung der antiken Literatur — zu gleichen scheinen, so sehr treten die Unterschiede zwischen ihnen hervor, wenn man ihre Aufgaben im einzelnen betrachtet. Besonders deutlich werden sie, wenn man bedenkt, daß der Zensor immer auch Theologe war. Sein Zugriff kann Bücher in jedem Moment ihrer Produktion und Verteilung erreichen.

10 A. de Sotomaior, a.a.O., S. IX.

11 So wird ein Buch mit der Begründung abgelehnt, es bringe keine *"utilidad"*, sondern nur *"daño"*. Einige Belege in diesem Zusammenhang bei V. Pinto Crespo, *Inquisición y control ideológico*, a.a.O., S. 213, 254–259.

12 Vgl. Chr. Strosetzki, *Literatur als Beruf.* Zum Selbstverständnis gelehrter und schriftstellerischer Existenz im spanischen Siglo de Oro, Düsseldorf 1987, S. 149ff.

Nicht nur Bücher, die gedruckt werden sollten, sondern auch solche, die bereits im Umlauf waren — sei es, daß sie bei Buchhändlern zum Verkauf standen, in Privatbesitz waren oder in Bibliotheken entliehen werden konnten, oder daß sie aus dem Ausland importiert wurden — waren ständig bedroht, von der Inquisition eingezogen zu werden. Dabei sicherte eine Druckerlaubnis ein Werk nicht vor späteren möglichen Verurteilungen. Zu jedem Zeitpunkt stellte die Zensur eine Gefahr dar — eine persönliche für den Autor und den Leser und nicht zuletzt auch eine finanzielle für den Verleger, Importeur und Buchhändler[13].

Die Anzeige eines Buches bei der Inquisition konnte sich gegen den Besitzer oder Verkäufer eines bereits verbotenen Buches richten oder aber gegen ein nicht verbotenes, in dem nur einige Zeilen oder der gesamte Inhalt verdächtig geworden waren. Die Denunzianten rekrutierten sich aus Kreisen, die den Inquisitionsbehörden nahestanden. Nicht zuletzt waren auch Mitglieder der Universität daran beteiligt. Theologische Fakultäten arbeiteten nämlich als Gutachter (*'calificadores'*) zwischen 1560 und 1583 eng mit dem Inquisitionstribunal zusammen. Erst danach überwog die Zahl der persönlich vom Inquisitionsrat verpflichteten Gutachter. Sie wurden herangezogen, wenn es darum ging zu beurteilen, ob ein in Verdacht geratenes Werk zu Recht beschuldigt ist, ob Passagen zu streichen sind oder das gesamte Werk zu konfiszieren ist[14]. Der Inquisitionsrat holte meist mehrere Gutachten gleichzeitig ein, über die er dann selbst zu entscheiden hatte[15].

Die Begutachtung der Texte übertrugen die Inquisitoren jedoch den *'calificadores'*. Diese hatten als Fachkräfte der Theologie nicht selten über die Richtigkeit einer Übersetzung oder einer Anmerkung zu entscheiden — eine Aufgabe, für die die Humanisten eigentlich besser präpariert waren, auch wenn die Theologen im Verlauf ihrer Ausbildung die *artes liberales* und damit auch die Grammatik hinter sich gebracht hatten. Möglicherweise ist es gerade die Fachkompetenz der humanistisch ausgebildeten Grammatiker, die ihnen von Seiten der Theologen den stereotypen Vorwurf der Arroganz einbrachte[16].

Der *'calificador'*, der ein Angehöriger oder Absolvent der theologischen Fakultät sein mußte, hatte die Privilegien, verdächtige Bücher zu lesen und Einsicht in vorausgegangene Inquisitionsentscheidungen zu nehmen. Da ihm seine Verbindung mit der mächtigen Inquisition

---

13 Vgl. V. Pinto Crespo, a.a.O., S. 87–146.
14 Ebda., S. 42.
15 Ebda., S. 39.
16 Luis Gil, "El humanismo espanol del siglo XVI", in *Estudios clásicos*, Bd. 11, 50–52, 1967, S. 209–297, bes. S. 242ff.

ein gewisses Prestige verlieh, war die Zahl der Bewerber für dieses Amt so groß, daß man 1607 ihre Zahl auf acht für jedes Tribunal beschränken mußte. Da die *'calificadores'* aufgrund ihrer, wenn auch unentgeltlichen Tätigkeit, dem 'Santo Oficio' zugerechnet wurden, und in der Hierarchie an vierter Stelle nach dem Inquisitor, dem Anwalt des Staates und dem für das beschlagnahmte Gut verantwortlichen Richter standen, war neben dem Nachweis über die intellektuelle Qualifikation auch ein genealogischer erforderlich[17].

Zwar gab es unter den Gutachtern selten bekannte Schriftsteller wie unter den Inquisitoren. Dennoch wird es auch unter ihnen, wie unter den Inquisitoren selbst, Vertreter gegeben haben, die eine humanistische Grundhaltung auszeichnet. Als Beispiele für humanistische Inquisitoren seien nur A. de Guevara oder A. Montano genannt. Ersterer war zwar Inquisitor, besaß aber keine doktrinäre inquisitorische Mentalität. Wenn er in seinem *Aviso de privados* den *Amadís* und die *Celestina* ablehnt, weil sie Sinnlichkeit und Sünde fördern und von der richtigen Lebensführung abbringen, dann argumentiert er nicht nur als Inquisitor, sondern postuliert auch als Vertreter des Humanismus — wie mit ihm viele andere Humanisten — die praktische Nützlichkeit der Literatur.

Der in Alcalá in erasmischem Geist ausgebildete Humanist A. Montano wurde von Philipp II. nach Antwerpen geschickt, um dort 1570–71 unabhängig von den Richtlinien des Konzils von Trient einen Index der Bücher zusammenzustellen, die in Spanien verboten werden sollten. Ihm ist es zu verdanken, daß in Spanien der Index der verbotenen Bücher durch einen anderen ersetzt wurde, der einzelne, zu streichende oder zu verbessernde Stellen angab. Damit konnten zahlreiche Bücher, wie z. B. der *Lazarillo* oder einzelne Schriften von Vives vor dem vollständigen Verbot gerettet werden[18]. Trotz dieser beispielhaften Rettung profaner Literatur vor dem Zugriff der Zensur ist deutlich geworden, wie Literatur mit moralischen, religiös fundierten Gesichtspunkten bewertet wurde.

Zensur

So verstand sich die Einteilung der Literatur in gut und böse durch die Zensur als Mittel zur Durchführung eines göttlichen Auftrages, der der Kirche übertragen war: Die Inquisition sollte über

---

17 Vgl. V. Pinto Crespo, a.a.O., S. 49–51.

18 Zu Guevara und Montano vgl. Antonio Márquez, *Literatura e inquisición en España (1478–1834)*, Madrid 1980, S. 125–132; vgl. auch Augustin Redondo, *Antonio de Guevara (1480?–1545) et l'Espagne de son temps*. De la carrière officielle aux oeuvres politico–morales, Genf 1976.

die Reinheit des Glaubens und die Befolgung der moralischen Gebote wachen[19]. Erste Verbote lassen sich schon sehr früh finden, z. B. die Verurteilung des Irrlehrers Arius auf dem Konzil von Nicäa im Jahre 325, dessen Bücher Kaiser Konstantin der Große verbrennen ließ. Bei heimlicher Benutzung der Bücher drohte er sogar mit der Todesstrafe. Da bis zur Erfindung der Buchdruckerkunst die Zahl der Handschriften gering war, genügte zunächst das Verbrennen. Später auf dem Laterankonzil 1515 wurde verordnet, daß ohne Erlaubnis einer bischöflichen Behörde kein Buch mehr gedruckt werden durfte. Man stellte die verbotenen oder zu korrigierenden Bücher in Indices zusammen, bis die Zahl der Titel so anwuchs, daß man den Überblick verlor. Daher begann man mit dem Tridentinischen Index 1564, die Bücher nach Typen zu klassifizieren und allgemeine Regeln anzugeben, nach denen jedes konkrete Buch einzuordnen und zu beurteilen ist.

Welt als Buch

Die Klassifizierung von Büchern in gut und schlecht konnte auf die Einteilung der Welt in einen von Gott und einen vom Teufel dominierten Bereich zurückgreifen. Wie einerseits das Buch als Gegenstand in der Welt anzusehen ist, läßt sich andererseits auch die Welt als Buch vorstellen.

Die Metapher vom Buch der Natur oder Welt versteht E. R. Curtius als Topos der europäischen Literatur, den er im lateinischen Mittelalter vorgeprägt sieht. Er verfolgt daher das Auftreten dieser Metapher im Mittelalter, wo den Predigern das Buch der Natur dem Buch der Bibel als Stoffquelle zur Seite treten sollte[20]. Als weitere Belege nennt er z. B. Hugo von St. Victor, Johannes von Salisbury und Bonaventura. Sie zeigen, daß die in der Kanzelberedsamkeit aufgekommene Metapher von der mystisch-philosophischen Spekulation des Mittelalters übernommen worden ist. Für den spanischen Bereich des Siglo de Oro läßt sich als Beispiel der Prediger und Mystiker Luis de Granada anführen, der in seinem *Simbolo de la fé* empfiehlt, aus dem großen Buch der schönen und vollendeten Geschöpfe der Welt die Weisheit und Größe des Autors herauszulesen.

Juan de Pinedas *Diálogos familiares* (1589) kompilieren zahlreiche Elemente der Metapher und greifen besonders auf augustinisches

19 Vgl. Chr. Strosetzki, "Zensor und Grammatiker im Siglo de Oro", in *Schwerpunkt Siglo de Oro*. Akten des Deutschen Hispanistentages, Wolfenbüttel 1985, H.-J. Niederehe (Hg.), Hamburg 1986, S. 177-194.

20 E. R. Curtius, *Europäische Literatur und lateinisches Mittelalter*, Bern, München 1973[8], S. 323-326.

Gedankengut zurück. Ausgehend von der Johannes-Apokalypse unterscheidet er beim Buch des Lebens zwei Typen. Das eine gehört Gott und die vielen anderen den Menschen. Gott benutze als Richter ein einziges großes Buch, mit dem er richtet. Von den Menschen, über die gerichtet wird, besitze ein jeder sein eigenes. Jedem dieser Bücher kommt die Bezeichnung "Buch des Himmels" zu[21]. In Anlehnung an Thomas von Aquin unterscheidet Pineda zwischen dem Buch des Lebens und jenem der Prädestination: *"En el libro de la vida está escrito el bien que los hombres hacen, y en el de la predestinación los bienes que Dios les hace."*[22]

Auch Fray Luis Alarcón benutzt in seinem *Camino del cielo* (1547) die beliebte Buchmetapher. Die einen Objekte, die er metaphorisch Bücher Gottes nennt, lassen sich als Werke Gottes erkennen, die anderen, die er als Bücher des Teufels bezeichnet, als Werke und Instrumente des Teufels. Zu beiden Typen von Phänomenen gehören natürlich auch, unter anderem, die entsprechenden gedruckten Bücher. Die gedruckten Bücher stellen aber nur eine Art der "libros de Dios" dar. Wenn Alarcón vom Nutzen der Bücher Gottes spricht, dann bezieht er sich auf alle Phänomene der Welt, die als Werke Gottes gelten können.

Einen besonders wichtigen Typ der gedruckten oder geschriebenen Bücher Gottes bilden die frommen Bücher. Jeder, gleichgültig, welchem Stand er angehört, soll täglich mindestens einmal in einem "libro devoto"[23] lesen. Besonders Könige, Fürsten und Richter können erleuchtet durch das Licht der frommen Lektüre ihren Ämtern besser nachkommen, werden befähigt, ihren Untertanen besser zu antworten, ihren Nächsten zufriedenzustellen und ihren Aufgaben gerecht zu werden. Unter den gedruckten Büchern, die für die Lektüre zu empfehlen sind und zu den Büchern Gottes gehören, unterscheidet Alarcón zwei Gruppen: Zur einen gehören die Bücher für Leser ohne besondere Bildung oder Lateinkenntnisse, zur anderen die für ein gelehrtes Publikum. Die Lektüre gedruckter Bücher durch den Gelehrten oder den Laien findet ihre Ergänzung durch die Möglichkeit der Lektüre des großen Buches der Welt, das Gott mit seiner eigenen Hand geschrieben hat, und in dem jeder ohne weiteres jeden Tag und zu jeder Stunde lesen kann und soll. Auf diese Möglichkeit sei derjenige angewiesen, der Buchstaben selbst nicht lesen kann und niemanden hat, der ihm vorlesen könnte. So kann auch er aus der sichtbaren

---

21 Juan de Pineda, *Diálogos familiares de la agricultura cristiana*, J. Meseguer Fernández (hg.), Madrid 1963, Bd. 1, S. 109.

22 Ebda., S. 110.

23 Fray Luis Alarcón, *Camino del cielo*, Guadalajara 1547, f. 28v.

Welt wie aus einem Buch die Weisheit und Macht des Schöpfergottes herauslesen. Es handelt sich dabei um eine Erkenntnismöglichkeit, die auch dem gebildeten Laien oder dem Gelehrten offensteht, der gerade kein Buch zur Hand hat: *"Desta puede y deue gozar assi el idiota como el letrado en todo tiempo y tambien en todo lugar"*[24]. Niemand könne sich entschuldigen, für diese Art von Lektüre keine Zeit oder Gelegenheit zu finden. Sie sei nämlich überall möglich: zu Hause, in der Kirche, auf dem Weg, im Garten, im Weinberg, auf der Straße oder auf dem Platz.

Das Buch der Welt ist ein "libro de dios" neben der Bibel und anderen frommen Büchern, die es nicht überflüssig macht, sondern ergänzt. Vom Buch der Welt waren bisher die Elemente genannt worden, die zu den Büchern Gottes gezählt werden können. Es gibt aber auch andere Elemente, die den Büchern Satans zugerechnet werden müssen. Die *"libros de los demonios"* sind Instrumente des Teufels, die er wie Bücher benutzt, um vom Guten wegzuführen. Sie beziehen sich auf vier Bereiche: Gegenstände der Sinnlichkeit, Spiele, schlechte Gesellschaft und schließlich schädliche Schriften. Gedruckt, praktiziert, gekauft und verkauft, sind sie die Wurzel für alle gegenwärtigen und langfristigen Übel. Da der Teufel mit ihnen die eitlen Dinge der Welt zu lesen gibt, nennt sie Alarcón auch weltliche Bücher.

An ihren Folgen für die Leser lassen sich so deutlich die Bücher Gottes bzw. die frommen Bücher von den Büchern des Teufels bzw. den weltlichen Büchern unterscheiden. Die ersteren sind der erste Schritt und die erste Stufe auf dem Weg zum Himmel, letztere aber führen in die Hölle. Vier Instrumente sind es, deren sich der Teufel bedient, als wären sie seine Bücher[25]. Als erstes Instrument werden die weltlichen Gegenstände genannt, die sinnlichen Genuß und sinnliches Streben so in Anspruch nehmen, daß für alles, was darüber hinausgeht, kein Interesse mehr besteht. In besonderer Gefahr schweben die Reichen und Mächtigen, denen jene eitlen weltlichen Gegenstände in Überfülle zur Verfügung stehen. Zum zweiten Typ der Bücher des Teufels gehören die Spiele. Denn sie lehren nach Alarcón Habgier, Lüge, Fluchen, Raub, falsches Zeugnis, Zwietracht, Zorn, Totschlag, Zeitverschwendung und Abwendung von Gott. Außerdem machen sie die Menschen zu Sklaven, fesseln das Gedächnis und den Willen und lassen Zeitliches wie Ewiges vergessen. Besser sollte man sich von einem Esel versklaven lassen als von einer Spielkartenfigur, denn dieser habe zwar keinen Verstand, aber wenigstens Empfindungsvermögen,

24 Ebda., f. 29r.
25 Vgl. ebda., f. 18v, 20r–25r.

an dem es der Spielkartenfigur mangele. Den dritten Typ von Büchern des Teufels bilden boshafte Menschen, die mit ihren schlechten Beispielen und üblen Reden zu Lastern verleiten. Es ist aufschlußreich, daß dieser dritte Typ den Übergang zum letzten bildet, zu dem die schlechten gedruckten Bücher zählen. War es doch zu Alarcóns Zeit ein beliebter Gedanke, durch das Buch den Autor kennenzulernen oder den Umgang mit den Büchern als Umgang mit deren Autoren zu verstehen. So ist es naheliegend, von den schlechten Reden der Menschen, mit denen man nicht umgehen soll, zu den schlechten Büchern zu kommen, mit denen man ebensowenig umgehen soll.

Den vierten Typ der Bücher des Teufels bilden also die geschriebenen und gedruckten schlechten Bücher. Sie unterteilt Alarcón wiederum in drei Untergruppen. Die erste Gruppe bilden die *"libros vanos"*, die von Gegenständen handeln, die ohne Belang für das Seelenheil sind. Dies genügt Alarcón, um sie als schlecht und schädlich zu verurteilen. Denn durch sie verliere man die Zeit, in der gute Bücher gelesen werden könnten. Es gehören zu dieser Gruppe z. B. die Berichte von menschlichen Taten, wenn sie nicht gleichzeitig auf Göttliches verweisen. Zu ihr werden auch weltliche Genealogien und überflüssige Sophistereien gezählt, die doch nur dem kurzweiligen Vergnügen und sinnloser Beschäftigung dienen. Noch schädlicher allerdings erscheint die zweite Art der geschriebenen schlechten Bücher. Es handelt sich um die unzüchtige Literatur, die die Liebe und ihre Werke zum Gegenstand hat. Aufgabe und Wirkung dieser Bücher sei es, täglich die Neigung zu entsprechenden Lastern zu verstärken. Zu diesem Buchtyp gehören z. B. im Lateinischen Ovid oder in der Volkssprache *Amadís* und die *Celestina*. Den dritten Typ bildet die Literatur, in der Lügen verbreitet werden. Zu den *"libros mentirosos"* gehören die, die Falsches mitteilen. Mit ihnen verschwendet man seine Zeit und wird zur Lüge verleitet. Dabei kann die Lüge, die sich auf Weltliches bezieht, eine läßliche Sünde sein. Schlimmer sind jene Lügen, die Glaubensdinge betreffen. Als Irrlehren und Häresien führen sie vom Glauben weg und sind daher die verderblichsten Bücher, die Alarcón unbedingt gemieden wissen will.

In der Metapher des Buches stellt der Augustinermönch Alarcón also zwei Bereiche gegenüber: die Welt mit und die Welt ohne Gott. Dabei sind es Teile der Welt selbst, die als Buch allegorisch interpretiert werden. Sie können ihrerseits manchmal geschriebene Bücher sein, in denen die Welt allegorisch interpretiert wird. Dort allerdings, wo ein geschriebenes Buch in die Welt mit oder jene ohne Gott eingeordnet werden soll, wird es immer dann den Büchern des Teufels zugeordnet, wenn die Deutung keinen Verweis auf Gottes Größe und Gericht zum Vorschein bringt.

In den ersten Bereich, die Welt mit Gott, — das sei noch einmal zusammenfassend hervorgehoben — werden nicht nur die frommen Bücher eingereiht, die Gott thematisieren, sondern auch die Gegenstände der natürlichen Welt, sofern sie richtig gelesen, das heißt, auf Gott bezogen und als dessen Sprachrohr angesehen werden. So verstanden, ist die natürliche Welt mit der Predigt gleichwertig und kann die Lektüren der gebildeten und ungebildeten Leser ergänzen. In den zweiten Bereich, der Welt ohne Gott, gehört alles, was nicht auf Gott bezogen ist, von ihm wegführt oder ablenkt, wie die Objekte sinnlichen Genusses, die zeitverschwendenden Spiele, die boshaft betrügerischen Mitmenschen und die Bücher, deren drei Arten ihrerseits sinnlichen Genuß, Zeitverschwendung und Betrug bringen. Die Arten der schlechten Bücher entsprechen also in ihren charakteristischen Eigenschaften von Sinnlichkeit, Zeitverschwendung und Betrug den drei ersten Gruppen des zweiten Bereiches.

Die beiden Bereiche, ihr Bezug auf die Buchmetapher und die mitthematisierte Wertung von guten und schlechten Büchern bilden einen Rahmen, in dem die Auseinandersetzung von religiöser und weltlich profaner Literatur zu sehen ist. Beide Typen geschriebener Bücher werden bei Alarcón vor dem Hintergrund der augustinischen Dichotomie einer Welt mit und einer Welt ohne Gott unterschieden.

Diese Dichotomie, so hat sich gezeigt, ist es auch, die im spanischen Siglo de Oro gleichermaßen den humanistischen Grammatiker wie den Zensor der Inquisition prägt, und sie bei der Textkritik und der Aufstellung des Kanons der zu lesenden bzw. nicht zu lesenden Bücher leitet. Sie diente als Orientierung nicht nur im Buch der Bücher oder in der Welt der zahlreichen profanen Bücher, sondern auch in den Büchern des Lebens, des Himmels und im Buch der Welt.

STUDIA HUMANIORA

DÜSSELDORFER STUDIEN ZU MITTELALTER UND RENAISSANCE

Herausgegeben von Wilhelm Busse, Hans Hecker, Rudolf Hiestand, Gert Kaiser, Joachim Poeschke, Hans Schadewaldt, Ludwig Schrader, Hubertus Schulte Herbrüggen, Josef Semmler und Peter Wunderli

Bd. 1
Forschungsinstitut für Mittelalter und Renaissance (Hrsg.)
DAS RITTERBILD IN MITTELALTER UND RENAISSANCE
189 Seiten, Paperback

Bd. 2
Urban Küsters
DER VERSCHLOSSENE GARTEN
Volkssprachliche Hohelied-Auslegung und monastische Lebensform im 12. Jahrhundert
367 Seiten, Paperback

Bd. 3
Brigitte Kasten
ADALHARD VON CORBIE
Die Biographie eines karolingischen Politikers und Klostervorstehers
227 Seiten, Paperback

Bd. 4
Edeltraud Werner
LIBER SCALE MACHOMETI
Die lateinische Fassung des Kitāb al mi'rādj
Einleitung – Edition – Glossar
267 Seiten, Paperback

Bd. 6
Gert Kaiser und Jan-Dirk Müller (Hrsg.)
HÖFISCHE LITERATUR · HOFGESELLSCHAFT · HÖFISCHE LEBENSFORMEN UM 1200
586 Seiten, Paperback

Droste Verlag

Bd. 7
Wilhelm Busse
ALTENGLISCHE LITERATUR UND IHRE GESCHICHTE
Zur Kritik des gegenwärtigen Deutungssystems
314 Seiten, Paperback

Bd. 8
Christoph Strosetzki
LITERATUR ALS BERUF
Zum Selbstverständnis gelehrter und schriftstellerischer Existenz im spanischen Siglo de Oro
334 Seiten, Paperback

Bd. 9
Thomas Brückner
DIE ERSTE FRANZÖSISCHE AENEIS
Untersuchungen zu Octovien de Saint-Gelais' Übersetzung
Mit einer kritischen Edition des VI. Buches
395 Seiten, Paperback

Bd. 10
Ludwig Schrader (Hrsg.)
ALTERNATIVE WELTEN IN MITTELALTER UND RENAISSANCE
302 Seiten, Paperback

Bd. 11
Rainer Stillers
HUMANISTISCHE DEUTUNG
Studien zu Kommentar und Literaturtheorie in der italienischen Renaissance
424 Seiten, Paperback

Bd. 12
Margarete Zimmermann
VOM HAUSBUCH ZUR NOVELLE
Didaktische und erzählende Prosa im Frankreich des späten Mittelalters
351 Seiten, Paperback

Droste Verlag

Bd. 13
Hans Hecker (Hrsg.)
DER HERRSCHER
Leitbild und Abbild in Mittelalter und Renaissance
296 Seiten, Paperback

Bd. 14
Barbara Haupt
DAS FEST IN DER DICHTUNG
Untersuchungen zur historischen Semantik eines literarischen Motivs in der mittelhochdeutschen Epik
327 Seiten, Paperback

Bd. 15
Verena Epp
FULCHER VON CHARTRES
Studien zur Geschichtsschreibung des ersten Kreuzzuges
404 Seiten, Paperback

Bd. 16
Jürgen-Karl W. Berns
PROPTER COMMUNEM UTILITATEM
Studien zur Bündnispolitik der westfälischen Städte im Spätmittelalter
271 Seiten, Paperback

Bd. 17
Josef Semmler (Hrsg.)
DER WALD IN MITTELALTER UND RENAISSANCE
239 Seiten, Paperback

Bd. 18
Rainer Holtei
NORM UND SPIEL
IN THE OWL AND THE NIGHTINGALE
239 Seiten, Paperback

Bd. 19
Rudolf Hiestand (Hrsg.)
DAS BUCH IN MITTELALTER UND RENAISSANCE
ca. 250 Seiten, Paperback

Droste Verlag